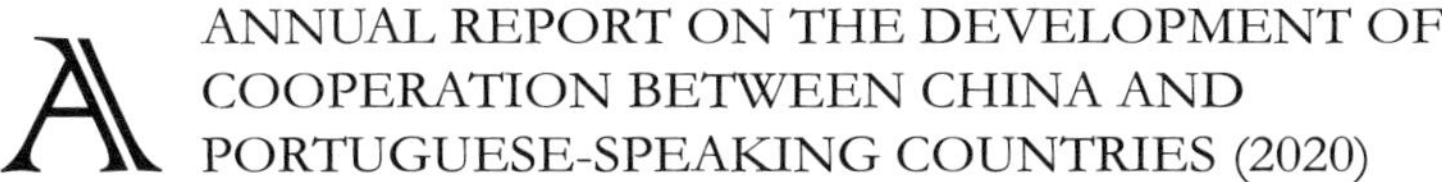

中国与葡语国家合作发展报告（2020）

RELATÓRIO ANUAL SOBRE O DESENVOLVIMENTO DA COOPERAÇÃO ENTRE A CHINA E OS PAÍSES DE LÍNGUA PORTUGUESA (2020)

顾　问／隋广军
主　编／尚雪娇　丁　浩

《中国与葡语国家合作发展报告（2020）》
编　委　会

主要编撰者简介

隋广军 广东外语外贸大学党委书记，经济学博士，教授，博士生导师，享受国务院政府特殊津贴专家，兼任广东国际战略研究院常务副院长，获授“广东省优秀社会科学家”称号。现为教育部工商管理类专业教学指导委员会委员，中国工业经济学会副会长，广东省政协常委，广东省社科联兼职副主席，广东省、广州市政府决策咨询顾问委员会专家委员，广东经济学会理事会副会长，新兴经济体研究会理事会副会长。主要研究领域为产业经济学、全球经济治理、战略管理。主持国家社科基金重大项目“‘一带一路’战略与中国参与全球经济治理问题研究”，国家社科基金重点项目和一般项目、教育部创新团队项目、教育部中欧合作项目共8项，各类省部级项目和横向课题共40余项。出版《广东处于转折点》、《广东产业发展研究报告》、*Typhoon Impact and Crisis Management* 等学术著作10余部，在《管理世界》《经济学动态》《改革》等学术刊物发表论文近100篇。

尚雪娇 广东外语外贸大学西方语言文化学院葡萄牙语系系主任，澳门大学博士研究生，全国科学技术名词审定委员会专家，葡语国家研究所执行所长、中国－葡语国家研究创新团队负责人，中非研究中心特约研究员。主要研究领域为葡萄牙语国家社会与文化、应用语言学，关注中国文化对外传播、葡语习得的跨语言影响、中葡口译实践等领域的研究。曾担任安哥拉高级执法人员培训班、中非海关“现代化管理”培训班的首席翻译。出版“中国蒙学经典故事丛书”系列译著4部，并分别获得2017年、2019年中国外语非通用语优秀科研成果译著类三等奖。出版《中国与葡语国家合作发展报告（2019）》（主编之一）。主持和参与省级项目1项、市级项目2项，在国内外学术期刊发表学术论文多篇。

丁　浩　广东外语外贸大学商学院副院长，管理学博士，副教授，硕士生导师，葡语国家研究所所长，中国－葡语国家研究创新团队负责人。全国港澳研究会会员，澳门特色金融协会副会长。曾在澳门科技大学任教4年。主要研究领域为管理科学与工程、金融风险管理、粤港澳经济金融、中国与葡语国家经贸合作。入选2015年度广东省高等学校优秀青年教师培养计划，主持国家社科基金项目1项、省部级项目2项、澳门基金会课题2项。出版《澳门货币》（专著）、《中国与葡语国家合作发展报告（2019）》（主编之一）等学术著作2部，在《当代经济科学》《财经理论与实践》等刊物发表学术论文36篇。

摘　要

受中美贸易争端、地缘政治、英国脱欧等因素影响，2019 年全球经济和贸易增长均降至十年来最低水平，但中国通过积极应对基本延续了稳中有进的发展态势，中国与葡语国家的合作也取得了丰硕的成果。2019 年是新中国成立 70 周年和澳门回归祖国 20 周年的双庆之年，也是中国与巴西建交 45 周年、与葡萄牙建交 40 周年、与几内亚比绍建交 45 周年的庆典之年，《中国与葡语国家合作发展报告（2020）》正是在此背景下研创的。本年度报告基于中国与葡语国家合作的视角，分别从经济贸易、社会文化和国际关系三个领域阐述 2019 年中国与安哥拉、巴西、佛得角、几内亚比绍、莫桑比克、葡萄牙、圣多美和普林西比、东帝汶等 8 个葡语国家的合作与发展。

2019 年以来，葡语国家政局基本平稳，安哥拉、佛得角、葡萄牙政局持续长期以来的稳定，继续以经济为主轴，稳步推进经济改革。巴西新总统正式就职，圣普政府组阁完成。莫桑比克和几内亚比绍完成了总统和议会选举，但几内亚比绍的政治派别对立情况仍较严重。东帝汶政局较为动荡，总统、总理和议会的对立使得施政困难重重。2019 年，葡语国家经济整体呈现平稳增长的发展势头，除安哥拉经济继续受石油价格影响有所下降外，其他葡语国家的经济均实现了不同程度的增长，佛得角、几内亚比绍和东帝汶的增速超过全球经济平均增长水平。联合国批准设立世界葡语日，有利于进一步扩大葡语和葡语国家的国际影响力。

政治合作方面，2019 年，中国与葡萄牙和巴西实现最高领导人互访，在第二届“一带一路”国际合作高峰论坛、第二届中国国际进口博览会、首届中国—非洲经贸博览会等中国主场高规格论坛展会上均有葡语国家的重要位置，中国与葡语国家在多边政治平台上共同发声，高层互访频繁密切。

经贸合作方面，2019 年，中国与葡语国家的进出口商品贸易总值为 1496.39 亿美元，连续四年保持增长，占中国对外贸易总额的 3.27%，达到历史最高。服务贸易因突破地理限制继续成为中国与葡语国家合作的重点，其中又以中国与葡萄牙和巴西的服务贸易为主，保持快速增长。在全球外国直接投资下滑的背景下，中国对葡语国家的直接投资实现温和增长，其中对安哥拉的投资下降，对莫桑比克的投资大幅上升，在葡语国家的直接投资更加均衡。对外承包工程在葡语国家中呈现分散的积极变化，劳务合作则略有下降。

经贸交流方面，通过进博会、广交会、京交会、中非经贸博览会、中国与葡语国家企业经贸合作洽谈会、葡语国家产品及服务展（澳门），以及基础设施、环保合作、国际品牌、国际旅游、传统医药及特色产品等领域的高级别行业展会，中国与葡语国家的经贸合作与交流不断加强。在国家战略规划、特区政府政策、中葡论坛多边机制建设和中葡基金运作等多个层次上，澳门作为服务中国与葡语国家经贸合作的平台建设加快推进，“中国内地—澳门—葡语国家”模式下的经贸交流活动渐成体系。

教育文化合作方面，以 20 所孔子学院和 4 个孔子课堂为主要载体，中国与葡语国家在学生交流、教师互访和合作办学等方面开展教育合作，积极促进中葡双语人才的培养，科研合作和智库建设取得较大的发展，为推动中国与葡语国家的合作发展提供智力支撑。中国与葡语国家在人文领域的合作不断深化，通过文化艺术节、文化周、文化论坛等形式多样的文化活动，促进中国与葡语国家的文化交流和民心相通。

2019 年，中国与葡语国家的合作发展取得了高光夺目的合作成果，但在探索中国与葡语国家合作新路径、深化多边机制联动、探索金融合作、加强与亚非葡语国家的人文交流以及培养“一带一路”建设需要的葡萄牙语人才等方面仍有待进一步加强。尤其是 2020 年新冠肺炎疫情带来的世界格局的变化，给中国与葡语国家的合作发展带来重大挑战，2020 年将是中国与葡语国家共克时艰、共对挑战的关键之年。中国与葡语国家必将在继往开来中共叙合作友谊、共商共赢大计，从而继续为重塑合作共赢的新型国际关系，为人类命运共同体的建设贡献更加积极的力量。

关键词： 葡语国家　合作发展　“一带一路”倡议　粤港澳大湾区　中葡论坛

目　录

Ⅰ　总报告

A.1　高光夺目、继往开来：2019年中国与葡语国家的合作发展 ……………………………… 丁　浩　尚雪娇 / 001

Ⅱ　经济贸易篇

A.2　中国与葡语国家双向直接投资：现状与前景分析（2018～2019）……………… 刘成昆　刘　衍　邓曼瑶 / 060

A.3　中国对非洲葡语国家设备制造产品出口结构与互补性分析 ………………… 黎海贤　李少慧　丁　浩 / 076

A.4　中国与葡语国家 PPP 项目合作风险分担模式与门槛政策分析 …………………………… 瞿瑛瑛　王黎黎 / 095

A.5　粤港澳大湾区战略下中国与葡语国家贸易通关效率提升策略分析 ………………………………… 丁来涛 / 115

A.6　回归二十年来澳门作为中国与葡语国家商贸合作服务平台的建设分析 ……………………………… 叶桂平　申丽霞 / 128

Ⅲ　社会文化篇

A.7　“一带一路”倡议下中国内地与葡语国家高等教育合作研究 …………………………………………… 尚雪娇　陈一慧 / 143

Ⓐ.8 中国社交媒体上的非洲葡语国家形象研究：
以新浪微博为例 ………………………… 姜　熙　范象玲 / 159
Ⓐ.9 中国在巴西的经济形象：基于互联网经济新闻的形象构建
………………………… 〔巴〕罗伯瓦尔·特谢拉·席尔瓦
〔巴〕弗雷德·宇都宫　〔巴〕玛丽扎·德·法蒂玛 / 174
Ⓐ.10 巴西华文教育的现状、问题与对策 …………………… 张　翔 / 186

Ⅳ　国际关系篇

Ⓐ.11 “一带一路”在葡萄牙的进展、实施与
影响 ………………………………………… 马绍壮　张晋铭 / 200
Ⓐ.12 博索纳罗外交政策下的中国与巴西关系发展 ……〔巴〕施若杰 / 214
Ⓐ.13 葡语国家参与“一带一路”现状研究 ………………… 万东方 / 230
Ⓐ.14 “一带一路”视阈下的中国－安哥拉关系发展解析
………………………… 〔葡〕路易斯·菲利佩·佩斯塔纳 / 244

Ⅴ　附录

Ⓐ.15 中国与葡语国家合作统计数据（2016～2019） ……… 丁　浩 / 254
Ⓐ.16 中国与葡语国家合作大事记（2019年） …… 吴　楠　张靖莹 / 262
Ⓐ.17 葡语国家“孔子学院”和“孔子课堂”一览表
（截至2019年12月） ………………………………… 张　翔 / 280

后　记 ……………………………………………………………… / 283

Abstract ………………………………………………………… / 285
Contents ………………………………………………………… / 288
Resumo ………………………………………………………… / 291
Conteúdo ………………………………………………………… / 295

总 报 告

General Report

A.1
高光夺目、继往开来：2019年中国与葡语国家的合作发展

丁 浩 尚雪娇*

摘 要： 2019 年是新中国成立 70 周年和澳门回归祖国 20 周年的重要年份，也是中国与葡语国家合作的高光之年，中国与葡萄牙和巴西实现最高领导人互访，中国与葡语国家在政治、经贸和文化等各领域的合作取得丰硕成果。2019 年，葡语国家政局基本平稳，各国经济除安哥拉受国际油价影响继续下滑外，实现了不同程度的增长，联合国批准世界葡语日的设立，进一步扩大了葡语和葡语国家的国际影响力。中国与葡语国家通过“一带一路”国际合作高峰论坛、中非合作论坛、中拉

* 丁浩，管理学博士，广东外语外贸大学商学院副院长、副教授、硕士生导师，葡语国家研究所所长；尚雪娇，广东外语外贸大学西方语言文化学院葡萄牙语系系主任，葡语国家研究所执行所长，澳门大学博士研究生。

论坛、金砖国家峰会等多边平台以及双边高层互访增强政治互信，通过进博会、广交会、京交会、中非经贸博览会、中国与葡语国家企业经贸合作洽谈会、葡语国家产品及服务展（澳门），以及基础设施、环保合作、国际品牌、国际旅游、传统医药及特色产品等领域的高级别展会促进了经贸交流与合作。中国与葡语国家的商品贸易持续增长，服务贸易合作加深，投资并购更加均衡，承包工程更加分散，劳务合作略有下降，整体经贸合作稳中有升。文化交流方面，中国与葡语国家通过文化周、文化艺术节、文化论坛等形式开展了丰富多样的文化交流活动。以20所孔子学院和4个孔子课堂为主要载体，中国与葡语国家在学生交流、教师互访、合作办学、科研合作和智库建设等方面稳步推进教育合作。展望未来，“一带一路”和粤港澳大湾区建设的推进将给中国与葡语国家的合作带来更大机遇，中葡论坛第六届部长级会议的召开将给双方合作开启新的征程，继往开来、守正创新，中国与葡语国家将共叙合作友谊、共商共赢大计，在新冠肺炎疫情带来的世界格局巨变中，继续为重塑合作共赢的新型国际关系贡献积极的力量。

关键词： 葡语国家　经贸合作　文化交流　中葡论坛　澳门平台

2019年是新中国成立70周年和澳门回归祖国20周年的重要年份，也是中国与葡语国家合作的高光之年，中国与葡萄牙和巴西实现最高领导人互访，第二届“一带一路”国际合作高峰论坛、第二届中国国际进口博览会、首届中国—非洲经贸博览会等中国主场高规格论坛展会上均有葡语国家的重要位置，中国与葡语国家在多边政治平台上共同发声，高层互访频繁密切，在政治、经贸和文化等领域均取得了丰硕的合作成果。中国与葡语国家在2019年合作的亮点还体现在澳门平台作用的强化，《粤港澳大湾区发展规划纲要》充分肯定了澳门打造中国与葡语国家商贸合作服务平台（以下简称“一平台”）所取得的成绩，并就澳门“一平台”的进一步建设进行了规划和强化。澳门回归祖国20周年前夕，中国与葡语国家商贸合作服务平台综合体正式建成，习近平主席在庆祝大会上的讲话中，高度肯定了包括“一平台”建设在内的具有澳门特色的“一国两制”成功实践，这也彰显了在澳门平台的推动下中国与葡语国家合作的广阔前景。①

受中美贸易争端旷日持久、地缘政治局部紧张、英国脱欧的影响，2019年全球经济增长率降至2.3%，为十年来最低水平。② 中国和美国这两个最大经济体的贸易争端使得两国双边贸易直线下降，全球供应链受到严重影响，也导致2019年全球贸易的增长率仅为0.3%，同样为十年来的最低增速。中国的经济不可避免地受到影响，但通过积极应对基本延续了总体平稳、稳中有进的发展态势，③ 经初步核算，2019年GDP为99.09万亿元（按年平均汇率折算为14.4万亿美元），比2018年增长6.1%。④ 2019年中国继续保持全球商品贸易第一大国的地位，商品贸易总值31.54万亿元（约合4.6万亿美元），比2018年增长了3.4%。⑤

2019年，中国与葡语国家的经贸合作继续稳步推进，进出口商品贸易总值为1496.39亿美元，连续四年保持增长并连续三年超过千亿美元，服务

① 丁浩曾从多边机制、政府部门、立法与司法机构、社团组织、高等教育机构、银行与企业等六个方面，较为系统地梳理了澳门回归祖国20年在促进中国与葡语国家合作中所做的贡献。参见丁浩《中国与葡语国家合作中的澳门平台体系与贡献》，《澳门思路》2019年总第3期。

② *World Economic Situation and Prospects* 2020, United Nations, 2020.

③ 谢伏瞻主编《经济蓝皮书：2020年中国经济形势分析与预测》，社会科学文献出版社，2019。

④ 国家统计局：《中华人民共和国2019年国民经济和社会发展统计公报》，国家统计局网站，2020年2月28日，http://www.gov.cn/xinwen/2020-02/28/content_5484361.htm。

⑤ 刘红霞、覃星星：《31.54万亿元：中国外贸延续稳中提质态势》，新华网，2020年1月14日，http://www.xinhuanet.com/fortune/2020-01/14/c_1125462415.htm。

贸易因突破地理限制继续成为双方经贸合作的重点，对葡语国家的直接投资更加均衡，并购的协同效应进一步凸显，对外承包工程在葡语国家中呈现分散的积极变化，劳务合作则略有下降。通过中国国际进口博览会（以下简称“进博会”）、中国进出口商品交易会（以下简称“广交会”）、中国国际服务贸易交易会（以下简称“京交会”）、中国—非洲经贸博览会（以下简称“中非经贸博览会”）、中国与葡语国家企业经贸合作洽谈会、葡语国家产品及服务展（澳门），以及基础设施、环保合作、国际品牌、国际旅游、传统医药及特色产品等领域的高级别行业展会，中国与葡语国家的经贸合作与交流不断加强。在国家战略规划、特区政府政策、中葡论坛多边机制建设和中葡合作发展基金（以下简称“中葡基金”）运作等多个层次上，澳门作为服务中国与葡语国家经贸合作的平台建设加快推进，“中国内地—澳门—葡语国家”模式下的经贸交流活动渐成体系。2019 年是中国与巴西建交 45 周年、与葡萄牙建交 40 周年、与几内亚比绍建交 45 周年的重要年份，各国举办了形式多样的文化活动予以庆祝，通过文化周、文化艺术节、文化论坛等形式，以及戏剧、歌舞、文化艺术展览等具体文化活动，中国与葡语国家在文化上交流互鉴。在教育合作领域，葡语国家依托 20 所孔子学院和 4 个孔子课堂可以更好地了解中国语言文化，学生交流、教师互访频繁，同时在合作办学、科研合作和智库建设等方面的合作得到较大的发展。

一　2019年葡语国家概况及中国与葡语国家政治合作

葡语国家的政治体制受葡萄牙的影响较大，除巴西和安哥拉采用总统制外（总统既是国家元首，又是政府首脑），其余 6 个葡语国家均采用半总统制，①

① 根据 Duverger（1980）对实行半总统制国家的划分，运作类型可分为：总统为虚位元首（figurehead presidency）、总统大权在握（all-powerful presidency）和总统与政府平衡（a balanced presidency and government）。葡萄牙等 6 个葡语国家为总统与政府平衡的半总统制。参见 Maurice Duverger，“A New Political System Model：Semi-Presidential Government，” *European Journal of Political Research*，Vol. 18，No. 2，1980，pp. 165 - 187。

总统为国家元首，总理为政府首脑。2019 年，葡语国家政局基本平稳，安哥拉、佛得角、葡萄牙政局持续长期以来的稳定，继续以经济为主轴，稳步推进经济改革。巴西新总统正式就职，圣多美和普林西比政府组阁完成。莫桑比克和几内亚比绍完成了总统和议会选举，莫桑比克政府和反对党签署和平协议并启动解除武装进程，几内亚比绍仍然面临政治派别对立的局势。东帝汶政局较为动荡，总统、总理和议会的对立使得施政困难重重，多方就再次提前议会选举还是在现有政府框架下寻求支持仍存在较大分歧和角力。

在中国与葡语国家政治合作方面，在“一带一路”国际合作高峰论坛、中非合作论坛、中拉论坛和金砖国家峰会等多边平台上，中国与葡语国家延续一直以来的通力合作，不断推进伙伴关系的建设，就全球或区域的重大议题达成积极的共识。2019 年，中国与葡语国家的高层互访频繁，其中中国与巴西、葡萄牙两国在短期内实现最高领导人互访，显示了中国与葡语国家对双方合作发展的高度重视和强大信心。

（一）2019年葡语国家概况

1. 安哥拉

2019 年安哥拉的政治平稳，洛伦索（Lourenço）总统继续推进经济的结构性改革，加快私有化进程，提升重要产业的透明度。虽然大刀阔斧的改革会遭到既得利益者的抵触，但洛伦索的改革方向获得民众的支持和国际投资者的认可，再加上国内并未出现强大的挑战者，安哥拉的经济改革逐渐深入。2020 年，安哥拉将举行第一次地方选举。

安哥拉经济的支柱是石油产业，国际油价近三年来的波动直接影响了安哥拉的经济，2019 年国际油价在低位的徘徊使得安哥拉 GDP 下降 1.4%，经济连续第 4 年负增长，经济颓势仍在继续。2020 年初国际油价的暴跌使得安哥拉经济更加糟糕，也进一步显露了其过度依赖石油产业的弊端，但这也客观上成为安哥拉经济改革深入推进的契机。

2. 巴西

2019 年 1 月 1 日，巴西总统博索纳罗（Bolsonaro）正式任职，自 2016

年时任总统罗塞夫（Rousseff）遭国会弹劾成功后的政局风波告一段落。博索纳罗任职后，在“巴西优先”的口号下大力推行新经济自由主义政策，在达沃斯论坛、联合国大会等国际场合多次强调将实施更加开放的政策，并未受竞选时的一些激进言论所累而更加务实。巴西国会由参、众两院构成，2018 年完成参议院 2/3 的席位改选、众议院全部重选后，博索纳罗所在的社会自由党成为众议院第二大党，仅比劳工党少 4 个席位，反映了巴西人民对政治改革和打击腐败的期望。2019 年 2 月，阿尔科伦布雷（Alcolumbre）当选为参议长，现任众议长马亚（Maia）获得连任，任期均至 2021 年 2 月。

巴西是世界第九大经济体，经济规模在拉美国家和葡语国家中均居首位。根据巴西国家地理与统计局（IBGE）数据，2019 年巴西的 GDP 为 7.3 万亿雷亚尔（约合 1.62 万亿美元），同比增长 1.1%，连续三年经济实现小幅增长（2017 年和 2018 年增幅均为 1.3%），但由于受家庭消费及私人投资放缓的影响，增幅为三年来最低，巴西的经济仍然未能恢复到 2015 年衰退前的水平。2019 年，巴西的农业、工业和服务业占 GDP 的比重分别为 2.2%、21.9% 和 75.9%，[①] 巴西在“早熟去工业化”中带来的服务业“虚高”问题仍然值得重视。

3. 佛得角

2019 年，佛得角的政局延续长期稳定的状态，总统丰塞卡（Fonseca）和总理席尔瓦（Silva）均来自 2016 年议会选举中胜出的争取民主运动党。2019 年，佛得角继续担任葡语国家共同体（以下简称“葡共体”）主席国。

佛得角是 5 个非洲葡语国家中唯一脱离最不发达国家（LDCs）行列的国家，虽然经济总量不大，但生活质量在非洲国家中处于前列。根据佛得角国家统计局（INE）数据，2019 年佛得角的 GDP 为 19.9 亿美元，同比增长 5.7%，连续三年保持较快的经济增速（2017 年和 2018 年分别增长 3.7% 和

---

① 作者根据巴西国家地理与统计局（IBGE）公布的 2019 年 GDP 增长率、三次产业增长率，结合 2018 年三次产业的比重推算得出。

5.1%）。旅游业的发展是佛得角经济增长的主要来源，2019 年佛得角的旅客量超过 81.9 万人次，比 2018 年增长 7.0%，[①] 根据 Statista 网站公布的数据，2019 年佛得角旅游业占 GDP 的比重高达 18.9%，是比重第 11 高的经济体。[②] 2019 年，佛得角在国际货币基金组织和世界银行的支持下，继续加快推进以机场和港口管理、发电和供水以及制药等行业为主的私有化进程。

4. 几内亚比绍

2019 年几内亚比绍完成了总统和议会选举，但全年以来处于权力博弈和政治角逐中，前总统瓦斯（Vaz）与由几佛党控制的议会间矛盾加深，围绕着总理的任命展开多轮对抗。2019 年 3 月，几内亚比绍顺利举行议会选举，几佛党仍然为议会第一大党，并联合几个小党形成议会多数。10 月，瓦斯试图解除戈梅斯（Gomes）总理职务并解散政府，但并未成功。[③] 11 月，几内亚比绍举行总统选举，民主更替运动（15 人小组）候选人恩巴洛（Embaló）当选为新总统。2020 年 2 月，恩巴洛宣誓就任总统后，任命全国人民议会第一副议长纳比亚姆（Nabiam）为新总理。几内亚比绍的政治掀开新的一页，但政治派别的对立、各方权力的博弈，使得几内亚比绍要实现政治的持续稳定仍然任重道远。

几内亚比绍是典型的重债穷国，被联合国列为全球 47 个最不发达国家之一，在 2019 年联合国开发计划署的人类发展指数排行榜上，几内亚比绍位列 189 个经济体中的第 178 位。[④] 几内亚比绍为农业国，全国 80% 的人口以农业为生，渔业资源丰富，但开发远远不足。虽然基础很差，但几内亚比

---

① 数据来源于佛得角国家统计局（INE）。

② 比重最高的 2 个经济体为中国澳门和马尔代夫，分别为 50.2% 和 32.5%。

③ 2019 年 10 月 29 日，瓦斯以“严重的政治危机已经妨碍国家机构正常行使职能”为由解除戈梅斯总理职务并解散政府，随后任命因巴利为总理并授权其组建新一届政府。戈梅斯拒绝接受瓦斯解除其总理职务之举，称瓦斯总统任期早已结束，其总统令“完全无效”，西共体亦发布公报，强调瓦斯解除戈梅斯职务的总统令非法，重申西共体支持戈梅斯领导的政府。

④ UNDP, *Human Development Report* 2019, United Nations, 2019.

绍近几年的 GDP 增速较快，2019 年 GDP 为 14.5 亿美元，同比增长 4.6%，延续了 2017 年 4.8% 和 2018 年 3.8% 的较快增长势头。

5. 莫桑比克

2019 年，莫桑比克顺利进行总统和议会选举，现执政的莫桑比克解放阵线党（以下简称“解阵党”）赢得议会 250 个席位中的 184 席（较上届议会大增了 40 席），占比达 74%。解阵党候选人纽西（Nyusi）以压倒性优势赢得总统大选，成功实现连任。总统和议会选举结果反映了莫桑比克人民对解阵党的信心，对在解阵党领导下延续政局稳定、大力发展经济充满着更大的期待。2019 年 7 月，莫桑比克最大的反对党全国抵抗运动（以下简称“抵运党”）举行解除武装进程启动仪式，政府和抵运党于 8 月签署和平协议，宣布正式停止军事敌对行动。莫桑比克的政治局势日趋稳定，有望进入难得的和平发展机遇期。

根据莫桑比克国家统计局（INE）数据，2019 年莫桑比克的 GDP 为 150.9 亿美元，同比增长 2.2%，为近十年来的最低增速，考虑到自然灾害、债务问题和货币贬值等带来的不利影响，2019 年莫桑比克的经济仍取得不错成绩。莫桑比克的经济增长主要得益于大储量天然气田的发现，天然气项目引起外国投资者的极大兴趣，成为经济增长的动力。然而，莫桑比克的债务问题仍然比较严重，债务占 GDP 的比重高达 80% 以上，更为严重的是，“隐藏债务”问题严重打击了政府的信用，多个国际评级机构调低莫桑比克的主权信用等级，这对亟需国际援助和投资的莫桑比克十分不利。相对稳定的政局和储量巨大的气田使得莫桑比克经济具有巨大的发展潜力，但对政府信用的珍惜和“隐藏债务”问题的解决是经济潜力在未来能够转化成实力的关键。

6. 葡萄牙

2019 年 10 月，葡萄牙进行议会选举，总理科斯塔（Costa）领导的社会党获得全部 230 个议会席位中的 108 个，因不足半数而联合少数党组建新一届政府，10 月 26 日，科斯塔领导的社会党少数党政府（第 22 届政府）宣誓就职。科斯塔在上一届总理任期期间表现不俗，葡萄牙经济强劲复苏，经济增速由2014年的0.8%提高到2015～2018年每年约2%。议会议长由同样来自社会党的罗德里格斯（Rodrigues）担任。

根据葡萄牙国家统计局（INE）公布的数据，2019年葡萄牙GDP为2123.03亿欧元（约合2376.73亿美元），同比增长2.2%，增速较2018年减少0.4个百分点，主要源于私人消费的下降。2019年葡萄牙的旅游业表现突出，接待游客增长了7.3%达2700万人次，旅游业收入增长42.8亿欧元，国内和国外市场过夜人次分别提升6.2%和8.3%。截至2019年底，葡萄牙国债占GDP的比重仍高达120%，高债务仍然是葡萄牙亟待解决的重要问题。

7. 圣多美和普林西比

圣多美和普林西比（以下简称“圣普”）于2018年10月进行议会选举，在总共55个的议会席位中，卡瓦略（Carvalho）总统所在的民主独立行动党（以下简称“民独党”）获得25席（占45%），解放运动－社会民主党（以下简称“解运党”）获得23席（占42%），来自解运党的热苏斯（Jesus）于12月出任总理并顺利组阁。2019年，因总统、总理和议会三方处于较为平衡的状态，圣普的政局比较平稳。

圣普是联合国公布的最不发达国家之一，但根据联合国的最新评估，圣普预计将于2024年从最不发达国家名单中“毕业”。圣普2020年的政府预算中首次规定，总预算的50%以上将来自国内收入，这对于长期依赖外援的圣普而言，无疑是个令人鼓舞的改变。根据IMF的估算，2019年圣普的GDP为4.29亿美元，同比增长2.7%，相较于2017年和2018年3.9%和3%的增速有所放缓。圣普丰富的石油和旅游资源长期处于待开发状态，2019年出现了一些可喜的变化，圣普通过与国际公司合作勘探、建立石油共享区等措施加速推进石油资源的开发，通过入境免签、增加航班和国外推广等举措，圣普的旅游业加快发展，2019年共接待3.5万游客，同比增长4.5%。

8. 东帝汶

东帝汶在2017年经历了第七届政府因议会席位不足而施政计划多次无法在议会通过的僵局，在2018年卢奥洛（Lú Olo）总统解散国会并提前进行议会选举后，第八届政府成立并由鲁瓦克（Ruak）出任总理。进入2019年，东帝汶政局并未由此稳定，2018年议会选举中胜出的改革进步联盟（以下简称“联盟”）与总统卢奥洛所在的独立革命阵线一直对立，卢奥洛总统拒绝鲁瓦克总理提名的大部分成员就职。联盟内部也逐渐分裂从而使得政府预算和政策方案大都无法通过，鲁瓦克总理施政困难重重并致使他于2020年2月递交辞呈（后于4月收回）。东帝汶政治上的不确定性还在进一步延续，是在现有框架下寻求议会对政府的支持，还是再次提前举行议会选举成立新政府仍然有着相当大的分歧，东帝汶政局的不稳给防控疫情和加入东盟工作带来明显不利的影响。

东帝汶是联合国公布的最不发达国家之一，因为贫穷和生产落后，大部分物资需要依靠外国援助。2019年东帝汶的GDP为32亿美元，同比增长3.1%，连续两年经济下降的局面（2017年和2018年经济分别下降3.8%和0.8%）得到一定程度的缓解。东帝汶政府的财政收入中有95%来自石油收入，石油收入存入政府设立的石油基金，截至2019年底，石油基金滚存至176.9亿美元（年度增长11.94%），成为东帝汶经济持续发展的重要财富。东帝汶与澳大利亚签署的《东帝汶海海上边界条约》自2019年8月30日正式生效，条约涉及的大阳升（Greater Sunrise）油气田项目将为东帝汶带来可观的收入。2019年11月，东帝汶石油天然气公司、国家石油矿产局和新加坡巽他天然气公司（SundaGas）就开发帝汶海TL－SO－19－16油气田签署产品分成协议。东帝汶油气开发获得的综合收益，将成为缓解贫困和发展经济的重要来源。

（二）2019年中国与葡语国家政治合作多边平台

1. 第二届“一带一路”国际合作高峰论坛

2019年4月25～27日，作为中国年内最重要的主场外交和“一带一路”最高规格论坛活动，第二届“一带一路”国际合作高峰论坛在北京举行，中国国家主席习近平出席开幕式并发表主旨演讲。论坛以“共建‘一带一路’，开创美好未来”为主题，共分为开幕式、圆桌峰会和高级别会议三个部分，38 位国家元首和政府首脑以及联合国秘书长和国际货币基金组织总裁出席圆桌峰会，来自 150 个国家、92 个国际组织的 6000 余名外宾参加论坛。企业家大会是这届论坛的一项创新性安排，有 80 多个国家和地区的 850 余名代表参加，报名人数远超预期。

葡萄牙总统德索萨（de Sousa）和莫桑比克总统纽西出席圆桌峰会，并参与发布联合公报。中国与安哥拉、巴西、莫桑比克和佛得角等 4 个葡语国家签署多双边合作文件或构建多边合作平台，与葡萄牙和莫桑比克签署投融资项目清单或合作协议。

2. 2018年中非合作论坛北京峰会

除继续推进中非“十大合作计划”外，2018 年中非合作论坛北京峰会确定了重点实施“八大行动”，为了推动以《中非合作论坛——北京行动计划（2019～2021 年）》为代表的论坛成果实施，2019 年 6 月，中非合作论坛北京峰会成果落实协调人会议在北京举行，国务委员兼外交部部长王毅出席并宣读习近平主席的贺信，来自中非合作论坛 54 个非洲成员国的 80 多位部级官员参加会议。会议审议通过了《联合声明》，明确了中非合作的高质量、可持续发展方向，同时向国际社会展现了中非双方加强团结合作、坚持多边主义和自由贸易、反对保护主义和单边主义、推动构建更加紧密的中非命运共同体的坚定意愿和决心。①

3. 中国—拉美和加勒比国家共同体论坛第二届部长级会议

2018 年 1 月 21～22 日，中拉论坛第二届部长级会议在智利圣地亚哥举行，双方制定了《中国与拉共体成员国优先领域合作共同行动计划（2019～2021）》，之后通过中方后续行动委员会和专业领域分论坛的机制，推动联系协调工作和行动计划落实。设在中国外交部拉美司的中拉论坛中方后续行动委员会秘书处由外交部牵头，负责内外联系和组织协调工作，2019 年举办的专业领域分论坛包括：第五届中拉基础设施合作论坛（2019 年 5 月，

① 《中非合作论坛》，中国外交部网站，2020 年 4 月，https：//www.fmprc.gov.cn/web/wjb_673085/zzjg_673183/fzs_673445/dqzzhzjz_673449/zfhzlt_673563/zfhzltgk_673565/。

澳门）、第八届中拉学术高层论坛（2019 年 10 月，福州）、中拉青年发展论坛（2019 年 10 月，上海）、第五届中拉智库论坛（2019 年 10 月，北京）、第十三届中国—拉美企业家高峰会（2019 年 12 月，巴拿马城）等。中国和巴西作为中拉论坛中极具影响力的国家，通过积极组织参与专业领域的分论坛，更好地凝聚起各界合力，有利于两国在中拉论坛这一多边机制下积极开展合作，对于促进中拉全面合作伙伴关系迈上更高水平做出重要的贡献。

4. 第十一届金砖国家峰会

2019 年 11 月 13 ~ 14 日，第十一届金砖国家峰会在巴西首都巴西利亚召开，峰会以“金砖国家：经济增长打造创新未来”为主题。经过十年的发展，金砖国家已成为促进世界经济增长、推动全球秩序变革和维护国际和平稳定的关键力量，此届峰会继往开来，开启了金砖国家机制合作的新阶段，就如何打造第二个“金色十年”开展顶层对话与设计。峰会达成的《巴西利亚宣言》中，金砖国家领导人共同表示反对保护主义，呼吁加强金砖国家之间的贸易与投资，敦促金砖国家新开发银行（NDB）为基建与可持续增长注入更多资金。中国与巴西同为金砖国家，两国在多边机制中密切合作，不断推进全面战略伙伴关系的建设，其影响力日益超越两国或多边范畴，成为促进世界经济增长、完善全球治理、促进国际关系民主化的建设性力量。

在金融、贸易、外交、国家安全、通信、环境、劳动就业、科技创新、能源、农业、卫生和文化等领域召开的部长级会议更加具体地落实了金砖国家的合作。其中，峰会前夕召开的第九次金砖国家经贸部长会议重点讨论了全球经济形势、推进金砖国家经贸务实合作及多边立场协调等议题，就投资便利化、电子商务、知识产权及中小企业合作等达成了一系列共识，为随后的金砖国家领导人会晤提供了经贸合作成果。会议期间，金砖国家的贸易和投资促进机构代表还共同签署了合作谅解备忘录。

（三）2019年中国与葡语国家高层互访

1. 中国与安哥拉

中国与安哥拉自 2010 年确立战略伙伴关系以来，高层互访频繁，2019

年中国驻安哥拉新任大使龚韬履新时称，“安哥拉是中国在非洲的重要战略性伙伴”。2019 年 6 月，全国人大常委会副委员长王晨率全国人大代表团访问安哥拉，同安哥拉总统洛伦索、国民议会代议长迪亚斯（Dias）会见会谈。同月，中央军委副主席许其亮访问安哥拉，受到安哥拉总统洛伦索会见，并与安哥拉国防部部长塞凯拉（Sequeira）举行正式会谈。

2019 年，安哥拉领导人对中国的重要访问包括：安哥拉人民解放运动总书记内图（Neto，2019 年 4 月），贸易部部长范杜嫩（Van - Dunem，2019 年 6 月作为主宾国嘉宾参加首届中非经贸博览会），总统特使、外交部部长奥古斯托（Augusto，2019 年 7 月），总参谋长桑托斯（Santos，2019 年 10 月）上将，国防部部长塞凯拉（Sequeira，2019 年 10 月），总检察长格罗斯（Grós，2019 年 11 月来华出席中国法治国际论坛），经济协调国务部部长儒尼奥尔（Junior，2019 年 11 月来华出席创新经济论坛），财政部部长德索萨（de Sousa，2019 年 11 月）等。

2. 中国与巴西

中国和巴西同为发展中大国和重要新兴市场国家，互为全面战略伙伴，建交 45 年来两国关系健康稳定发展，成为发展中大国团结合作、携手发展的典范。博索纳罗在竞选巴西总统时曾发表反对中国投资的言论，使人们对中巴关系的发展出现忧虑，博索纳罗正式就职后，两国在 2019 年实现最高领导人互访，为中巴的合作发展奠定了基础。

博索纳罗于 2019 年 10 月 24 ~ 26 日对中国进行国事访问，两国发表《中华人民共和国和巴西联邦共和国联合声明》，对中巴建交 45 周年及伙伴关系框架内取得的重要成果表示肯定，强调继续在平等、尊重、互利的基础上加强和深化中巴全面战略伙伴关系。20 天后，习近平主席赴巴西参加第十一届金砖国家峰会期间，同巴西总统博索纳罗会谈。在中巴最高领导人互访前，2019 年 7 月国务委员兼外交部部长王毅出席金砖国家外长会晤，并与巴西外交部部长阿劳若（Araújo）举行第三次中巴外长级全面战略对话，着重就加强“一带一路”倡议同巴西“投资伙伴计划”的对接交换意见。9 月，国务委员兼国防部部长魏凤和访问巴西，并应邀出席巴西独立 197 周年的庆典活动。

3. 中国与佛得角

中国与佛得角自1976年建交以来，两国关系发展顺利，中国向佛得角提供了大量的经济、技术等援助，两国具有良好的合作互信关系。2019年中国继续为佛得角提供紧急粮食援助，以缓解旱灾对民众造成的影响。为抗击新冠肺炎疫情，中国政府对佛得角援助了多批医用物资。

2019年5月，佛得角旅游与交通兼海洋经济部部长贡萨尔维斯（Gonçalves）来华访问，受到中国文化和旅游部部长雒树刚的会见，双方就进一步加强两国旅游交往进行商谈并达成多项共识。6月，佛得角副总理兼财政部部长科雷亚（Correia）来华出席首届中非经贸博览会，其间访问华为公司上海总部并达成合作共识，后于9月在佛得角签署战略合作协议。6月，佛得角外交兼国防部部长塔瓦雷斯（Tavares）来华出席中非合作论坛北京峰会成果落实协调人会议。

4. 中国与几内亚比绍

2019年是中国与几内亚比绍建交45周年的重要年份，虽然两国曾中止过外交关系，但自1998年复交以来，两国高层往来不断，双边关系发展势头良好，中国一直在基础建设、农业、医疗卫生和教育等领域对几内亚比绍提供援助和帮助。2018年9月，几内亚比绍时任总统瓦斯来华出席2018年中非合作论坛北京峰会，并到重庆、湖南等地访问。

2019年3月，中国紧急援助的粮食和农机物资交接仪式在几内亚比绍首都比绍市举行，此举对帮助几内亚比绍解决人群饥饿问题和发展农业有着积极作用。7月，中国援助的政府办公设备物资交接仪式在几内亚比绍政府部长会议大厅举行，援助有利于改善几内亚比绍政府的办公条件，从而提高工作效率。2019年，几内亚比绍完成总统和议会的选举，相信随着2020年新总统的就职和内阁的组建完成，中国与几内亚比绍的关系将进一步平稳推进。

5. 中国与莫桑比克

中国与莫桑比克于2016年建立了全面战略合作伙伴关系，2019年4月，纽西总统来华出席第二届“一带一路”国际合作高峰论坛，与习近平主席共同见证了《中华人民共和国和莫桑比克共和国关于共同推进“一带一路”建设的合作规划》的签署。

2019 年 3 月，莫桑比克经济财政部部长马莱阿内（Maleiane）率团访华，与外交部、商务部、国家发改委等部委交流，并考察中国海外基础设施开发投资公司、中国路桥等中国大型企业。6 月，中央军委副主席许其亮访问莫桑比克，受到莫桑比克总统纽西的会见，访问期间，许其亮与莫桑比克国防部长姆图穆克（M’tumuke）举行正式会谈。2020 年 1 月，习近平主席特使、全国人大常委会副委员长、民进中央主席蔡达峰赴莫桑比克首都马普托出席纽西总统就职仪式。

6. 中国与葡萄牙

中国和葡萄牙于 2005 年建立全面战略伙伴关系，2018 年签署《关于共同推进丝绸之路经济带和 21 世纪海上丝绸之路建设的谅解备忘录》，葡萄牙是西欧最早签署“一带一路”倡议合作文件的国家，中葡两国关系紧密，高层互访频繁。

习近平主席于 2018 年 12 月访问葡萄牙，为两国关系发展注入强劲动力。2019 年 2 月，两国元首就两国建交 40 周年互致贺信。葡萄牙总统德索萨于 2019 年 4 月对中国进行国事访问并出席第二届“一带一路”国际合作高峰论坛。中国与葡萄牙两国最高领导人在不到半年的时间内实现互访，向世界展示了两国将传统友谊强化为面向未来的伙伴关系的信心和决心。2019 年，两国外交部签署《关于建立战略对话的谅解备忘录》，中国孔子学院总部与葡萄牙教育部签署《关于在葡萄牙中学教育中开展汉语教学的合作协议》等双边合作文件。

7. 中国与圣多美和普林西比

中国与圣普于 2016 年复交并于 2017 年建立全面合作伙伴关系，两国高层互访频繁，关系不断推进。2019 年 6 月，全国人大常委会副委员长王晨率全国人大代表团访问圣普，受到圣普总统卡瓦略和总理热苏斯的会见，并与圣普国民议会议长内韦斯（Neves）举行会谈。12 月，全国人大常委会委员长栗战书同来访的圣普国民议会议长内韦斯举行会谈。来华参会方面，圣普总理热苏斯于2019年3月出席博鳌亚洲论坛年会，外交部部长平托（Pinto）于6月出席中非合作论坛北京峰会成果落实协调人会议。

8. 中国与东帝汶

中国与东帝汶于2014年建立了睦邻友好、互信互利的全面合作伙伴关系，两国政府于2017年签署“一带一路”合作谅解备忘录。2019年4月，被尊为东帝汶“国父”的前总统、前总理夏纳纳（Xanana）率团来北京出席第二届“一带一路”国际合作高峰论坛。8月，国务委员兼外交部部长王毅在泰国曼谷参加中国－东盟外长会期间，会见东帝汶外交与合作部部长巴博（Babo），双方肯定了“一带一路”合作惠及民生的成果，就进一步加强合作进行交流。10月，国家国际发展合作署副署长邓波清访问东帝汶，会见东帝汶外交与合作部部长巴博，并同东帝汶财政部和中资企业进行座谈。12月，商务部副部长王炳南率团访问东帝汶，会见东帝汶立法改革与议会事务部部长菲得利斯（Fidélis），同时考察东帝汶国家电网项目并与驻东帝汶中资企业座谈。①

二 2019年中国与葡语国家的经贸合作

2019年中国的GDP为99.09万亿元（同比增长6.1%），按年平均汇率折算为14.4万亿美元，继续保持全球第二大经济体地位。葡语国家中，除安哥拉经济继续受石油价格影响有所下降外，其他国家的经济均实现了不同程度的增长，佛得角、几内亚比绍和东帝汶的增速超过全球增长水平（见表1），葡语国家经济整体呈现平稳增长的发展势头。从经济规模上来看，葡语国家的GDP总额约为中国的1/5，其中巴西的经济规模最大，占葡语国家总量的比重超过八成，葡萄牙和安哥拉则位居第二和第三，总占比超过一成，其余五个葡语国家的经济规模则非常小。

---

① 《中国商务部副部长王炳南访问东帝汶》，人民网，2019年12月5日，http：//m2.people.cn/r/MV8xXzMxNDkyMTYwXzEwMDJfMTU3NTUyNDQ2OQ＝＝。

表1　2010～2019年中国及葡语国家GDP增速

单位：%

年份	2010	2011	2012	2013	2014	2015	2016	2017	2018	2019
世界	5.4	4.3	3.5	3.5	3.6	3.5	3.4	3.9	3.6	2.9
中国	10.6	9.5	7.9	7.8	7.3	6.9	6.8	6.9	6.7	6.1
安哥拉	4.9	3.5	8.5	5	4.8	0.9	-2.6	-0.2	-1.2	-1.5
巴西	7.5	4	1.9	3	0.5	-3.6	-3.3	1.3	1.3	1.1
佛得角	1.5	4	1.1	0.8	0.6	1	4.7	3.7	5.1	5.5
几内亚比绍	5.6	8.1	-1.7	3.3	1	6.1	5.3	4.8	3.8	4.6
莫桑比克	6.5	7.4	7.3	7	7.4	6.7	3.8	3.7	3.4	2.2
葡萄牙	1.7	-1.7	-4.1	-0.9	0.8	1.8	2	3.5	2.6	2.2
圣多美和普林西比	6.7	4.4	3.1	4.8	6.5	3.8	4.2	3.9	3	1.3
东帝汶	9.5	5.8	6	2.1	4.5	3.1	3.6	-3.8	-0.8	3.1

注：GDP年增长率基于不变价的本币计算。

资料来源：世界经济展望，IMF，2020。

（一）中国与葡语国家商品贸易合作

澳门回归以来尤其是中国－葡语国家经贸合作论坛（澳门）（以下简称“中葡论坛”）自2003年成立以来，中国与葡语国家的贸易增长迅猛，商品贸易总额在2003～2019年实现年均17.7%的快速增长（见图1）。在经历了两年的下降后，中国与葡语国家进出口贸易在2017年和2018年出现强劲的反弹，年增长率分别达到29.4%和25.3%。2019年，中国与葡语国家进出口商品贸易实现1.55%的增长，在国际贸易复杂紧张的局势下已属不易。中国与葡语国家贸易额占中国对外贸易总额的比重为3.27%，达到历史最高，约为中拉贸易总额的一半，为中非贸易总额的七成以上。

2019年，中国与葡语国家商品贸易总额为1496.39亿美元（同比增长1.55%），从葡语国家进口商品1055.74亿美元（同比增长0.06%），对葡语国家出口商品440.65亿美元（同比增长5.3%），形成615.09亿美元的贸易逆差（见表2）。在8个葡语国家中，巴西是中国最大的贸易伙伴，双边贸易额突破千亿美元，达到1146.81亿美元，占中国与葡语国家贸易总额

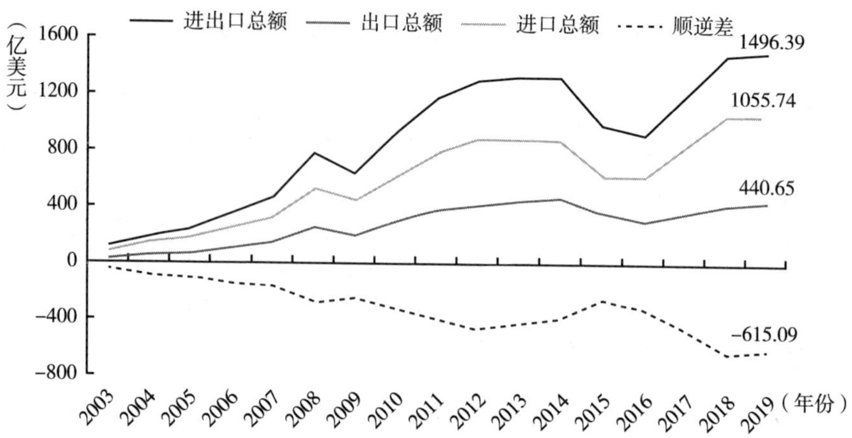

图 1　2003～2019 年中国与葡语国家商品贸易情况

资料来源：根据历年《中国海关统计年鉴》，合并 8 个葡语国家的贸易数据得出。

的 76.64%（同比增加 2.2 个百分点）；安哥拉位居第二（安哥拉是中国在非洲的第二大贸易伙伴，仅次于南非），与中国双边贸易额为 253.66 亿美元，占比 16.95%（同比增加 2.05 个百分点）；葡萄牙排名第三，贸易额为 66.43 亿美元，占比 4.44%（同比下降 0.33 个百分点）；其余 5 个葡语国家与中国双边贸易额的总占比不足 2%。

表 2　2019 年中国与葡语国家进出口商品总额

单位：万美元,%

国别	进出口额	出口额	进口额	进出口额同比增加	占中国与葡语国家进出口商品总额比重
安哥拉	2536581	205750	2330830	-8.61	16.95
巴西	11468056	3547699	7920357	3.49	76.64
佛得角	6345	6342	3	-18.90	0.04
几内亚比绍	4033	3192	840	7.67	0.03
莫桑比克	266855	195683	71172	6.06	1.78
葡萄牙	664338	432549	231789	10.43	4.44
圣多美和普林西比	894	892	1	22.43	0.01
东帝汶	16814	14358	2456	23.68	0.11
葡语国家合计	14963914	4406465	10557449	1.55	100.00

资料来源：中国海关总署。

2019 年，中国与巴西的贸易占中国与葡语国家贸易的比重进一步增加，增加的比例与安哥拉下降的比重相当，这使得巴西在中国与葡语国家商品贸易中的核心地位进一步加强，稳定中国与巴西的商品贸易对双方至关重要。中国和巴西的商品贸易主要集中在农业和能源领域，中国经济的快速发展对海外粮食和能源供应有着强大的依赖和需求，而巴西恰为农业和能源大国，农业和能源在相当长时间内仍将成为双方贸易的重要领域。[①] 值得密切注意的是巴西在寻求强国之路的过程中产生的“焦虑”，[②] 巴西国内就初级产品出口和再工业化推进之间的关系问题交锋仍然激烈，中国可以通过“换位思考”从而在为巴西提供高端制造技术的支持中，推进两国商品贸易的稳步发展。中国与亚非葡语国家的贸易合作仍然以“安哥拉模式”为代表，能源等初级产品和设备制造产品成为双方主要的贸易产品。这一贸易模式总体上获得亚非葡语国家的认可，但需要考虑到随着各国经济的发展所带来的新变化，适时调整贸易合作模式，甚至是采用投资逐步代替贸易。

根据世界海关组织《商品名称及编码协调制度》（简称 HS）的商品贸易分类数据，2018 年中国从葡语国家进口最多的产品集中在第五类（矿产品）和第二类（植物产品），分别占从葡语国家进口总额的 58.2% 和 27.4%；中国向葡语国家出口最多的 5 类产品依次为：第十六类（机器、机械器具、电子设备及其零件；录音机及放声机、电视图像、声音的录制和重放设备及其零件、附件，占 34.4%）、第六类（化学工业及其相关工业的产品，11.7%）、第十一类（纺织原料及纺织制品，10.9%）、第十七类（车辆、航空器、船舶及有关运输设备，10.1%）和第十五类（贱金属及其制品，8.3%）。从以上商品贸易的结构可以明显发现，中国从葡语国家进口最多的是矿产品（包括能源），占比接近六成，对大豆、咖啡、玉米等植物产品的进口也超过 1/4；中国对葡语国家的出口中，机械设备类（第十六类与第十七类）占比超过 40%，化学、纺织及金属制品占比超过 30%。中国

① Philip Yang, “O que o Brasil quer da China?”, *Valor*, 2020.

② 〔美〕戴维·马拉斯、哈罗德·特林库纳斯：《巴西的强国抱负：一个新兴大国崛起之路的成功与挫折》，熊芳华、蔡蕾译，浙江大学出版社，2018。

经济的发展对能源和农业产品的需求越来越大，而中国的设备制造产品一直为出口的拳头产品，再加上物美价廉的工业制成品，与葡语国家形成很强的互补，是需要坚持和进一步拓展的方向。

（二）中国与葡语国家服务贸易合作

和商品贸易相比，服务贸易具有低碳、环保、高附加值等优势，[①] 服务贸易的发生只需要人员、资本和技术知识的一项移动即可，而商品贸易则需要产品这一多要素结晶的跨境移动。服务贸易的这些优势使得其在国际分工中的地位不断提升，服务环节的价值创造能力显著增强，全球服务贸易增长速度已经明显快于商品贸易，成为国际贸易的新引擎。这对分布在四大洲的中国与葡语国家而言，更加有利于突破地理空间的限制，将成为非常重要的贸易领域。

根据联合国贸发会议（UNCTAD）数据，以现价美元计，2019 年全球服务贸易总额为 11.97 万亿美元，同比增长 2%，远远超过全球商品贸易 0.3% 的增速。其中，服务贸易出口 6.14 万亿美元（同比增长 1.9%），服务贸易进口 5.83 万亿美元（同比增长 2.1%），服务贸易总额约为商品贸易的 1/3。

中国出台的一系列推进服务贸易创新发展的政策效果逐渐显现，[②] 服务贸易实现快速度和高质量的发展。2019 年，中国全年服务进出口总额 54152.9 亿元（同比增长 2.8%），服务贸易逆差降至 15024.9 亿元，服务贸易的结构显著优化，知识密集型服务贸易额为 18777.7 亿元（同比增长 10.8%），占服务贸易总额的比重达到 34.7%（同比提升 2.5 个百分点）。2019 年京交会的成功举办进一步提升了中国服务贸易的影响力，提振了全球对中国大力发展服务贸易的信心，中国商务部研究院发布的《全球服务

① 王慧：《中国与金砖国家服务贸易的互补性和竞争性分析》，《商业研究》2015 年第 3 期。

② 2016 年和 2018 年国务院分别批复《服务贸易创新发展试点方案》和《深化服务贸易创新发展试点总体方案》，在 17 个区域开展服务贸易创新发展试点。2019 年国务院发布《关于推进贸易高质量发展的指导意见》明确了“大力发展服务贸易”的政策方向，要通过“加强服务贸易国际合作，打造‘中国服务’国家品牌”。

贸易发展指数报告（2019）》显示，中国服务贸易综合发展指数在全球排名第20位，具有广阔的发展前景。

葡语国家的服务贸易总体处于较低水平，根据联合国贸发会议数据，2018年葡语国家与全球的服务贸易总额为1756亿美元，仅相当于当年中国服务贸易总额的23.4%。其中，巴西的服务贸易总额占葡语国家的58%，第二位和第三位分别为葡萄牙（占32%）和安哥拉（占6%），其他葡语国家总占比为4%（见表3）。在葡语国家中，巴西的服务贸易总额最高，但存在着340亿美元的逆差，这与巴西“早熟去工业化”中服务业“虚高”但国际竞争力不强有关。葡萄牙作为葡语国家中唯一的发达国家，实现了194亿美元的服务贸易顺差，但规模有待进一步扩大。除巴西和葡萄牙外，其余葡语国家的服务贸易规模微乎其微，而且大都存在着逆差或微弱的顺差，反映了这些国家服务贸易的竞争力较弱。

表3　葡语国家服务贸易情况（2018年）

单位：亿美元，%

国别	服务进出口额	服务出口额	服务进口额	服务净出口额	占葡语国家服务进出口总额比重
安哥拉	107	6	101	-95	6
巴西	1020	340	680	-340	58
佛得角	11	7	4	3	1
几内亚比绍	2	0	2	-1	0
莫桑比克	48	7	42	-35	3
葡萄牙	559	377	183	194	32
圣多美和普林西比	2	1	1	0	0
东帝汶	7	2	5	-2	0
葡语国家合计	1756	741	1016	-275	100

资料来源：联合国贸发会议（UNCTAD）数据。

中国与葡语国家的服务贸易主要与巴西和葡萄牙开展，中国与葡萄牙的服务贸易保持快速增长，在旅行、运输、金融等多个领域具有良好的合作基础。2018年12月习近平主席访问葡萄牙期间，中国与葡萄牙签署《关于服务贸易合作的谅解备忘录》，根据备忘录，中葡双方将在经济混委会机制下设立常设议程项目，加强在运输、旅行、金融、知识产权使用、技术贸易、文化贸易、服务外包、中医药服务、会展业相关服务等重点领域的合作与对话，推动在法律法规和公共政策、服务贸易统计数据、服务业行业标准与认证的最佳做法等方面开展信息共享。[①] 2018 年，中国与葡萄牙的服务贸易总额为7.45 亿美元，实现0.84 亿美元的顺差（见图 2），两国服务贸易规模较小，仅占葡萄牙服务贸易的 1.33%，不足葡萄牙与巴西服务贸易的 1/3。中国与葡萄牙的服务贸易仍然以单一的传统服务贸易为主，从葡萄牙的服务贸易进口主要为旅行服务（2018 年占服务贸易进口总额的 65.6%），服务贸易出口则为运输服务（2018 年占服务贸易出口总额的 82.1%），[②] 在更深入的服务贸易领域仍然合作很少。

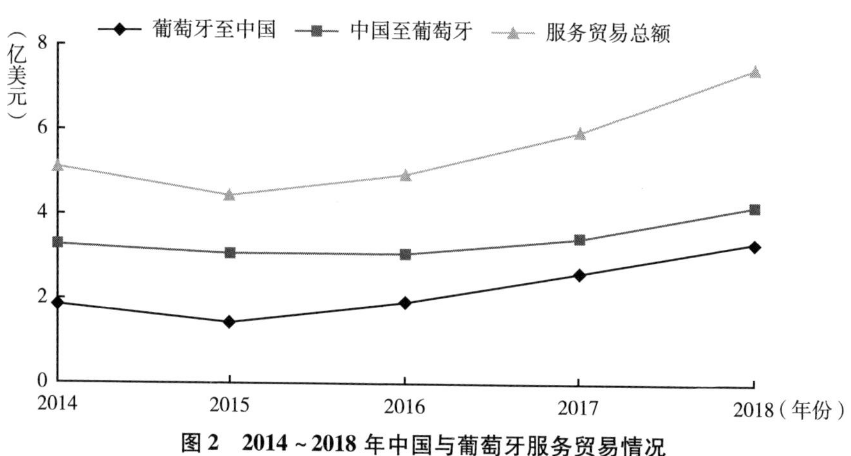

图 2　2014～2018 年中国与葡萄牙服务贸易情况

资料来源：作者根据 OECD 统计数据绘制（报告国为葡萄牙）。

中国与巴西均存在着服务贸易发展不足的状况，巴西高达 70% 以上的服务业仍然以国内为主，中国的服务贸易不足商品贸易的 1/5，这与两个新兴大国的地位很不相称。在两国国内推进服务贸易改革试点的同时，中巴在

① 《中国与葡萄牙签署〈关于服务贸易合作的谅解备忘录〉》，中国商务部官网，2018 年 12 月 6 日，http://www.mofcom.gov.cn/article/ae/ai/201812/20181202814055.shtml。

② 占比根据 OECD 服务贸易分类数据计算，报告国为葡萄牙。

服务贸易领域的合作更是大力推进。在京交会、《金砖国家服务贸易合作路线图》（2017 年批准）和《中国与巴西关于服务贸易合作的谅解备忘录（两年行动计划）》（2017 年签署）等平台和框架下，中国与巴西加强在建筑、工程咨询、工程建设、信息技术、电子商务和银行自动化、旅游、文化、中医药等 8 个领域的服务贸易合作。2019 年，首届中国巴西服务贸易创新研讨会在巴西举行，28 家中国企业与巴西相关企业围绕金融服务领域创新、可再生能源、科技创新等进行讨论并展示创新计划。

（三）中国与葡语国家双向直接投资

根据联合国贸发会议初步估算数据，2019 年全球外国直接投资流量下降 1%，降至 1.39 万亿美元，[①] 这是自 2008 年全球金融危机以来的最低水平，也是连续第四年出现下降，反映了外国直接投资增长缺乏动力。外国直接投资流入发达国家和发展中国家存在着显著的差异，流入发达国家 6430 亿美元（同比减少 6%），继续处于历史低位水平，流入发展中国家的与 2018 年持平，为 6950 亿美元。2019 年，中国全行业对外直接投资 1171.2 亿美元（同比下降 9.8%），非金融类直接投资 1106 亿美元（同比下降 8.2%），[②] 中国在全球外国直接投资流量中所占份额则下降为 8.4%（较 2018 年减少了 5.7 个百分点），但中国对外直接投资的结构更加均衡，主要流向租赁和商务服务业、制造业、批发和零售业等。[③]

2018 年，中国对葡语国家直接投资流量为 12.48 亿美元（同比温和增长 3.28%），占中国对外直接投资总额的 0.87%；直接投资存量为 78.75 亿美元，同比增长 17.28%。中国对葡语国家的直接投资主要集中在安哥拉、巴西和莫桑比克，从流量增速来看，对安哥拉的直接投资流量出现大幅下

---

① UNCTAD, *Investment Trends Monitor* (*Issue* 33), United Nations, 2020.

② 商务部对外投资和经济合作司：《2019 年我国对外全行业直接投资简明统计》，中国商务部网站，2020 年 1 月 22 日，http://www.mofcom.gov.cn/article/tongjiziliao/dgzz/202001/20200102932441.shtml。

③ 安永：《2019 年全年中国海外投资概览》，2020 年 2 月 13 日，https://www.ey.com/zh_cn/news/2020/02/overview-of-china-outbound-investment-in-2019。

降，对莫桑比克的大幅上升，对巴西的则维持不变，其他葡语国家由于直接投资的数额较小，增速的波动明显较大。

中国 2018 年对巴西的直接投资流量为 4.3 亿美元，与 2017 年基本持平，在葡语国家中位居第二，直接投资存量则保持第一（见图 3）。根据中国 - 巴西企业家委员会发布的《中国在巴西的投资报告》，2007 ~ 2018 年中国在巴西共有投资项目 199 个，涉及总金额为 1025 亿美元，其中已确认的项目 145 个，投资总额为 580 亿美元，中国已成为巴西最大的外国投资来源国。① 受总统选举的不确定性影响，2018 年巴西吸引的外资整体下降 13%，中国在巴西的确认投资也下降至 30 亿美元，中国 2018 年在巴西的 41 个投资项目中，有 15 个在能源领域，国家电网和三峡集团的项目就有 12 个之多。

因国际油价下行导致的经济持续低迷，2018 年安哥拉吸引外资流量为 -57.33 亿美元，2004 ~ 2018 年，安哥拉年均直接投资流量为 -6.07 亿美元，在非洲的产油国中最低，而且波动较大。安哥拉自 2002 年内战结束后迎来了“黄金十年”，十余年的经济快速增长并未带来投资的大量稳定流入，这使得自 2014 年石油价格下跌后安哥拉的经济增长后劲不足，对外资的吸引力大大下降，这也迫使安哥拉自 2017 年开始大力改善营商环境，但成效仍未显现。中国对安哥拉的直接投资存量在葡语国家中仍维持在第二位，但流量出现大幅下降，从 2017 年的 6.38 亿美元下降至 2018 年的 2.70 亿美元。目前在安哥拉经营的中资企业有 100 余家，主要集中在建筑、商贸、地产和制造业等领域。

得益于莫桑比克北部鲁伍马（Rovuma）盆地发现的巨大储量天然气田，加上国内政局平稳和一系列吸引外资政策，莫桑比克成为外国直接投资的“热土”，2018 年莫桑比克共吸引外国直接投资项目 150 余个，投资总金额为 15.5 亿美元，其中有一半是投资于石油行业。② 中国自 2017 年起成为莫

① 中国商务部：《对外投资合作国别（地区）指南——巴西（2019 版）》。

② 中国商务部：《对外投资合作国别（地区）指南——莫桑比克（2019 版）》。

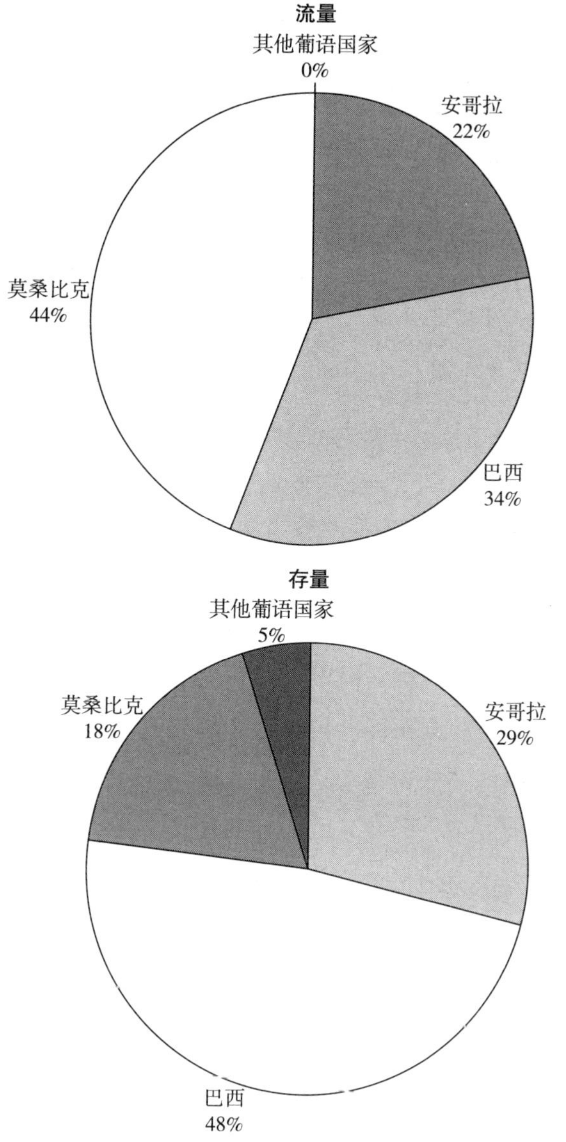

图 3　2018 年中国对葡语国家直接投资流量与存量结构

资料来源：作者根据《2018 年度中国对外直接投资统计公报》数据整理绘制。

桑比克最大的外国投资者，2018 年对其直接投资流量为 5.46 亿美元（占对葡语国家直接投资流量比重为 43.73%），跃居至葡语国家中的第一位，直接投资存量为14.10亿美元（占对葡语国家直接投资存量比重为17.91%），是中国对葡语国家直接投资的第三大目的地。在《中国石油天然气集团公司与莫桑比克国家石油公司合作框架协议》下，中国加大对莫桑比克的油气领域投资，莫桑比克鲁伍马合资公司（Mozanbique Rovuma Venture）持有鲁伍马深海4区科拉尔（Coral）气田70%的股份，中石油因持有该合资公司28.6%的股份而对该气田拥有20%的权益。2019年9月，莫桑比克鲁伍马合资公司开始钻深海生产井，将为莫桑比克三大LNG项目之一的Coral South FLNG提供天然气源，中国同时获得作业订单10个，技术服务金额达597.7万美元，超过以往5年获取工作订单的总和。2019年12月，中石油又获转让莫桑比克陆上Mazenga区块（M区块）勘探开发权益，M区块的进入，标志着中石油首次作为作业者出现在莫桑比克乃至南部非洲的油气合作舞台。

葡萄牙是受欧债危机影响最为严重的国家之一，国际资本因对葡萄牙经济信心的严重不足而锐减，但以三峡集团、国家电网、海通证券、复星集团为代表的中国企业则积极参与葡萄牙的国有企业私有化进程，对其投资稳步增长。其中的一个经典案例是，三峡集团于2011年收购葡萄牙电力，成为其第一大股东，葡萄牙电力随后积极开发欧洲、拉美市场，已成为巴西第二大私营电力公司。[①] 中国对葡萄牙的直接投资流量从2017年的104万美元增加至2018年的1171万美元，恢复到2015年和2016年的千万美元水平。

中国对佛得角、几内亚比绍、圣普、东帝汶的投资无论是流量还是存量占比均很小，未来在拓展对这些葡语国家的投资方面还有很大空间。葡语国家在中国的投资微乎其微，2018年巴西对中国的直接投资流量为3119万美元（见表4）。

① 赵丹亮：《综述：中葡金融合作成效初显》，新华网，2019年12月8日，http://www.xinhuanet.com/world/2019-12/08/c_1125321512.htm。

表4　2014～2018年葡语国家对中国直接投资流量

单位：万美元

国别	2014	2015	2016	2017	2018
安哥拉	712	90	359	120	—
巴西	2811	5084	4667	4228	3119
几内亚比绍	—	—	—	103	—
莫桑比克	—	—	—	1473	—
葡萄牙	444	202	1042	1499	40

资料来源：历年《中国统计年鉴》。

（四）中国对葡语国家承包工程与劳务合作

2019年，中国对外承包工程业务快速发展，对外承包工程新签合同额2602.5亿美元（同比增长7.6%），完成营业额1729亿美元（同比增长2.3%）。[①] 在中国企业承揽的对外承包工程项目中，1亿美元以上项目有506个，同比增长8.4%，这既为项目所在国及第三国创造了近80万个就业岗位，又带动了中国设备材料出口超过140亿美元。

2018年，中国对葡语国家承包工程新签合同额约为85亿美元（见表5），约占中国对外承包工程新签合同总额的3%，其中，莫桑比克为33亿美元，取代安哥拉位居葡语国家第一位（占39.0%），巴西和安哥拉居第二和第三，占比分别为30.3%和26.2%。中国对葡语国家承包工程完成营业额为86亿美元，与新签合同额持平，约占中国对外承包工程完成营业总额的5%，其中，安哥拉完成营业额为45亿美元，在葡语国家中最高，占52.8%，巴西和莫桑比克居第二和第三，占比分别为30.3%和9.4%。中国对葡语国家承包工程派出在外劳务人员5463人，其中派往安哥拉4188人，在葡语国家中最多，占76.7%，莫桑比克和东帝汶分别居第二（占比10.1%）和第三位（占比8.9%）。

① 《2019年我国对外劳务合作业务简明统计》，中国商务部网站，2020年1月22日，http://www.mofcom.gov.cn/article/tongjiziliao/dgzz/202001/20200102932444.shtml。

表 5 2016～2018 年中国对葡语国家承包工程新签合同额与完成营业额

单位：万美元

国别	承包工程新签合同额			承包工程完成营业额		
	2016 年	2017 年	2018 年	2016 年	2017 年	2018 年
安哥拉	855759	858220	222991	433194	669326	454319
巴西	166656	174270	258278	196329	185365	260900
佛得角	1162	5667	318	806	1694	2744
几内亚比绍	2134	540	2394	1631	669	287
莫桑比克	40518	60172	332142	133231	110875	80422
葡萄牙	7463	36540	13584	5645	4939	25610
圣多美和普林西比	253	152	15744	244	122	552
东帝汶	29475	32450	6651	23805	35519	35290
葡语国家	1103420	1168011	852102	794885	1008509	860124

资料来源：历年《中国商务年鉴》。

2018 年，中国对葡语国家承包工程有较大幅度的下降，新签合同额和完成营业额分别下降了 27% 和 15%，原因主要在于安哥拉经济连续衰退导致承包工程项目的减少，与安哥拉新签合同额和完成营业额分别下降 74% 和 32%，新签合同额的大幅下降也使安哥拉从葡语国家中的第一位跌至第三位。安哥拉是中国对外承包工程的传统优势市场，但由于安哥拉经济困顿局面一直得不到有效缓解，停止使用石油偿还债务导致国际信用评级机构调降其信用等级，[①] 致使安哥拉的外债贷款利率上升而融资成本增加，基础设施发展需求、成本和热度指数均出现下滑（见表 6），中国对安哥拉的基础设施承包工程也因此受阻。

表 6 安哥拉基础设施发展指数及变化情况（2019 年）

	指数	指数排名	排名变化
基础设施发展指数	107	46	↓30
发展环境指数	89	63	↑2
发展需求指数	135	9	↓2

① 因油价大幅下跌以及货币大幅贬值导致安哥拉外部融资风险增加，惠誉于 2020 年 3 月 6 日将安哥拉长期外币评级由 B 调降至 B－，未来展望为稳定。标普于 2020 年 3 月 26 日将安哥拉长期主权信用评级由 B－调降为 CCC＋，未来展望为稳定。

续表

	指数	指数排名	排名变化
发展成本指数	93	69	↓3
发展热度指数	102	27	↓22

资料来源：中国对外承包工程商会，中国信保国家风险数据库。转引自《“一带一路”国家基础设施发展指数报告2019》，http：//www. comnews. cn/article/ibdnews/201905/20190500005490. shtml。

中国对巴西和莫桑比克的承包工程则出现可喜变化，2018年新签合同额均超过20亿美元，增速分别为48%和452%，无论是从“量”上还是“速”上均有突出表现。2018年对几内亚比绍和圣普的新签承包工程合同额较低，但成倍增长的势头比较明显。随着中国在葡语国家原有工程的逐渐完成，新的工程将更多地在不同国家中分散，有着更加均衡的分布和更大的期待。中国应密切关注非洲国家承包工程市场发生的变化，尤其是欧洲国家对非洲市场参与的逐渐升温，通过对原有模式的反思与创新，更加积极稳健地推动中国在非洲承包工程的发展。

在对外劳务合作方面，2019年中国派出各类劳务人员48.7万人（同期减少0.5万人），其中承包工程项下派出21.1万人，劳务合作项下派出27.6万人。2019年末在外各类劳务人员99.2万人，较2018年减少0.4万人。[①]

劳务合作与对外承包工程密不可分，中国在外劳务人员分布最多的行业为建筑业，占比超过45%。[②] 2018年，中国对葡语国家的劳务合作得到快速推进，承包工程和劳务合作项下分别派出5463人和5405人（见表7），在承包工程的带动下，中国对葡语国家的劳务派出（非承包工程项下，下同）绝大多数集中在安哥拉（5189人，占比96%），另有少量在莫桑比克（189人，占比3%），其他葡语国家则几无派出。2018年，中国对安哥拉劳务合作新签劳务人员合同工资总额为0.82亿美元，劳务人员实际收入总额

① 《2019年我国对外承包工程业务简明统计》，中国商务部网站，2020年1月22日，http：//hzs. mofcom. gov. cn/article/date/202001/20200102932442. shtml。

② 《中国对外劳务合作发展报告（2018—2019）》，http：//images. mofcom. gov. cn/fec/202005/20200509143449663. PDF。

为0.54亿美元。[①] 劳务合作主要集中在农林渔牧业、制造业、建筑业和餐饮住宿业等劳动密集型行业，在信息管理、技术服务、科教文卫等高级技术领域的非工程项下的劳务合作还有待拓展。值得一提的是，2018年的劳务扶贫工作中，来自贫困地区的劳务人员在安哥拉的有782人（包括承包工程项下），位居目的地国家（地区）的第9位，为助力脱贫攻坚发挥了积极作用。

表7　2016～2018年中国对葡语国家劳务合作派出人数与年末在外人数

单位：人

国别	派出人数			年末在外人数		
	2016年	2017年	2018年	2016年	2017年	2018年
安哥拉	2509	2922	5189	10030	8695	12325
巴西	0	0	1	157	157	157
佛得角	3	0	0	114	74	4
几内亚比绍	0	0	1	1	1	1
莫桑比克	102	84	189	710	740	824
葡萄牙	2	12	20	1	13	11
圣多美和普林西比	0	0	0	0	0	0
东帝汶	0	19	5	0	13	7
葡语国家	2616	3037	5405	11013	9693	13329

资料来源：《中国商务年鉴2019》。

三　2019年中国与葡语国家的经贸交流与澳门平台建设

（一）中国与葡语国家经贸交流论坛与展会

1. 第二届中国国际进口博览会

2019年11月，第二届进博会在国家会展中心（上海）举办，共吸引来

① 《中国商务年鉴2019》。

自150多个国家（地区）的3000多家企业参展，其中超过1000家为首次参加，更多“全球首发”“中国首展”产品或项目亮相展会。巴西作为首届进博会的主宾国之一，此届继续设立巴西国家馆，相较于首届85家企业的参展规模，巴西此次减少至15家聚焦于农业的企业参展，从而更有利于重点推介农业这一优势产业。葡萄牙共有4家出口企业参加此届进博会，主要涉及葡萄酒、家庭清洁产品及纸品等，葡萄牙企业通过产品展示和加强对中国市场的了解，为未来的针对性研发和销售打下基础。安哥拉则由贸易部部长范杜嫩率领60多人组成的商界代表团参会，此届参展企业的规模和产品种类均大大增加。佛得角首次在进博会设置国家展，展示了葡萄酒和咖啡等特色产品。进博会期间，在中国银行约翰内斯堡分行的邀请安排下，来自莫桑比克和南非的29家展商与中国企业进行了供需对接。东帝汶展示了有机咖啡、檀香油、手工艺品和坚果等产品，进博会结束后，东帝汶国家馆于12月在上海自贸区国别（地区）中心开馆，成为第二届进博会后首个落户的国家馆。

澳门继续以“澳门荟”为主题在中国馆内设立澳门展区，设有“澳门——中国与葡语国家商贸合作服务平台”专区，澳门共有超过百人的企业家代表团参加进博会。澳门在“食品及农产品展区”和“服务贸易展区”内分别设置展馆，共组织42家从事澳门制造、代理葡语国家食品、提供会计及翻译服务的澳门企业参展。进博会期间，澳门主办了“澳门投资合作论坛——中国与葡语国家商贸合作服务平台推介”活动，吸引了近160个来自葡语国家以及上海和澳门的企业参加，推介活动上签署了4份合作项目协议，内容涉及葡语国家农业项目金融服务、咖啡采购及贸易服务等。在进博会开幕前，“澳门及葡语国家商品馆”在上海绿地全球商品贸易港开馆，为澳门及葡语国家的企业提供面向中国内地市场的常年展示平台。

2. 第125～126届中国进出口商品交易会

第125届和第126届广交会分别于2019年4月和10月在广州举办，两届展览规模均达超过100万平方米，每届广交会均吸引境内外参展企业近2.5万家，210多个国家和地区的约20万名境外采购商与会。截至2019年底，广交会累计出口成交约 14126 亿美元，累计到会境外采购商约 899 万人。[①]

广交会成为中国与葡语国家经贸合作的优质平台，既有利于葡语国家企业开拓以粤港澳大湾区为主的中国市场，亦有助于中国企业寻求在葡语国家的贸易和投资机会。广交会通过拓展葡语国家的工商机构合作伙伴，有助于长期稳定的合作，已与葡中工商协会、葡萄牙波尔图商会、里斯本商业协会、葡萄牙工业协会等 4 家葡萄牙机构，巴中工商总会、中国（巴西）投资开发贸易中心等 2 家巴西机构正式签订了合作协议和合作备忘录。作为广交会的合作伙伴，中葡论坛常设秘书处组团参会，设立展位以宣传中葡论坛、葡语国家投资营商环境和澳门平台作用，推动中国内地、澳门和葡语国家企业的经贸合作与共同发展，促进中葡论坛与粤港澳大湾区建设的有机结合。[②] 受新冠肺炎疫情影响，2020 年的广交会改为线上举行，全新的形态从某种程度上更有利于葡语国家企业参展，也是转危为机的创新举措。

3. 2019年中国国际服务贸易交易会

由商务部和北京市政府共同主办的中国（北京）国际服务贸易交易会，于 2019 年更名为中国国际服务贸易交易会，去掉了“北京”二字，举办频率调整为一年一届，体现了京交会作为国家级展会面向全球打造品牌、扩大影响的新提升。[③] 京交会是全球唯一涵盖服务贸易 12 大领域的综合型服务贸易交易会，世界贸易组织（WTO）、联合国贸易和发展会议（UNCTAD）、经济合作与发展组织（OECD）是京交会的永久支持单位。

2019 年京交会于 5 月在北京举办，以“开放、创新、智慧、融合”为主题，以科技、文化、健康、商务服务等领域为重点，在 16.5 万平方米的展区内，共举办 240 多场论坛会议和洽谈交易活动，再创历史新高。京交会

---

① 中国进出口商品交易会（广交会）网站，http：//www. cantonfair. org. cn/。

② 《中葡论坛常设秘书处参加第 126 届广交会加强葡语国家与湾区企业交流，发挥澳门平台作用》，中葡论坛常设秘书处官网，2019 年 4 月 16 日，https：//www. forumchinaplp. org. mo/permanent – secretariat – of – forum – macao – takes – part – in – 126th – canton – fair/？ lang = zh。

③ 李佳：《2019 年京交会今日开幕》，《北京青年报》2019 年 5 月 28 日，A4 版。

期间，由巴西亚洲商务文化交流中心与巴西国家服务贸易联合公会共同举办的“巴西国家主题日”受到各界高度重视，会上主要推介了“巴中经贸文化中心”项目、巴中通用航空产业、巴中足球合作以及巴西科技团队研发的“能量棒”污水净化处理新科技项目。[①] 由中葡拉美商会主办的中国与葡语系国家合作发展研讨会同期召开，为中国与葡语国家的企业开拓彼此市场，促进贸易合作提供了专门的空间。

4. 首届中国—非洲经贸博览会

习近平主席在2018年中非合作论坛北京峰会上宣布设立中非经贸博览会，旨在为中国与非洲国家深化经贸合作搭建平台。2019年6月，首届中非经贸博览会在湖南长沙开幕，博览会以“合作共赢，务实推进中非经贸关系”为主题，吸引了53个非洲国家和10余个国际组织和机构参会，观展人数突破10万人次，其间中国与20多个国家共签署84项合作文件，总额为208亿美元。博览会聚焦贸易、农业、投融资、合作园区和基础设施等领域，举办了14场活动和1场展览展示，同时开设网上中非经贸博览会和非洲商品展销馆作为长期展示贸易平台。

非洲的5个葡语国家均参加了博览会，安哥拉是博览会的6个主宾国之一，[②] 在“非洲国家投资合作推介会”上，安哥拉向中非投资商释放出强烈的投资合作意愿。《中非经贸合作案例方案集》是博览会的重要亮点，精选的101个优质案例方案中，莫桑比克的万宝农业园案例入选农业类案例，安哥拉和莫桑比克共有4个案例入选基础设施类案例，反映了中国与非洲葡语国家在基础设施和农业加工业取得的合作成果，基础设施和农业加工业也成为博览会的重要热词。

5. 第十届国际基础设施投资与建设高峰论坛与第五届中拉基础设施合作论坛

2019年5月，由中国对外承包工程商会和澳门贸易投资促进局（以下简称“澳门贸促局”）共同主办的第十届国际基础设施投资与建设高峰论坛

① 林彬彬、张丽娟：《2019年京交会“巴西国家主题日”受各界重视》，香港商报网，2019年6月1日，http：//tp. hkcd. com/content/2019－06/01/content_ 1140849. html。

② 另5个主宾国为：乌干达、埃及、坦桑尼亚、塞内加尔和科特迪瓦。

在澳门举办，论坛以“促进国际基础设施高质量可持续发展”为主题，吸引了全球72个国家和地区的2000多位业界精英与会，是具有全球影响力的行业盛会。由商务部主办的第五届中拉基础设施合作论坛同期举办，来自拉美和加勒比地区的11位部级嘉宾，中国外交部、商务部，以及中外金融机构、商协会和企业代表逾900人出席了论坛开幕式。

2019年版《“一带一路”国家基础设施发展指数报告》在论坛上发布，报告新增“葡语国家基础设施发展情况分析”部分并将安哥拉作为重点国家进行分析，同时还发布了《中国内地企业参与葡语国家基建指数报告》，凸显了论坛对中国与葡语国家在基础设施投资与建设领域的重视。发展基础设施离不开投融资活动的配合，如何加强金融合作以支持基础设施的建设成为需要研讨的重要课题，论坛期间举办的“中国—葡语国家中央银行及金融家会议”和“发挥金融引擎作用，助力中葡务实合作”这两个平行论坛对此进行了深入的探讨，就推动以澳门为平台，促进中国与葡语国家的多边金融合作展开充分论证交流。

6. 第十四届中国与葡语国家企业经贸合作洽谈会

2019年7月，由中国国际贸易促进委员会、澳门贸促局、圣普贸易投资促进局共同主办的第十四届中国与葡语国家企业经贸合作洽谈会在圣普首都圣多美举办。该洽谈会因首次在圣普举办而尤为重要和特别，中国将圣普这一中葡论坛中“最年轻”的成员视为备受“一带一路”倡议欢迎的国家，对此次与圣普联合主办的洽谈会给予了高度关注。对因资金问题而较少派驻海外贸易投资促进机构的圣普而言，数百名中国和葡语国家企业家的到访为圣普带来了宝贵的经贸合作机会。此届洽谈会以“促进经济增长，共享繁荣昌盛”为主题，中国驻圣普大使王卫、中葡论坛常设秘书处副秘书长丁恬、中国国际商会副书记徐延波、澳门贸促局主席刘关华等出席开幕式，来自中国和葡语国家的300多名经贸官员和企业家参加。洽谈会期间，共签署了6份合作协议和备忘录，开展了80多场商业配对洽谈活动，同时通过本地产品展、圆桌会议和专题推介会等推动中国与葡语国家企业的经贸合作。

7. 第二十四届澳门国际贸易投资展览会与2019年葡语国家产品及服务展（澳门）

第二十四届澳门国际贸易投资展览会（MIF）及 2019 年葡语国家产品及服务展（澳门）（PLPEX）于 2019 年 10 月在澳门举办。展会对接国家发展政策，紧贴国际投资新形势，搭建了高效的推广展示与交流合作的平台，两展会共签署 85 份项目，配对洽谈区进行逾 400 场洽谈，逾 7 万人次入场，其间举办了超过 30 场的论坛、会议和推介会等配套活动。PLPEX 自 2017 年独立设展以来，此次为第三次展览，展会面积约 6000 平方米，设置了将近 250 个展位。佛得角和江苏省分别作为伙伴国和伙伴省设有主题馆。两个展会均加入创新元素，首次增设科创展区、跨境新零售展区、巴西产品馆和中葡平台工作展示区等，展会最后一天举行了葡语国家食品体验、葡语国家时尚魅影等精彩活动。

8. 2019年澳门国际环保合作发展论坛及展览

2019 年 3 月，以“构建生态文明、推进绿色发展”为主题的 2019 年澳门国际环保合作发展论坛及展览在澳门举办。展会设有绿色论坛和绿色展览，在 8 场绿色论坛和 1 场主题演讲中，包括来自葡萄牙和东帝汶在内的近 70 位环保业内代表，围绕绿色产业新态势、绿色能源发展、城市水处理和绿色金融等议题，分享各地的最新政策、企业策略和行业趋势等。[①] 在绿色展览方面，展会总面积约 16900 平方米，来自包括葡语国家在内的近 20 个国家和地区的 500 余家展商参展。展览会结束后，澳门贸促局还组织参展客商，尤其是葡语国家的客商至珠海、澳门的环保企业考察。

9. 第十一届澳门国际品牌连锁加盟展与粤澳名优商品展联展

澳门国际品牌连锁加盟展由澳门贸促局、澳门国际品牌企业商会、澳门连锁加盟商会、巴西特许经营商会、社团法人台湾连锁加盟促进协会和香港专利权及特许经营协会共同主办。澳门国际品牌连锁加盟展于 2018 年 11 月

---

① 王晨曦、胡瑶：《2019 年澳门国际环保展突出大湾区合作》，新华网，2019 年 3 月 28 日，http：//www. xinhuanet. com/2019 -03/28/c_ 1124297785. htm。

通过国际展览业协会（UFI）认证，成为大中华地区首个获此认证的加盟行业展会。粤澳名优商品展由澳门贸促局和广东省商务厅共同主办，是粤澳合作框架下加强两地商贸会展合作的重要展会。以上两个展会均始于 2009 年，并自 2016 年开始采用同期、同场举办的方式形成联合展会。

第十一届澳门国际品牌连锁加盟展于 2019 年 7 月在澳门举行，吸引了包括巴西、葡萄牙在内的 11 个国家和地区的近 180 个参展商参与，展会进行了超过 180 场洽谈配对活动，签署了 12 份项目，内容包括食品、健康饮品采购、品牌代理、战略合作协议等。为加强发挥澳门的中国与葡语国家商贸合作服务平台优势，此届“葡语国家展区”进一步扩大，邀请到超过 20 个来自葡萄牙和巴西的展商参展。作为粤澳合作的重点经贸项目，粤澳名优商品展连续第十一年举办，2019 年 7 月在澳门的展览规模为历年之最，并新设粤港澳大湾区青创力量展区。展会期间举办了粤港澳大湾区商务机构圆桌会议，共同探讨如何利用澳门与葡语国家的营商优势共拓商机。

10. 第七届澳门国际旅游（产业）博览会

澳门国际旅游（产业）博览会（以下简称“旅博会”）创始于 2013 年，是促进澳门世界旅游休闲中心建设、加强国际旅游业合作交流的重要平台，自 2016 年开始由澳门旅游局主办，旨在将澳门和中国内地的旅游业拓展至葡语国家、东南亚国家市场，促进旅游产业的国际合作。2019 年 4 月，第七届旅博会在澳门举办，来自包括 8 个葡语国家在内的 53 个国家和地区的 452 家企业和单位参展，规模为历届之冠。除“共庆回归二十载、缤纷多彩澳门游”特展展示澳门回归二十年的旅游事业发展成果外，此届旅博会强化了中国与葡语国家交流平台功能，设立“中葡交流展文化”展区，透过葡语国家产品及中国茶艺表演等，加深中国与葡语国家文化旅游的交流。旅博会期间举办了“葡语国家旅游产品推介会”，对 8 个葡语国家的旅游景点、资源和产品进行展示与推荐。

11. 第五届中国（澳门）传统医药国际合作论坛

中国（澳门）传统医药国际合作论坛，作为粤澳合作中医药科技产业园在传统医药领域的品牌性活动，已成功举办四届，论坛旨在推动中医药产业在国际间的交流与发展，并逐渐形成了传统医药政策、市场、研发、投融资等充分结合的主题特色。[①] 2019 年 9 月，第五届中国（澳门）传统医药国际合作论坛在澳门举办，论坛以“共享传统医药成果、深化国际交流合作”为主题，吸引了来自中国内地和澳门，以及欧盟、东盟、葡语国家和地区的 700 多人参加，共同探讨传统医药的合作与发展。其间举办了“商贸对接会暨葡语国家传统医药经贸合作研讨会”，佛得角、圣普、安哥拉的卫生部门负责人出席，葡语国家传统医药研修班的学员也参加研讨，共商中国与葡语国家在卫生领域的合作。

12. 第三次、第四次齐齐葡—葡语国家及澳门产品特色集

“齐齐葡—葡语国家及澳门产品特色集”（以下简称“齐齐葡”）活动始于 2018 年，由澳门贸促局、澳门社会经济发展促进会及澳门中区南区联合会共同主办，中葡论坛常设秘书处和中国与葡语国家企业家联合会协办。2019 年 3 月，第三次齐齐葡活动在澳门塔石广场举行，活动汇聚了 24 家葡语国家产品代理商和澳门企业参加，带来富有葡语国家和澳门特色的产品和文化，参加的市民、商户和游客超过 4.5 万人次。11 月，第四次齐齐葡活动在澳门三盏灯休息区及光复街举行，共计 27 家企业参加，透过葡语国家食品展销、歌舞表演、葡语国家传统烹饪示范和特色工作坊等，全方位地展示葡语国家产品和文化。

（二）中国与葡语国家经贸合作的澳门平台建设

1. 国家战略规划层面

2019 年 2 月，《粤港澳大湾区发展规划纲要》发布，澳门作为四个中心城市之一，“一中心、一平台、一基地”的特色定位得到进一步强化。其中，“中国与葡语国家商贸合作服务平台”直接明确澳门的服务平台角色，

① 粤澳合作中医药科技产业园作为粤澳合作产业园区的首个落地项目于 2011 年 4 月在横琴新区奠基，占地面积 50 万平方米，由澳门和横琴新区出资组建的粤澳中医药科技产业园开发有限公司负责园区的建设、经营、运作及管理等。参见粤澳合作中医药科技产业园官网（www. gmtcmpark. com）。

“世界旅游休闲中心”的建设需要依托和挖掘澳门“中西合璧”的特色资源，“以中华文化为主流、多元文化共存的交流合作基地”主要体现为中华文化与葡语国家文化的交流合作。

2019 年 12 月，习近平主席在时任澳门行政长官崔世安陪同下，考察中国与葡语国家商贸合作服务平台综合体，察看平台建设成果展和葡语国家产品展示。习近平主席肯定澳门回归以来扎实推进中国与葡语国家商贸合作服务平台建设取得的进展，强调建设中国与葡语国家商贸合作服务平台，是澳门发挥自身所长、服务国家所需的重要举措。习近平主席在庆祝澳门回归 20 周年大会上的讲话中，对澳门“一中心、一平台、一基地”建设的扎实推进，对澳门在参与共建“一带一路”和粤港澳大湾区建设取得的积极进展表示肯定。

2. 澳门特区政府政策层面

2019 年，澳门发布第 10/2019 号行政长官公告，公布了 2018 年 12 月在北京签署的《国家发展和改革委员会与澳门特别行政区政府关于支持澳门全面参与和助力“一带一路”建设的安排》（以下简称《安排》）。《安排》2600 字的正文中提及“葡语国家”或“中葡”的有 20 处之多，在金融领域强调发挥澳门联系内地与葡语国家的资源优势，“支持澳门打造中国与葡语国家商贸合作金融服务平台，开展葡语国家人民币清算业务……充分发挥中葡合作发展基金的作用，促进中国与葡语国家经济合作”。在经贸交流与合作方面，支持澳门中葡商贸合作服务平台的建设和拓展高层次的论坛和展览活动，并将平台建设与“一带一路”建设有机结合。《安排》确立了联席会议机制，2018 年 12 月和 2019 年 10 月召开的两次联席会议确定了具体的工作机制并推动《安排》的实施落实。

澳门在《2019 年财政年度施政报告》中对澳门作为中国与葡语国家商贸合作服务平台的意义做了延伸，强调澳门未来将有机结合“一带一路”建设，打造“巴西—拉丁美洲、葡萄牙—欧盟、安哥拉和莫桑比克—非洲”三条对外经贸合作路径，使中国与葡语国家的合作拓宽至欧盟、拉美和非洲国家。《2020 年财政年度施政报告》（以下简称《施政报告》）是澳门新任行政长官贺一诚任期内发布的首部施政报告，也体现了澳门特区政府在更长时期内的政策方向与重点。在经贸合作方面，《施政报告》指出，要“充分发挥澳门中葡平台功能，助力国家全面开放。……探索协同粤港澳大湾区以及内地其他一些地区与葡语国家开展海洋合作……发展中葡数字贸易和跨境电商产业，融入国家贸易价值链，建设中葡国际贸易中心，在中葡经贸活动中进一步发挥平台作用”。在金融合作方面，要“发展现代金融业，打造中国－葡语国家金融服务平台。立足服务粤港澳大湾区，助力‘一带一路’建设，推进金融创新和金融科技发展。……建设跨境人民币结算中心，研究探讨建设以人民币结算的证券市场，促进现代金融业发展”。

3. 中葡论坛多边经贸合作机制建设

中葡论坛是以中国与葡语国家经贸促进与发展为主题的非政治性政府间多边经贸合作机制，论坛的主要决策成果为《经贸合作行动纲领》，确定了未来三年中国与葡语国家经贸合作的目标和内容。2016 年召开的中葡论坛第五届部长级会议确定了 2017～2019 年双方经贸合作的行动纲领，同时签署了《中葡论坛关于推进产能合作的谅解备忘录》，会议上中方宣布了在产能、发展、人文及海洋等领域推进与葡语国家合作的十八项新举措。中葡论坛常设秘书处则在论坛闭幕期间，执行和落实部长级会议做出的各项决议。2018 年以来，中葡论坛常设秘书处的一项重要工作是对中葡论坛成立 15 周年的成效与展望进行第三方评估，由中国社会科学院主持的评估工作平稳推进，根据“九国十方”的专家意见和建议逐步完善，并于 2020 年 1 月完成终审并结题，第三方评估报告展示了中葡论坛成立 15 年来取得的成果和面临的挑战，对未来论坛的发展建设方向具有重要参考价值。

2019 年 3 月，中葡论坛常设秘书处第十四次例会在澳门举行，中葡论坛与会各方代表团听取了常设秘书处 2018 年的工作总结并通过 2019 年工作计划，还就第五届部长级会议成果的落实及第六届部长级会议的筹备工作交换意见，常设秘书处还组织例会代表与国际热带木材组织、联合国工业发展组织等国际组织代表座谈。在第十四次例会召开前，2019 年 2 月，中葡论坛常设秘书处秘书长徐迎真率团访问北京，拜会 8 个葡语国家驻华使节和中国商务部台港澳司。为了推进落实中葡论坛第五届部长级会议期间签署的《中葡论坛关于推进产能合作的谅解备忘录》，中葡论坛产能合作工作组第三、四次会议分别于 2018 年 12 月和 2019 年 12 月在北京召开，会议还就第六届部长级会议准备工作充分交流和交换意见。

2019 年 7 月，中葡论坛常设秘书处和葡共体国家食品安全和经济活动监督论坛（FISAAE）在澳门共同举办了“中国 - 葡语国家食品安全监察研讨会”，聚焦于中国与葡语国家在经济监督、食品安全和消费权益保障等方面的合作。值得一提的是，中葡论坛常设秘书处 2019 年出版的两期《中葡论坛》期刊，分别以“大湾区：葡语国家的新机遇”和“习近平主席出席回归庆典，赞扬澳门进步与成就”为中心主题，对澳门通过参与粤港澳大湾区建设，融入国家发展大局进行了聚焦与展望。

4. “中国内地—澳门—葡语国家”经贸交流活动

第一类为在澳门举办的活动，以展览会与论坛的配套活动为主。在 2019 年 10 月举办的第二十四届 MIF 及 2019 PLPEX 期间，澳门举办了一系列促进中国与葡语国家合作的配套活动，其中包括：2019 央企支持澳门中葡平台建设高峰会（第三届），第九届“江苏—澳门・葡语国家工商峰会”暨江苏—澳门—佛得角合作论坛，第十三届福建—澳门—葡语国家经贸交流会，[①] 第五届中国—葡语国家青年企业家论坛，第二届葡语国家酒类及食品商机对接会，第十六届世界华商高峰会，2019 北京・澳门合作伙伴行动等。除以上恒常化活动外，2019 年 4 月，澳门金融管理局（以下简称“金管局”）与河北雄安新区改革发展局签署合作备忘录，就帮助雄安新区引入境外资金和支持澳门特色金融发展开展合作，澳门贸促局、卫生局还分别与河北省商务厅、中医药管理局签署协议和备忘录，共同推进两地经贸合作和中医药事业发展。[②] 10 月，广东省商务厅联合澳门贸促局举办粤澳・葡语国家

① 江苏—澳门・葡语国家工商峰会和福建—澳门—葡语国家经贸交流会已成为中国内地省份借助澳门平台与葡语国家经贸合作的典范。

② 郭鑫：《澳门与河北签署合作备忘录支持雄安新区建设》，新华网，2019 年 4 月 11 日，http：//www. xinhuanet. com/politics/2019 - 04/11/c_ 1124355669. htm。

企业座谈会，就粤澳扩大与葡语国家贸易合作、引导企业赴葡语国家开展“走出去”合作进行交流。

第二类为中国内地与澳门联合走进葡语国家开展的经贸交流活动。2019年4月，中国商务部台港澳司司长孙彤率团访问圣普、佛得角和葡萄牙，中葡论坛常设秘书处工作组作为代表团成员陪同访问，访问期间就中国与葡语国家的经贸合作和第六届部长级会议筹备工作进行交流，同时实地考察了圣普农技二期、佛得角大学新校区等中国援建项目。7月，中葡论坛常设秘书处副秘书长丁恬率团赴安哥拉、圣普和莫桑比克访问，部分内地省市经贸主管部门代表及企业代表随行，其间与中葡论坛安哥拉新任联络员会晤，参加在圣普举办的第14届中国与葡语国家企业经贸合作洽谈会，并考察珠宝、矿业企业和农业、加工业和旅游业发展项目等。同月，“澳门平台对接中葡——部分省市和企业推介会”在葡萄牙里斯本举行，推介会由中葡论坛常设秘书处联同葡萄牙经贸投资促进局及竞争力与创新局共同举办，来自澳门中联办、浙江省、湖南省、大连市以及商会、企业及中葡基金代表参加，会上对各省市的营商环境进行推介同时介绍了中葡基金的情况。9月，由中国驻莫桑比克大使馆与中国银行约翰内斯堡分行联合举办的“第二届中国国际进口博览会暨展期供需对接会”在莫桑比克首都马普托举行，莫桑比克投资与出口管理机构、进博会当地参展商以及中资企业代表等近百人参加。中国商务部副部长王炳南率团于2019年12月访问东帝汶和巴西，代表团考察了东帝汶的国家电网项目，并与驻东帝汶中资企业座谈，在巴西的访问中，代表团先后会见了巴西出口投资促进局、外交部和经济部的负责官员，出席在里约举办的“国际服务贸易创新研讨会”并在会上见证了多项合作备忘录的签署。

第三类为澳门进入中国内地推介葡语国家经贸的交流活动。此类别已形成一系列品牌活动，主要包括：活力澳门推广周、认识澳门营商优势：中国与葡语国家商机及特色金融推荐会、葡语国家与地区食品推介等。“活力澳门推广周”是由澳门特区政府和澳门中联办指导，澳门贸促局支持，澳门会议展览业协会主办的大型综合巡回推广活动。截至2019年底，活力澳门推广周已完成31站的巡回展览，2019年5月和11月，分别赴广东省广州市和江苏省常州市开展第30站和第31站展览，除了为内地与澳门企业搭建合作交流平台外，亦通过展示葡语国家的特色产品和营商环境促进内地对葡语国家经贸的了解。“认识澳门营商优势：中国与葡语国家商机及特色金融推荐会”是由澳门贸促局、金管局、经济局和财政局主办，广东省商务厅、港澳事务办公室、各市港澳事务局协办的系列推荐活动，2019年6月和9月，分别在肇庆和惠州举办。自2016年，澳门葡语系国家地区酒类及食品联合商会与澳门贸促局签署合作协议，通过葡语国家食品展示中心与澳门葡语系国家地区酒类及食品展示中心，互相宣传推广葡语国家食品，减少澳门商户赴内地推广产品的人力及宣传成本。继在上海、佛山、长沙、宁波、扬州、合肥、贵阳等地设立澳门葡语系国家酒类及食品展示展销中心后，2019年又在江门、东莞设立了第8和第9家展销中心。

除以上的系列品牌活动外，澳门还赴内地开展、开拓其他推介考察活动。2019年5月，中葡论坛常设秘书处代表团及葡语国家在澳门研修班成员赴湖北省武汉市和宜昌市访问考察，并与湖北省港澳办共同主办“湖北—澳门—葡语国家产能合作对接会”。9月，中葡论坛常设秘书处秘书长徐迎真率代表团赴厦门出席第四届中国国际绿色创新发展大会和2019中国国际投资贸易洽谈会，并与中国国际投资促进会共同主办“中国—葡语国家投资合作研讨会”。中葡论坛常设秘书处副秘书长丁恬率团于9月赴江苏省淮安市和连云港市访问考察，在两市分别举办“江苏（淮安）—澳门·葡语国家产能合作对接会”和“江苏—澳门·葡语国家农业合作对接会”。同月，澳门经济局组织来自葡语国家的16家高科技企业赴广州南沙参观考察，联合广州市南沙区青年联合会在“创汇谷”粤港澳青年文创社区举办了南沙新区（自贸片区）葡语系国家产业对接洽谈会暨巴葡科创企业项目路演活动。

5. 中葡合作发展基金运作

中葡基金由国家开发银行和澳门工商业发展基金共同出资设立，基金总规模为10亿美元，委托中非发展基金（以下简称“中非基金”）进行管理，旨在为中国与葡语国家企业提供投融资支持。中葡基金于 2013 年设立于北京并于 2017 年将总部转至澳门。

2019 年 2 月，为了提升澳门金融人才实力，中葡基金与澳门金管局联合举办“澳门金融人才短期培训班”，共有 25 名澳门金融业界代表赴中国内地培训学习。3 月，中葡基金总部落户澳门后的首个推广活动“中葡合作发展基金推介会”举办，有利于澳门工商界进一步了解中葡基金的运作及葡语国家的投资环境。同月，中非基金、中葡基金及万宝非洲共同捐赠 100 吨大米运往莫桑比克国家救灾局总部，成为莫桑比克遭受强烈风灾后收到的来自中国企业的最大一笔大米捐助。中非基金和中葡基金在莫桑比克合作投资的万宝非洲项目，通过水稻种植加工为莫桑比克提供了大量就业岗位，并为农业技术在莫桑比克的推广做出贡献。10 月，由中葡论坛常设秘书处、澳门经济局和中非基金共同主办，中葡基金承办的中葡投融资合作推介会在澳门举行，会议以“金莲回归、产融合作，助力澳门中葡平台建设”为主题，来自中国和葡语国家政府部门、金融机构和企业的 100 多位代表参加会议，同时见证了中葡基金分别与佛得角贸促局、中国出口信用保险公司广东分公司、中国银行澳门分行、工商银行澳门分行、招商局港口、中建澳门等签署的多项合作协议。①

2019 年底，招商局港口与中葡基金、中拉基金就巴西巴拉那瓜集装箱码头（TCP）少数股权出让项目签署协议，中葡基金和中拉基金共获得 22.55% 的 TCP 权益，招商局港口此前于 2017 年收购了 90% 的 TCP 股权。2020 年 2 月，由中国建筑牵头、中葡基金与国新投资参与的中国财团参与竞购葡萄牙高速公路运营商 Brisa，该交易可能成为该年欧洲规模最大的基础设施交易之一。② 2020 年 4 月，中葡基金向阿特斯阳光电力集团提供 3000

① 《中葡投融资合作推介会在澳门举办》，新华网，2019 年 10 月 22 日，http://www.xinhuanet.com/money/2019-10/22/c_1125136379.htm。

② Manuel Baigorri, et al., “Chinese Group Is among Bidders for Portugal's Brisa Stake,” Bloomberg, 2020-2-21.

万美元资金，用于开发建设公司在巴西的光伏电站项目。[①] 双方的首次合作是2017年中葡基金向该公司提供2000万美元用于巴西的霹雳波一期（Pirapora I）光伏电站项目，壮大了阿特斯在巴西的电站投资规模和项目储备，使之成长为巴西光伏行业的领军者。

四　2019年中国与葡语国家的教育文化合作

（一）中国与葡语国家的教育交流

1. 孔子学院与孔子课堂

孔子学院作为汉语推广和中国文化传播的机构，不仅为葡语国家的汉语学习者提供规范、权威的汉语教学渠道，而且为葡语国家人民了解中国语言文化提供平台。截至2019年底，葡语国家共设有20所孔子学院和4个孔子课堂，其中巴西设有11所孔子学院和5个孔子课堂，葡萄牙共有5所孔子学院和2个孔子课堂，安哥拉、佛得角、莫桑比克、圣普各开设1所孔子学院，东帝汶设有1个孔子课堂。[②] 2019年，共新增1所孔子学院和2个孔子课堂，分别是10月由河北中医学院、天津外国语大学与巴西戈亚斯联邦大学共建的戈亚斯联邦大学中医孔子学院，11月由波尔图国际学校与米尼奥大学孔子学院共建的波尔图国际学校孔子课堂，12月在东帝汶商学院设立的孔子课堂（东帝汶的首个孔子课堂）。

自2005年米尼奥大学孔子学院作为葡语国家的第一所孔子学院建立以来，经过十余年的发展，截至2019年12月，孔子学院及孔子课堂已在除几内亚比绍之外的其他葡语国家设立，为葡语国家的汉语学习者提供了方便、优良的学习条件。同时，孔子学院秉承孔子“和为贵”“和而不同”的理念，推动中国文化与世界各国文化的交流与融合。通过孔子学院载体，葡语

---

① 《阿特斯获中葡合作发展基金2.12亿元融资支持，继续在巴西开发高品质太阳能电站!》，https：//cn.canadiansolar.com/press/阿特斯获中葡合作发展基金2.12亿元融资支持，继续/。

② 孔子学院总部/国家汉办网站，www.hanban.edu.cn。

国家人民可以及时了解中国的教育和文化信息，孔子学院成为葡语国家人民学习汉语、了解中国文化、认识当代中国的重要场所。

第一，孔子学院推动汉语教学。孔子学院作为中国与葡语国家教育交流的重要平台，积极促进中葡双语人才的培养，为共建中国与葡语国家命运共同体、推动“一带一路”建设提供人才支撑。2019 年 5 月，第十八届“汉语桥”世界大学生中文比赛葡萄牙赛区预选赛在布拉加市米尼奥大学举办，“汉语桥”比赛不仅激发了葡萄牙学生学习汉语的积极性，而且增进了葡萄牙民众对中国语言与中华文化的理解。6 月，佛得角大学孔子学院举办 2019 年首次汉语水平考试，参加考试人数再创新高，越来越多的佛得角青年学生热衷于学习汉语，并且希望通过汉语水平考试实现自己的“中国梦”。10 月，葡萄牙本土汉语教师培训及教学研讨会在里斯本大学举办，研讨会为葡萄牙本土汉语教师提供了一个学习深造和加强交流沟通的平台，促进了汉语教学工作的发展。同月，内图大学孔子学院举行安哥拉青年研究院汉语培训项目开班仪式，该培训项目受到安哥拉青年部及内图大学的高度重视，旨在提高安哥拉青年的汉语语言能力，通过学习汉语和借鉴中国经验以帮助自己国家的发展。

第二，孔子学院推动中华文化对外传播。2019 年 4 月，巴西里约热内卢天主教大学孔子学院维多利亚教学点所在的圣灵州州立中学举办了“中国日”暨“联合国中文日”主题文化活动，活动展出了剪纸、中国结、皮影、脸谱、扇子和红包等中国元素手工艺品，并通过中文歌曲演唱、太极拳表演、傣族舞蹈等文艺表演，吸引了当地 200 余名爱好汉语及中国文化的民众参加。5 月，巴西利亚大学孔子学院举办国画体验课，吸引了众多巴西汉语学习者感受中国传统书画文化。7 月，里斯本大学孔子学院亮相葡萄牙拉古阿市国际文化节，进行了精彩的中国传统文化展示，并邀请当地民众品尝中国茶、挑选生肖书签、编织中国结和取中文名字，吸引了众多对中国文化感兴趣的葡萄牙民众参与体验。同月，在圣普孔子学院揭牌仪式后，来自中国的传统表演艺术家以及大学生代表团向圣普人民呈现了包含歌舞、民族舞、歌剧以及带有中国功夫元素的舞蹈等中国文化活动，受到圣普人民尤其是年轻观众的喜爱。10 月，莫桑比克蒙德拉内大学孔子学院举办莫桑比克“首届中国电影节”，通过中国电影，莫桑比克民众不仅可以看到中国老百姓的日常生活，还可以了解中国的历史变迁和时代新貌。

2. 教育合作

外语专业人才对构架语言互通之路，共建“一带一路”具有重要的基础性作用。2019 年 11 月，联合国正式批准自 2020 年起将每年的 5 月 5 日定为世界葡语日。葡语地域分布广泛，遍布四大洲，全球共有超过 2 亿人将其作为母语使用。葡语作为文化多样性和不同文明间对话的载体，能够充分发挥其在中国与葡语国家交往中的桥梁和纽带作用，继续发展葡语教育，有助于消除中国与葡语国家之间的沟通障碍，共建语言互通协调机制，增强双方的交流与合作，推动实现中国与葡语国家的“五通”。① 中国的葡语教育发展至今，已有近 60 年的历史，截至 2019 年，中国内地已有 40 余所高校开设了葡萄牙语专业，葡语教育包含了专科、本科、硕士、博士等不同层次。2019 年 9 月，黑龙江外国语学院、河北大学、四川外国语大学重庆南方翻译学院的新增葡萄牙语本科专业开始招生。

2019 年，中国与葡语国家高校间的教育合作交流继续扩大，签署多项教育合作协议（见表 8），通过合作办学、学生交换和学术交流等具体方式积极推动葡语教育的国际化发展。3 月，广东外语外贸大学举行与葡萄牙波尔图大学共建孔子学院签约仪式，② 此为广东外语外贸大学继 2015 年共建佛得角大学孔子学院后的第二所葡语国家孔子学院。7 月，第五届中国葡萄牙语教学及研究国际论坛在广东外语外贸大学举行，来自葡萄牙、巴西、澳门及中国内地 24 所高校的 80 余位葡语学者齐聚一堂，共同探讨中国葡语专业教学和人才培养问题。9 月，葡语教学与葡语国家研究高峰论坛在中山大学新华学院举行，论坛将葡语教学与葡语国家研究并列为主题，有利于教研与学科间的融合，中山大学新华学院在论坛上聘请王锁瑛博士为葡萄牙语专业首席教授、鲁晏宾先生为葡萄牙语专业特聘教授、学科带头人。澳门大学

① 尚雪娇：《“一带一路”视阈下的中国高校葡萄牙语教育发展刍议》，《澳门思路》2019 年总第 3 期。

② 葡萄牙波尔图大学孔子学院设立于 2018 年 12 月 5 日。

于9月举办第二届联合国教科文组织多语种教席“语言政策”研讨会，就语言教育、语言政策以及多元文化等议题展开交流研讨，目的在于以澳门多语种、多文化的环境为平台，在全球化视野下，加深与包括葡语国家在内的不同国家之间的教育交流与合作。

表8 2019年中国与葡语国家院校交流合作协议

中方院校	合作院校	合作方式/领域
北京大学	葡萄牙科英布拉大学	学生交流协议
上海电力大学	葡萄牙科英布拉大学	谅解备忘录
复旦大学外国语言文学学院	葡萄牙科英布拉大学	谅解备忘录
复旦大学法学院	葡萄牙科英布拉大学	学术合作协议
北京外国语大学	葡萄牙里斯本大学	学术文化合作协议
陕西理工大学	葡萄牙米尼奥大学	硕士与博士研究生联合培养校际协议
江西财经大学	葡萄牙莱利亚理工大学	校级合作框架协议
暨南大学	巴西圣保罗大学	交换生协议
东莞理工学院	巴西坎皮纳斯大学	校际合作协议

资料来源：作者根据科英布拉大学与中国院校交流合作协议列表以及中国院校官网新闻整理，https://www.uc.pt/en/china/ch/oportunidades/mobilidade - formacao/agreements/COOPERATION_AGREEMENTS_web_08jan2020_CN.pdf。

以葡语教育为主体的中国与葡语国家教育合作逐渐推进，中国的葡语教育国际化发展理念逐渐形成。通过积极开展葡语教育及人才培养领域的国际交流与合作，葡语教育正处于一个快速发展和提升质量的重要时期，中国与葡语国家高校注重结合自身优势，有效融合双方的优质教育资源，加强协同创新，共同营造良好的国际化教学科研环境。

（二）中国与葡语国家的学术交流与智库建设

1. 学术交流

中国与葡语国家的合作日益密切、往来日益频繁，双方的学术交流活动也不断增加，从而在互联互通、取长补短中相互促进、共同发展。作为庆祝中国与葡萄牙建交40周年的学术活动，2019年5月，“中葡合作40年：共同的目标和理想”学术论坛在葡萄牙里斯本大学举办，论坛得到葡萄牙总统德索萨的特别授权和大力支持，来自中葡两国政府、研究机构以及联合国等国际组织的40余位专家、学者和政府官员出席论坛并发言，围绕中葡战略合作伙伴关系、澳门在大湾区以及中葡合作中的地位等8个议题进行深入探讨。为了庆祝中国与巴西建交45周年，7月，中巴建交45周年研讨会在巴西里约热内卢举行，双方与会人士围绕“中国—巴西：成熟稳定的发展中大国关系”“金砖框架下的中巴合作”“中巴合作新机遇”等议题进行了广泛深入的讨论。

在学术论坛方面，2019年6月，中国作家协会和葡萄牙文化部在中国现代文学馆联合主办第二届中国—葡萄牙文学论坛，对中葡两国通过积极的文学交流、翻译和阅读促进两国的文化交流，增进人民之间的理解和友谊进行了总结与展望。11月，中葡企业家“创”·“新”论坛在葡萄牙里斯本工商管理大学举行，论坛就帮助中葡企业拓宽国际视野提供了交流平台。同月，以“传承创新、产业融合、协同发展”为主题的中国—葡萄牙传统医药论坛在南昌召开，来自中葡两国传统医药领域的150余位专家、学者深入探讨交流世界传统医药的科学研究前沿和产业发展动态，推动传统医学与现代生物医学技术交流互鉴。

在学术研讨会方面，2019年6月，首届中国—巴西食品土畜研讨会在里约热内卢举办，双方政府、商协会及企业代表深入探讨中巴食品土畜领域合作机遇，共同研究农业贸易领域的新情况、新问题，挖掘市场潜力。同月，首届中国巴西文化旅游研讨会在巴西里约热内卢举行，中国多家影视公司向与会嘉宾宣介影视项目和作品，中巴双方希望利用里约创意大会这一平台，寻求更深层次合作，推动中巴文化产业共同发展。7月，中国—莫桑比克友好合作研讨会在莫桑比克首都马普托举行，重点探讨中国对莫桑比克民族独立和国家发展给予的支持、对莫桑比克人道主义援助以及中莫双边合作等内容。8月，中安关系学术研讨会在安哥拉天主教大学举行，活动形成关于中安务实合作及中非合作论坛框架下两国合作发展前景的学术研究报告。10月，2019金砖国家治国理政研讨会在巴西里约热内卢举行，来自金砖国

家的近150位代表围绕“新时代、新动力，治理创新促进经济发展”的主题深入交流治国理政经验。11月，中国发展研究基金会与巴西公民和社会行动部在巴西首都巴西利亚共同主办第二届“中国—巴西儿童早期发展对话研讨会”。其间，中国代表团与巴西政府就儿童早期发展进行交流与研讨。

除了学术论坛和研讨会等形式的学术交流外，2019年中国各级政府以及中葡论坛常设秘书处举办了不同领域的研修班，包括：葡语国家旅游与会展管理研修班（4月23日~5月6日）、葡语国家金融合作研修班（5月20日~6月1日）、葡语国家传统医药领域合作研修班（9月18~31日）、2019年中葡论坛经贸管理官员研修班（10月1~20日）、圣普中高级警官研修班（10月10~24日）、葡语国家投资研修班（10月14~27日）、葡语国家法官研修班（11月7~20日）、中国与葡语国家热带木材投资贸易暨全球林产品绿色供应链合作研修班（11月17~30日）、“一带一路”国际金融交流合作研修班（第八期）（11月27日~12月4日）等。

2. 智库建设

智力资源是一个国家、一个民族最宝贵的资源，智库日益成为国家治理体系中不可或缺的组成部分，[①] 成为国际间学术合作的重要平台，中国与葡语国家的智库建设也为双方的合作发展提供重要智力支撑。2019年6月，中国与葡语国家研究院在历史悠久的葡萄牙科英布拉大学成立，有利于借助葡萄牙在葡语国家的特殊地位，充分发挥科英布拉大学的人才优势，为推进中国与葡语国家之间的多领域合作和“一带一路”建设，更好地发挥智库作用。[②] 巴西里约热内卢联邦大学的巴西—中国研究中心在2019年继续推动与中国智库的交流合作，9月，联合清华大学共同举办以“科技创新、贸易发展和政策改革对中国—巴西（中巴）发展的影响”为主题的圆桌研讨

① 《关于加强中国特色新型智库建设的意见》，中央政府门户网站，2015年1月20日，http：//www.gov.cn/xinwen/2015-01/20/content_2807126.htm。

② 《葡萄牙科英布拉大学成立中国与葡语国家研究院》，新华网，2019年6月12日，http：//www.xinhuanet.com/2019-06/12/c_1124611600.htm。

会，探讨“一带一路”倡议下中巴在数字化时代的合作与发展。由巴西里约热内卢联邦大学和清华大学合作成立的中国—巴西气候变化与能源技术创新研究中心，至2019年已经成立十周年，通过气候变化与新能源领域的技术及学术合作，为中巴两国政府在能源和环境领域的政策和合作提供支持。巴西瓦加斯基金会（FGV）成立的中巴研究中心继续发挥法学专业优势，为中巴企业界合作提供法律政策解读，一方面跟踪巴西法律法规变化，研判其对中国企业投资巴西带来的挑战，另一方面研究金砖国家的法律体系，并重点关注中国的法制建设。中葡海洋生物科学联合研究中心由上海海洋大学和葡萄牙阿尔加维大学联合建立，该中心以中国与葡萄牙建立蓝色伙伴关系为契机，促进中葡两国科研人员在水产养殖、海洋生物科学等领域的交流合作，助力科技成果转化和海洋技术创新，并于2019年9月在上海举办第三届中葡海洋生物科学国际联合实验室学术年会。

中国国内的葡语国家研究及中国与葡语国家合作研究智库建设在2019年推进较快，广东外语外贸大学葡语国家研究所正式成立，该所编撰的首部葡语国家黄皮书《中国与葡语国家合作发展报告（2019）》于5月发布，报告从经贸贸易、社会文化和国际关系等三个方面综合研究中国与葡语国家的合作发展，发布会后举办了“葡韵湾区2019”学术研讨会。澳门城市大学葡语国家研究院于12月主办2019年中国与葡语国家岛国研究国际学术研讨会，来自中国、葡萄牙、圣多美和普林西比、几内亚比绍、佛得角、东帝汶的专家学者参加会议，从国别研究领域对葡语国家岛国进行研讨。10月，对外经济贸易大学中国葡语国家研究中心、巴西中国亚太研究所和澳门国际研究所联合举办2019葡语国家联合研究年会，年会围绕“中国—葡语国家蓝色伙伴关系：加强贸易投资、促进产能合作”的主题展开交流研讨。

隶属于中国社会科学院拉丁美洲研究所的巴西研究中心是巴西问题研究的重要智库，2019年10月，由中国社会科学院拉丁美洲研究所联合巴西圣保罗州立大学、福建师范大学等高校共同主办的第八届中拉学术高层论坛暨中国拉美学会学术会议在福州举办，巴西作为拉美举足轻重的国家成为会议

的焦点，会议从大变局及中拉关系、中巴经贸关系展望以及中拉人文交流等角度探讨了全球大变局下的中巴关系发展和中拉合作往来。湖北大学的巴西研究中心重点在巴西历史、经济、文化、国际关系和旅游等方向或领域开展研究，2019 年 10 月，该中心承办的中拉关系国际学术研讨会暨《黄邦和文集》发布会在湖北大学召开，重点探讨中巴关系、中拉关系的历史和现状，进一步推动中国巴西史研究及促进中巴学术交流。

（三）中国与葡语国家的文化交流

1. 中国传统文化在葡语国家传播

推动中国优秀传统文化走出去，展示中华文化的独特魅力，是促进中国与葡语国家文化交流互鉴的客观需求。葡语国家民众接触中国文化的机会越来越多，对中国文化的感知越来越深，诸如戏剧、瓷器、音乐、歌舞等不同艺术形式的传统文化成为葡语国家民众直接体验中国传统文化的便捷方式。

在传统节日文化方面，春节无疑是华人世界最重要的节日，中国新年庙会在莫桑比克首都马普托解放公园举办，莫桑比克华侨华人以中国传统庙会的形式庆祝中国春节，向当地民众展示了中国春节习俗和传统文化。佛得角自 2011 年以来每年春节期间均举办“中国文化周”活动，2019 年的文化周规模更大，内容更加丰富，促进了中佛的民间交流并向佛民众传播中国文化。2019 年 2 月，巴西圣保罗举行活动庆祝中国元宵节，现场的中国书法、剪纸、服饰等传统艺术展示，吸引了众多巴西民众学习与尝试，除了互动体验中国传统文化活动，中巴表演队伍还带来了舞龙舞狮、武术太极、乐器演奏等节目，受到当地民众热捧。6 月，葡萄牙阿威罗举办端午节庆祝活动，活动现场丰富多彩的民俗活动，以及舞龙、茶艺、书法、武术表演等中国文化展示活动受到当地民众欢迎。

在文化艺术展览方面，2019 年 5 月，中国明代瓷器展在葡萄牙科英布拉的圣克拉拉修道院开幕，此次展览是中葡建交 40 周年和澳门回归祖国 20 周年庆祝活动的一部分，也是中国明代瓷器在科英布拉的首次展出，这些瓷器见证了自16世纪以来中葡之间的文化交流和经贸往来。“2019感知中国·大美青海”民族文化艺术展于5月在葡萄牙里斯本正式启动，为葡萄牙民众了解青海乃至中国架起一座传播文化与信息、增进交流与友谊的桥梁。9月，“绽放——美丽中国·诗画浙江”文化旅游展开幕式在葡萄牙里斯本举行，展览集中展示了浙江良渚文化和非物质文化遗产代表作品，向葡萄牙民众展现“文化浙江”和“诗画浙江”，进一步推进中国与葡萄牙在文化、旅游等方面的互惠交流合作。

在文艺演出方面，2019年9月，贵州艺术团亮相莫桑比克，中国艺术家们通过少数民族歌舞、民乐和杂技等节目，从不同层面演绎了中国多民族文化的丰富内涵，向莫桑比克民众展现多姿多彩的中国文化。同月，澳门中乐团《中国印象》音乐会在葡萄牙里斯本举行，国家一级指挥刘沙率团为葡萄牙民众献上一场融汇中西、兼顾古今的中国传统音乐盛宴，为葡萄牙“中国文化节”画上圆满句号。[①] 10月，中国爱乐乐团在葡萄牙举办交响音乐会，乐团为演出精心准备了一套兼具艺术性与欣赏性的曲目，同时展示了古典音乐经典名作与中国当代作曲家新作。

2. 新时代中国文化在葡语国家传播

新时代中国文化成为继欧洲文化与美国文化的“第三极文化”，它以“和谐”为理念，倡导以多元化为前提尊重文化的差异，与其他文化取长补短，共建一套共同认可的秩序和守则，一起为推动人类社会发展做出应有贡献。[②] 中国与葡语国家有着传统友好关系，在共建“一带一路”的推动下，中国和葡语国家的文化交流活动日益频繁，葡语国家民众不仅渴望了解中国传统文化，对与时俱进的新时代中国文化也表现出极大的热情。

电影电视是新时代中国文化的重要载体，2019年8月，首届中国巴西电影电视展在里约热内卢开幕，包括《流浪地球》《中国合伙人》《拆弹专

---

① 《澳门中乐团葡萄牙巡演拉开帷幕》，新华网，2019年9月25日，http：//www.xinhuanet.com/2019－09/25/c_ 1125039553.htm。

② 黄会林：《新时代中国文化的世界角色》，《红旗文稿》2020年第2期。

家》等在内的中国优秀影视作品，以及巴西电视台摄制的与中国相关的纪录片与观众见面，让巴西民众通过影视作品认识今天的中国和中国文化。11月，中央广播电视总台制作的葡语版4K电影《大阅兵·2019》，在安哥拉最大的商业电视台贝壳电视台周日黄金时段首播，作为在非洲的首映，电影在安哥拉首都罗安达引起热烈反响，安哥拉民众在观看影片后，被中国军人整齐划一的亮相所震撼，对中国军队的先进武器装备印象深刻，安哥拉贝壳电视台台长希望通过影片展示中国精神，并希望安哥拉可以像中国一样发展。①

图书出版与展览方面，2019年8～9月，第19届巴西里约热内卢国际图书双年展在里约会议中心举行，这是中国出版代表团第三次参加该双年展，来自中国7家出版单位的13位出版代表参展，展出中国精品图书800余册，其中反映新时代中国文化的主题图书占据重要位置，其间中国代表团还举办了“中巴出版人对话——中葡语互译出版的合作与前景”座谈会，旨在通过交流找准中巴葡语版图书互译合作出版的模式，为中巴出版合作的美好未来夯实基础。② 10月，《习近平谈治国理政》第一卷、第二卷葡文巴西版首发式在巴西最大城市圣保罗开拓者宫举行，巴西读者通过此书可以更好地理解中国对国际事务的看法和主张，了解中国的外交政策和实践。

3. 葡语国家文化走进中国

作为葡语国家文化走进中国的重量级活动，第三届葡萄牙语国家共同体语言及文化日活动于2019年5月在北京举办，来自8个葡语国家的驻华大使、外交官、中国政府相关部委代表、中国内地及澳门特区的企业家、学者及高校师生等近300人出席。活动期间，来自葡语国家的文化团体表演了精彩的文艺节目，中国内地高校葡语专业学生一起欢歌载舞，活动对增进中国

① 《4K电影〈大阅兵·2019〉葡语版登陆安哥拉　引发热烈反响》，国际在线，2019年11月5日，http://news.cri.cn/20191105/4c70e513-113c-b5b9-f742-97d184be187c.html。

② 马洁：《巴西里约热内卢国际图书双年展开幕》，国际在线，2019年9月1日，https://baijiahao.baidu.com/s?id=1643476990961796642&wfr=spider&for=pc。

和葡语国家文化的交流，起到了积极的推动作用。[①] 此外，2019 年走进中国的葡语国家文化还细分为葡萄牙、巴西和亚非葡语国家等三个具体类型。

第一，葡萄牙文化走进中国。2019 年 3 月，“2019 年葡萄牙文化节”在北京故宫博物院正式启动，文化节通过音乐、电影、文学和艺术展览等一系列精彩的文化活动，为庆祝两国建交 40 周年献礼。6 月，“釉彩国度——葡萄牙瓷板画 500 年”展在北京故宫博物院永寿宫拉开帷幕，展品贯穿葡萄牙瓷板画 500 余年历史，通过不同时代的作品，向中国观众展示瓷板画风格的变迁以及葡萄牙的历史与文化。同月，葡萄牙国家芭蕾舞团访华演出，芭蕾舞剧《十五名舞者与不断变化的节奏》在天桥剧场进行了中国首演。

第二，巴西文化走进中国。2018 年 9 月，位于里约热内卢的巴西国家博物馆发生火灾，大约 90% 的馆藏文物被焚毁，为了留住博物馆珍贵的记忆，腾讯公司参与“从灰烬中重建”巴西国家博物馆，历经筹办启动、开放征集和线上重建等系列工作后，数字巴西国家博物馆于 2019 年 9 月上线，中国与巴西的通力合作在续写友谊的同时，也促进了巴西文化在中国的传播与交流。10 月，“逐梦巴西·中巴足球嘉年华”活动在巴西里约热内卢举办，此次嘉年华以两国青少年交流杰出代表为基础，通过比赛、游戏和文艺演出等方式，推动两国在足球领域的交流与合作。11 月，第三届巴西电影展在北京、深圳、广州、重庆、上海和澳门等 6 座城市进行，知名电影制片人马克思·乔治（Marcos Jorge）为策展人，为中国观众专门遴选优质电影，新浪微博开设专门讨论版面，掀起巴西电影热。

第三，亚非葡语国家文化走进中国。2019 年 8 月，东帝汶文化沙龙活动在北京举办，东帝汶使馆人员和在华留学生通过展示当地独具特色的服装服饰、工艺品以及歌舞等形式，向中国民众展现这个年轻国家的活力。10 月，佛得角儿童画展在澳门威尼斯人金光会展中心举办，画展共收录来自佛

① 《中葡论坛常设秘书处参加葡语文化日活动》，中国—葡语国家经贸合作论坛（澳门）常设秘书处网站，2019 年 5 月 16 日，https：//www. forumchinaplp. org. mo/about - us/gallery/forum - macao - attends - portuguese - language - and - culture - day - of - the - community - of - portuguese - speaking - countries - may - 13 - 2019/？ lang = zh。

得角、中国澳门和江苏省的优秀儿童画作品 99 幅，增强了三地儿童的文化交流。

4. 澳门平台下的中国与葡语国家文化交流

澳门作为中国连接葡语国家的独特桥梁，以葡语为纽带，将中国内地、澳门和 8 个葡语国家紧密联系起来。在文化交流方面，澳门充分发挥“中华文化为主流、多元文化共存”的基地作用，通过中葡文化艺术节、中国—葡语国家文化周、葡韵嘉年华、澳门国际幻彩大巡游等一系列品牌活动，积极推动中国与葡语国家之间的文化交流合作。

2019 年 6 ~ 7 月，第二届“相约澳门——中葡文化艺术节”在澳门隆重举行，来自中国内地以及 8 个葡语国家的文化艺术精英相聚澳门，带来澳门国际书展 2019、澳门中乐团“丝竹与 FADO”音乐会、中国与葡语国家电影展、中国与葡语国家艺术年展、中国与葡语国家传统歌舞表演，以及“九九存珍——庆祝澳门回归祖国二十周年档案展”等精彩活动，艺术节深化了中国与葡语国家之间的文化交流合作，展现了澳门这一多元文化名城的魅力。10 月，第十一届中国—葡语国家文化周在澳门举办，来自中国澳门和内地，以及葡萄牙、巴西、安哥拉和东帝汶等葡语国家的艺术家积极参与，活动内容包括中国与葡语国家的艺术团体表演、手工艺市集、美食展示、艺术作品展览和话剧演出等。同月，第二十二届葡韵嘉年华积极在澳门举行，活动内容包括美食体验、手工集市以及歌舞表演等，为澳门民众及游客带来一系列葡语国家及地区的文化体验。12 月，2019 澳门国际幻彩大巡游在澳门大三巴牌坊耶稣会纪念广场开幕，来自葡萄牙、安哥拉等国家的 80 支巡游表演队伍联袂参演，共同庆祝澳门回归祖国 20 周年。

五　中国与葡语国家合作发展中存在的问题与展望

本研究团队发布的《中国与葡语国家合作发展报告（2019）》中指出中国与葡语国家合作发展中存在的 5 个主要问题：经贸互补效应尚待发挥，服务贸易与投资需要挖掘，多边平台下的双边合作需要加强，复合型葡语人才培养模式有待创新，中国文化对外传播有待提升。[①] 这些问题具有长期性需要继续得到重视，本报告结合《粤港澳大湾区发展规划纲要》和新冠肺炎疫情对中国与葡语国家合作发展带来的深远影响，提出新的问题与挑战，或对原来的问题做出细化及重要修改。

（一）在“一带一路”与粤港澳大湾区发展的战略对接中找准合作路径

《推动共建丝绸之路经济带和21世纪海上丝绸之路的愿景与行动》中，对经济区的选择有着开放程度高、经济实力强、辐射带动作用大等三个基本要求，广东和澳门符合上述特征而成为21世纪海上丝绸之路建设的重镇，两地又同为粤港澳大湾区建设的主体力量，如何将这两项重大建设进行战略对接，在对接中找准各自的定位，发挥自身的作用，是一个重要的基础课题。在战略对接中，澳门在联系葡语国家方面的优势和广东在制造业方面的实力可以有效连接起来，通过葡语国家产业园的设立和中国与葡语国家金融平台的打造，可以将澳门与广东的“所长”“所需”有机结合，促进中国与葡语国家经贸合作的畅通深入，在合作共赢中为推进“一带一路”和粤港澳大湾区建设做出积极的贡献。

（二）在后新冠肺炎疫情时代和格局中深化友谊与合作

新冠肺炎病毒的肆虐不仅给中国与葡语国家的公共卫生安全带来极大挑战，人民生命安全和身体健康受到巨大威胁，还严重阻碍了生产的恢复和经济的发展，更因相关国家将其政治化而给全球格局带来深刻复杂的影响。中国与葡语国家同为新冠肺炎疫情的受害者，但双方在对抗疫情中相互合作，进一步深化了友谊。展望未来，疫情带来的世界格局的变化将是结构性和长期性的，中国与葡语国家的合作既要珍惜良好的合作基础和甘苦中结下的友

---

① 丁浩、尚雪娇主编《葡语国家黄皮书：中国与葡语国家合作发展报告（2019）》，社会科学文献出版社，2019。

谊，更要化危为机，将“风雨同舟、患难与共、互惠互利、共同发展”的中国与葡语国家合作理念长期贯彻下去，在国际上相互积极发声，共同谋划后新冠肺炎疫情时代的共赢之策和合作之路。

（三）在国际组织对接中深化多边机制联动

中葡论坛与葡共体的成员国高度重合，前者侧重经贸合作，后者侧重政治外交，但这两个多边平台的职能和议题均有所扩展，不可避免会出现决议的类似与衔接问题。这就要求两个平台间建立有效的协调机制，平台间的有效联动不但有助于提高各自的运作效率，确保决议成果的有效执行，更在相互补充和加强合作中成为造福成员国的重要推动力。中国澳门作为中葡论坛常设秘书处所在地和葡共体观察员，既是服务中国与葡语国家经贸和文化合作的平台，又最适合担当联系中葡论坛与葡共体这两大多边平台的重任。两个平台的有效联动可以从经济议题入手，以中国澳门的名义代表中国在葡共体中发挥更大的作用，同时在葡共体会议中注重对中葡论坛取得成绩的推介，从而使得决策能够在充分考虑中国与葡语国家关切的情况下做出，并通过机制联动使得决策能够更加顺畅地贯彻执行。

（四）在服务实体经贸中探索金融合作

中国与葡语国家的金融合作要以双方蓬勃发展的经贸合作为基础，贸易的发展带来对贸易融资和资金清算的需要，投资的深入带来对直接投资和并购融合的需求。在粤港澳大湾区建设中，四个中心城市在金融领域均有规划与定位，澳门在建设中国与葡语国家金融合作平台方面有着先天的优势，但也存在着“硬”的金融基建和“软”的金融人才方面的不足。考虑到香港国际金融中心的地位和广东在制造业方面的优势，澳门可以在 CEPA 框架下，充分利用粤港澳大湾区建设机遇，通过与香港国际金融中心的深度合作，将中国与葡语国家贸易的人民币结算业务自然延伸至建立人民币离岸金融次中心。澳门可以充分利用比较成熟的香港人民币离岸金融中心，将涉及中国与葡语国家经贸的人民币债券、远期、期权合约等在香港设立模块，由澳门负责发行设计、市场维护和客户服务。[①] 从而将中国与葡语国家的金融合作平台打造成一个定位明确、合作协调的有机体，也将避免无序竞争和重复建设的问题。许长新教授在阐释“金融如水”理念时，认为中国丰富的内陆水系和绵长的海岸线造就了古往今来治水的丰富经验与成果，港口的发展与临港产业的相辅相成更是有着理论与实践的双重支持，以水和治水的视野去洞察金融的客观规律，进一步按此规律认识、参与、管理和发展金融，[②] 也许这正是在探索金融合作中应秉承之道，也是促使金融的“血液”与经济的“肌体”良性循环的底线所在。

（五）在孔子学院建设中深化与亚非葡语国家的文化交流

文化交流是中国和葡语国家合作的重要组成部分，在双方的共同推动下，文化艺术节、电影电视展、艺术作品展览等多种形式的文化活动层出不穷，促进了中国与葡语国家对彼此文化的了解、尊重与信任。然而，中国与葡语国家的文化交流又存在着不平衡的现象，中国与巴西、葡萄牙的文化交往密切，但与亚非葡语国家的文化交流明显不足。当前，中国与亚非葡语国家的文化交流基本以借助孔子学院开展的语言文化类活动为主，在活动的多样性和互动性上仍有很大的发展空间。这需要双方政府部门、文化机构、民间艺术团体共同努力，可以先以拓展孔子学院的职能为抓手，精心组织和策划若干品牌文化活动，然后在此基础上进一步丰富文化交流活动，创新活动内容和形式，在增进人民友谊的过程中，促进中国与亚非葡语国家文化交流的逐步繁荣。

（六）在服务国家重大需求中创新葡语人才培养模式

2019 年 11 月，联合国教科文组织正式批准将每年的 5 月 5 日定为世界

① 丁浩、庄玲玲：《澳门金融业融入大湾区发展的机遇与路径》，载庞川、林广志主编《粤港澳大湾区发展报告（2018～2019）》，广东人民出版社，2019。

② 许长新：《金融如水——治水方略隐喻下的我国金融管理之道》，《金融纵横》2012 年第 7 期。

葡语日，以凸显葡语对人类文明做出的巨大贡献，这是全球2.6亿葡语使用者的共同节日。“一带一路”倡议在葡语国家得到积极响应，为中国与葡语国家的“五通”建设打下坚实基础，而实现“五通”的前提就是语言相通。“一带一路”建设的不断推进，对葡语人才尤其是复合型葡语人才的需求进一步扩大。中国内地的葡语教育经历了近60年的发展，已有40余所高校开设了葡萄牙语专业，然而在实际的葡语人才培养过程中，仍然存在课程设置同质化、缺乏特色化教学、葡语高端人才培养乏力等问题。为了更好地服务“一带一路”建设和中国与葡语国家合作发展的需要，葡语人才培养应扩大对外开放，加强与葡语国家的教育国际化合作，培养不仅具备扎实的葡语语言能力，还具有国际视野、掌握对象国国情知识、具备葡语运用能力和跨文化交际能力、能够参与国际事务和国际竞争的复合型葡语人才。

中国与葡语国家的合作在2019年取得了丰硕的成果，一系列重大庆典、高规活动、合作成果使得这一年可以用“高光夺目”来形容。2019年，既是对过往的系统总结之年，又是对未来的前瞻规划之年，在推进“一带一路”和粤港澳大湾区建设中，通过澳门平台作用的进一步发挥，中国与葡语国家的合作必将在其中占据重要一席。2020年，受新冠肺炎疫情影响中国与葡语国家的传统合作发展也不可避免地受到冲击，但这种冲击也为双方在更冷静的思考和更珍惜的友谊中，寻找到在世界格局深刻变化中的新合作与新发展之路。中葡论坛第六届部长级会议将在澳门新落成的中国与葡语国家商贸合作服务平台综合体大楼举行，在这一具有里程碑意义的会议上，中国与葡语国家必将在“继往开来”、守正创新中共叙合作友谊、共商共赢大计，继续为重塑合作共赢的新型国际关系，为人类命运共同体的建设贡献更加积极的力量。

经济贸易篇

Economic Reports

A.2

中国与葡语国家双向直接投资：现状与前景分析（2018~2019）

刘成昆　刘 衍　邓曼瑶*

摘　要： 本报告基于2008~2018年中国与葡语国家的直接投资和双向投资的年度数据，分析双边国际贸易投资的现状和特点，指出了中国与葡语国家在发展贸易投资中遇到的现实问题和困难，并提出相应的政策建议。研究发现，国际政治经济环境不确定性增加，中国与葡语国家经贸投资总量差距过大，以及葡语国家的经济规模、基础设施和金融状况内部差异过大是双边经贸投资所面临的重大考验。因此，中国与葡语国家应积极面对这些问题，共商促进经济增长、加强工业基础建

* 刘成昆，澳门科技大学可持续发展研究所所长、商学院教授；刘衍，复旦大学应用经济学博士后流动站博士后，珠海复旦创新研究院金融创新发展中心研究员；邓曼瑶，澳门大学数学系硕士研究生，珠海复旦创新研究院金融创新发展中心研究员。

设、增加基础设施投资、加快金融服务业升级，为双边经贸投资营造良好的环境。

关键词： 葡语国家 直接投资 双向投资

2019年，以“共建‘一带一路’、开创美好未来”为主题的第二届“一带一路”国际合作高峰论坛，于4月25~27日在北京隆重举行，中国国家主席习近平致开幕词并发表主旨演讲。这次论坛汇聚了37个参与国的国家元首，包括葡萄牙总统马塞洛·雷贝洛·德索萨。这是继2018年12月习近平主席出访葡萄牙后，中葡两国最高领导人又一次达成实质性结果的会面。中国与葡语国家互访互通，不断拓展双边及多边合作，全方位惠及中国与葡语国家。

根据中国—葡语国家经贸合作论坛（澳门）（以下简称“中葡论坛”）提供的数据，仅2018年，中国与葡语国家双向直接投资就超过12亿美元，是中葡论坛成立时的近23倍。中国与葡语国家通过签订谅解备忘录，进行政策沟通和高层协调，在双向直接投资领域取得了丰硕的成果，其模式可复制和推广，为其他国家和地区的直接投资合作提供了范本。

在全球经济深刻调整、贸易保护强力抬头、国际政治局部动荡的新时期背景下，中葡双方将在贸易和投资方面拓宽领域、深化合作。本报告从双边直接投资视角剖析中国与葡语国家经贸合作现状，分析优势与不足，厘清合作机制，以期对双边下一阶段经贸发展提供依据。

一 中国与葡语国家双向直接投资概况

自中葡论坛成立以来，中国与葡语国家的直接投资往来处于低水平，且主要以中国向葡语国家输出为主，葡语国家对中国投资的存量和流量都相对较小。对直接投资进行国别细分，可以明显地看出，中国资金主要流向莫桑比克、巴西和安哥拉，葡语国家的资金主要来自巴西、葡萄牙和莫桑比克。总体来说，中国对葡语国家的直接投资增幅大、增速快，反向则呈现稳中有升的态势，但在2018年出现了回落。

（一）中国与葡语国家的直接投资特征

中国与葡语国家的直接投资呈现以下特点：主要以中国对葡语国家的直接投资为主，葡语国家对中国投资的存量和流量都相对较小。中国商务部发布的《2018年度中国对外直接投资统计公报》和中国国家统计局出版的《2019中国统计年鉴》显示，2018年中国对葡语国家直接投资流量为12.48亿美元，存量78.75亿美元；同年葡语国家对中国投资流量仅为0.32亿美元，双方直接投资流量相差39倍。

2008~2018年间，中国对葡语国家直接投资流量，从0.14亿美元增长至12.48亿美元，增长了88倍，远高于中国同期对外直接投资流量增长率156%；中国对葡语国家直接投资存量，从3.77亿美元增长至78.75亿美元，增长近20倍，远高于中国同期对外直接投资存量增长率977%。由图1可以看出，虽然中国对葡语国家直接投资的流量出现了较大的波动（其主要原因是2015年前后，世界经济出现大幅下滑；2016年召开中葡论坛第五届部长级会议，签订新的《中葡论坛关于推进产能合作的谅解备忘录》），但不论从流量还是存量来说，都是呈现明显的增长趋势。

由于葡语国家对中国直接投资规模较小，且国家间存在明显差异，《中国统计年鉴》数据显示，2008~2018年间，葡语国家对中国直接投资流量占中国吸引世界直接投资流量最高不足0.08%，2018年则出现了新低0.02%。究其原因，主要因为2018年中国吸引世界直接投资增幅较大，而葡语国家的直接投资下降。具体来看，2018年葡语国家只有巴西和葡萄牙两国对中国有直接投资，且流量相对过去10年明显下降，同时诸如安哥拉、莫桑比克、几内亚比绍等原有投资国在2018年的投资额为0。图2显示2018年葡语国家对中国的直接投资流量内部结构。

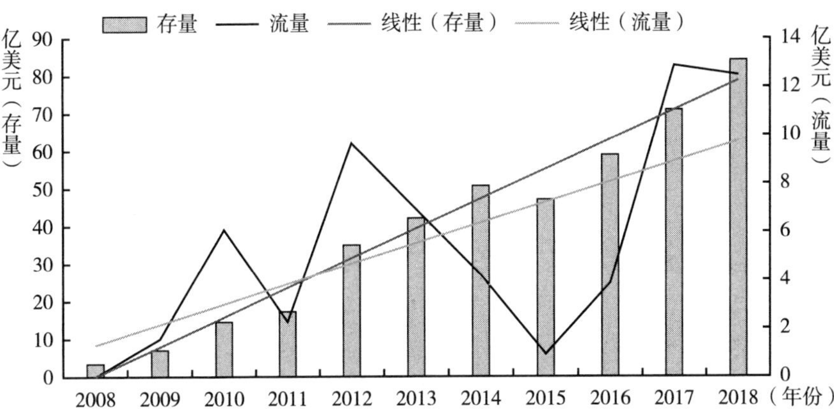

图 1　2008~2018 年中国对葡语国家直接投资流量和存量概况

资料来源：《2018 年度中国对外直接投资统计公报》。

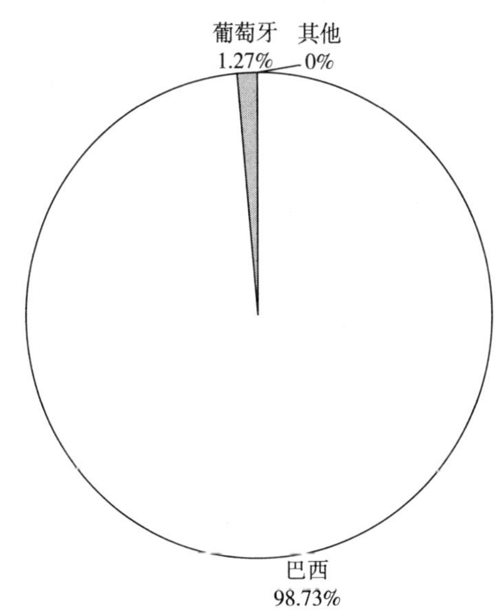

图 2　葡语国家对中国直接投资流量（2018 年）

资料来源：《2018 年度中国对外直接投资统计公报》。

（二）双向投资领域相对集中

中国与葡语国家双向投资领域相对集中体现在三个方面：一是双向投资区域相对集中，巴西、莫桑比克、安哥拉位居前三；二是双向投资行业相对集中，主要集中在能源、制造、基建等领域；三是双向投资方式相对集中，主要是绿地投资。①

在投资区域方面。中国的主要投资对象国为巴西、安哥拉、莫桑比克，对这三个国家的投资占中国在葡语国家投资存量的95%以上，平均投资流量占比96.96%。2018年，中国对莫桑比克、葡萄牙的直接投资增长较快，其中对莫桑比克直接投资额达5.46亿美元（占中国对葡语国家投资总额的43.73%，排名第一），同比增长364.48%；对葡萄牙直接投资额达0.12亿美元（占中国对葡语国家投资总额的0.94%），同比增长1025.96%。中国对巴西的直接投资保持稳定，投资额为4.28亿美元（占中国对葡语国家贸易总额的34.28%，排名第二），同比增长0.34%。而中国吸收葡语国家投资方面，流量和总量都较低，且巴西始终处于龙头位置，双方主要以货物和服务贸易为主。2018年，巴西累计吸引FDI存量4993亿美元②，中国对巴西直接投资存量38.12亿美元，占比不足1%。巴西对中国直接投资0.31亿美元，占葡语国家对中国投资流量的98.73%，其余占比为葡萄牙。

在投资行业方面。根据中国商务部印发的《对外投资合作国别（地区）指南（2019版）》，可以看出中国对葡语国家的直接投资主要行业集中在能源、制造业、基建、农业、金融等领域（见表1）。由于葡语国家包含一个发达国家、一个发展中国家、六个相对落后国家，国家间存在明显的异质性，或是经济体量或是支撑产业。因此，中国对葡语国家的投资领域相对集中，且短期内不会发生重大变化。

---

① 绿地投资又称创建投资或新建投资，是指跨国公司等投资主体在东道国境内依照东道国的法律设置的部分或全部资产所有权归外国投资者所有的企业。绿地投资会直接导致东道国生产能力、产出和就业的增长。

② 中国驻巴西大使馆经济商务参赞处，http：//br.mofcom.gov.cn/。

表 1　中国对葡语国家投资领域

国别	主要投资领域
安哥拉	能源、农业、饮用水、渔业、加工、商贸、房地产等
巴西	能源、基础设施、银行业、航空服务业、信息技术、农业等
东帝汶	餐饮、旅店、百货、建材、服务业等
佛得角	建筑、铝合金、通信、电视媒体等
几内亚比绍	加工、贸易等
莫桑比克	农业、能源、矿产、房地产、酒店、汽车装配、零售业
葡萄牙	能源、金融、保险、通信、水务、建材、工程设计、餐饮等
葡语国家(总结)	能源、制造业、基础设施、农业、金融

资料来源：《对外投资合作国别（地区）指南（2019 版)》。作者根据相关资料并依据直接投资相关权重整理。

在投资方式方面。中国企业主要通过绿地投资、并购等方式对葡语国家进行投资。绿地投资主要通过设立当地子公司，以及在一些小型国家的个体工商户来进行。以巴西为例，近年来中国对巴西的绿地投资不仅涉及行业明显拓宽，参与投资的中企明显增多，而且投资规模不断扩大，如石油领域的中石油、中石化等；金融业的工商银行、建设银行、农业银行等；建筑业的中国铁建、中国交建等；制造业包括了格力电器、比亚迪等；交通运输业的海南航空、南方航空等；通信服务业的华为、中兴等。

规模相对较大的并购包括国家电网正式收购巴西卡玛古集团并持有巴西 CPFL 公司 23.6% 的股权、三峡集团收购葡电股权等。[①] 代表性的项目包括国家电网对巴西第三大电力公司 CPFL 的股权收购、上海电气收购巴西10 亿美元输电项目、国家电投收购圣西芒水电站、招商局集团收购巴拉纳瓜集装箱码头、中信农业产业基金收购陶氏巴西种子业务、滴滴出行将收购巴西最大的本土共享出行服务商 99 公司等。个体工商户以几内亚比绍为例，目前有部分渔业企业在该国投资建设了陆上冷库、制冰厂。此外，还有少数电信企业提供通信技术服务等。中国在几内亚比绍有十多家小商品店和数个木材

① 沈梦溪：《中国与葡语国家双向投资现状、特征与趋势》，载顾学明、林志军、林广志主编《中国与葡语国家经贸合作发展报告（2017～2018)》，社会科学文献出版社，2017，第 114 页。

厂，店（厂）主大多来自浙江、福建等地，经营商品主要涉及服纺鞋帽、家用百货、文具礼品和木材加工等。

（三）总流量占比较小，波动较大，但趋势向上

中国与葡语国家间的双向投资在中国与全世界的投资合作中占比较小，波动较大，但趋势向上且增速较快。根据《中国统计年鉴》数据，中国对葡语国家投资不论是流量还是存量均不超过中国对外投资总量的1%，个别年份甚至不足0.1%；而吸收葡语国家投资占吸收外商投资的比例则更小，且呈现出“一家独大”的内部结构。此外，图1显示了中国对葡语国家直接投资流量的巨大波动，除上节中提到的影响因素，还存在诸如中国强化“一带一路”建设，国内经济增长放缓等复合因素的影响。

（四）“安哥拉模式”

中国与葡语国家的双向直接投资有许多成功且经典的案例，这些案例不仅经历了漫长的探索与磨合，更饱含了双方人民的友好与智慧，石油领域的“安哥拉模式”就是其中的一个缩影。

所谓“安哥拉模式”，可以概括为“资源换基建模式”①，是中安两国在平等对话基础上，参考国际对非开发经验，结合两国国情与优势所采取的，以安哥拉石油资源作为标的或抵押换取中国基建援助和贷款的合作模式。中葡论坛成立之初，中安两国政府便签署战略合作协议，次年由中国进出口银行提供20亿美元的基建专项贷款，用以改善当地的基础设施，贷款是以安哥拉石油偿还。这种金融创新产品的应用，对于安方而言，不仅满足了政府改善基础设施的迫切需要，还有助于改善当地营商环境，扩大贸易出口，提升了国际地位。使安哥拉成为非洲区域经济增速最快的国家之一；从中方来看，既发挥了中国基建领域的优势，又稳定了石油进口来源，可谓是

① 中国石油新闻中心，http：//news. cnpc. com. cn/system/2018/10/16/001707602. shtml，最后访问日期：2020年2月21日。

各取所需，合作共赢。

在“安哥拉模式”下，中安两国在石油领域展开了密切且深入的合作。中国油企在保障当地资源所属前提下，以合资方式进入安哥拉勘探与炼油业，利用自身雄厚的资金、人才、技术优势，短时间内便扭转了以往国际上对安哥拉发展“只采不炼”的低附加值产业的传统做法，而向多样化石油成品的高附加值产业升级。安哥拉政府在此转变过程中，不仅获取了专业技术与设备，更获得了由石油成品所带来的超额收益。这也为安哥拉下一阶段改变单一经济结构，改善第一产业、发展第二产业、促进第三产业多元化奠定了财政基础。

历经多年经验积累，“安哥拉模式”也由最初的单一石油领域，拓展至其他资源，形成了一套完整的“各取所需”的体系，从而延展到其他国家和地区。“安哥拉模式”的基础是平等互信，关键点在于双方的优势认定，中安的能源合作再一次凸显了双方互利共赢、共同发展的意义，不仅拓宽了中国外海资源来源，完善了中国全产业链，提升了国际竞争力，更为欠发达国家提供了发展范例，即以石油为起点延伸至多层次的当地优势资源。从安哥拉的变化中可以看出，安哥拉找到了一条以资源开发带动社会发展的道路，这为当地经济转型升级打下了良好的基础。

回顾“安哥拉模式”，中国扬自身之优势，给他人之所缺；安哥拉明自身之所需，纳他人之善助，真正实现了合作共赢。中国与葡语国家双向直接投资也是以此为模板，以互补为前提，正逐步加深拓宽合作领域。

二　中国与葡语国家双向直接投资的基本特征

中国与葡语国家当下合作的着力点应为开发贸易和投资新领域。[①] 近年来，双边经贸合作关系不断升级，安哥拉是中国在非洲第二大贸易伙伴、全

① 《“一带一路”推动中国与葡语国家合作进一步发展》，人民网，2019年4月11日，http://world.people.com.cn/n1/2019/0412/c1002-31026900.html。

球第三大石油进口来源国；中国连续八年稳居巴西最大贸易伙伴；2016年中国与莫桑比克宣布建立全面战略合作伙伴关系，中国目前是莫桑比克最大投资来源国。

（一）政府间紧密合作保障双向直接投资政治稳定

中国与葡语国家间双向投资的持续高速增长，其中政府高层间的互惠互信起到了至关重要的作用，葡语国家积极响应“一带一路”倡议，中葡论坛起到了积极的推动作用。自该论坛成立以来，中国与葡语国家高层互访频繁，中国与各葡语国家友好合作关系不断发展，全面促进政府合作，使中国与葡语国家能够从双边对话渠道升级为多边磋商平台，该平台的载体正是中葡论坛。中葡论坛虽然定位为非政治性的多边经贸合作机制，但长期以来却不只单一发挥经贸平台的作用。加之2019年初，中国发布的《粤港澳大湾区发展规划纲要》（以下简称《规划纲要》）中，再次明确了澳门“一中心、一平台、一基地”的关键作用，而这“一平台”正是中葡合作平台。中葡论坛（澳门）常设秘书处副秘书长罗德高在2019年4月25日参加了“澳门作为中国与葡语国家经贸平台”研讨会，他在会上表示，澳门未来的发展之路与大湾区项目的成功紧密相连；大湾区也是葡语国家及其企业家在中国投资、与中国建立贸易往来所必须把握的重大机遇之一。罗德高表示，得出这样的结论是因为“大湾区是首个将平台作用与多元经济结合在一起的项目，而中国卓越的规划和执行力都是大家有目共睹的”。[①] 即将召开的第六届中国与葡语国家部长级会议，不仅有利于夯实中葡双向投资基础，更有望在此基础上进一步扩宽合作领域。

---

① 《专访中葡论坛副秘书长罗德高探讨大湾区发展与澳门的未来》，《中葡论坛（夏季刊）》2019年第43期（总），https：//www. forumchinaplp. org. mo/wp - content/uploads/2019/07/FORUM_ 43 - SINGLE - LOW. pdf。

（二）粤港澳大湾区有力支持

《规划纲要》明确广州、深圳、香港、澳门为大湾区四大“中心城市”以及“区域发展核心引擎”。对于香港，《规划纲要》强调“巩固和提升国际金融、航运、贸易中心和国际航空枢纽地位”；而广州应充分发挥省会城市和国家中心城市引领作用；深圳则发挥其作为经济特区以及中国大型科技创新企业总部城市的带动作用。

与大湾区其他中心城市不同，澳门与葡语国家具有更密切的关联，《规划纲要》对致力于加强澳门与葡语国家的联系完全认可，并呼吁增加中国与葡语国家合作的财政资金投入。

《规划纲要》还支持通过充分利用现有的服务平台，推进葡语国家与大湾区的交流。此类平台主要提供金融、法律、商贸、投资、产业与地区合作等信息。此外，《规划纲要》支持澳门打造中国—葡语国家金融服务平台，建立出口信用保险制度，以及建设成为葡语国家人民币清算中心。

（三）双向直接投资基数较低、波动较大、增长较快

从整体来看，中国与葡语国家双向直接投资不论从流量还是存量来看，与世界范围内的其他国家或地区相比均处于较低水平。从波动角度来看，中国与葡语国家短期增幅巨大，但跌幅也同样高于中国对外投资的回落。从增长的角度来看，双方直接投资不论从流量还是存量来看，其增长速度远高于同期其他国家或地区，呈现健康的上升趋势。

（四）中国完成了从直接投资引进国到输出国的角色转变

在与葡语国家的直接投资中，中国正强化“一带一路”倡议，输出的力度会越来越大。从2008年向葡语国家直接投资净值-3718万美元，到2018年向葡语国家投资净值12.16亿美元，直接投资的方向和力度都发生了重大的变化。进一步分析可以发现，中国对葡语国家的直接投资主要流向于安哥拉、巴西、莫桑比克，而对其他葡语国家投资力度相对较小。

（五）权重较大葡语国家，宏观经济环境还处于低迷阶段

双向直接投资权重较大的国家包含巴西、安哥拉、莫桑比克。GDP的下降，本币大幅度贬值会直接减弱外商投资意愿，例如，除欧元外，其他葡语国家货币的汇率波动过大，使得国内经济陷入混乱或停顿的状态。莫桑比克货币梅提卡2016年贬值70%，直到2018年底，恢复至贬值前约50%（贬值前兑美元汇率30∶1，2018年12月31日兑美元汇率65∶1）[①]；巴西货币雷亚尔一直呈贬值趋势。2018年7月7日，1美元=3.87巴西雷亚尔，1欧元=4.54巴西雷亚尔。[②] 安哥拉更是连续三年经济增长率为负数[③]；佛得角公共债务占GDP的124%，失业率高达12.2%。[④]

三　中国与葡语国家双向直接投资的主要问题

当今国际经济环境，出现了“逆全球化”，西方国家兴起保护主义，提高准入壁垒，包括以国家安全为由的外资安全审查等；同时，中国面临经济高速增长的瓶颈，宏观经济层面调整在即，包括产业转型升级、供给侧改革等。受此影响，中国与葡语国家的直接投资产生较大波动，此外更重要的诱因是中国与葡语各国间差异以及葡语国家内部的异质性，如经济体量不均、产业结构单一等因素。

（一）宏观经济因素

第一，目前，中国的工业化过程已进入后期阶段，该阶段表现为中国经济增速出现下降[⑤]，以往高产量、低附加值的产业类型在国际市场的竞争力

① 中国商务部：《对外投资合作国别（地区）指南——莫桑比克（2019版）》。

② 中国商务部：《对外投资合作国别（地区）指南——巴西（2019版）》。

③ 中国商务部：《对外投资合作国别（地区）指南——安哥拉（2019版）》。

④ 中国商务部：《对外投资合作国别（地区）指南——佛得角（2019版）》。

⑤ 中国社会科学院工业经济研究所：《中国工业发展报告2019》，2019年。

明显下降。在这个阶段，国际竞争力下降的企业会退出市场，如不进行深刻的产业转型升级，提高附加值、增强竞争力，就会导致“企业倒闭—国内经济下降”的恶性内生循环。而正处变革期、阵痛期也导致中国企业对外直接投资意愿的减弱。

第二，中国外汇储备总体规模略有下降。外汇管理局公布的数据显示，于2014年6月达到最大规模3.99万亿美元，2019年底，外汇储备规模下降至2.33万亿美元。[①] 外汇储备规模下降对于中国经济的影响只是对正常形态的回归，对于双向直接投资而言，也正因“走出去”战略，尤其是“一带一路”使辐射国家更多地使用人民币结算。

第三，部分国际舆论质疑中国对外投资的目的性。少数西方国家在“逆全球化”声浪中诋毁中国对外直接投资，部分国家的政府受此干扰，阻碍甚至终止了合作项目，不仅使其本国蒙受经济上的损失，更加深了国际形势的不确定性。

（二）葡语国家的异质性

第一，中葡经济体量相差悬殊。葡语国家的经济规模参差不齐，且与中国相比，差距较大。如图1和图2所示，中国对巴西、安哥拉和莫桑比克的投资力度较大。就全球经济排名而言，葡语国家的经济体量相对偏小，最大体量的巴西，其国内生产总值仅名列世界第9，发达国家葡萄牙的国内生产总值位列第49。[②] 经济体量的差异成为阻碍中葡双方直接投资的不利因素之一。因此，中葡双方在双向直接投资共同面对的挑战，即为如何构建平等、开放、联动、互助式的经济交流机制。

第二，除葡萄牙外，其他葡语国家在交通、电力等基础设施上都表现出相对落后甚至严重滞后的状态（见表2）。

① 《官方储备资产（2019年）》，国家外汇管理局网站，2020年1月7日，http://www.safe.gov.cn/safe/2018/0112/8053.html。

② 世界银行：《世界发展报告指标》，2019年。

表2　中国－葡语国家（部分）全球基础设施质量排名

国家	总排名	基础设施	公路	航空	航运	电力供应
安哥拉	136	126	61	112	61	72
巴西	71	78	69	17	48	102
中国	28	36	10	2	1	18
葡萄牙	34	21	14	30	22	50
莫桑比克	137	133	90	127	84	105
佛得角	112	109	—	117	102	—

资料来源：世界经济论坛《2019全球竞争力报告》（共统计141个国家）。

中国在巴西的核电站项目引人瞩目；在安哥拉的机场建设以及水利工程项目在当地具有较大的影响力；在南非莫桑比克的马托斯大桥被当地人惊叹“只有中国人才能完成这样的建设”。虽然中国在其他葡语国家的承包工程规模远不及在安哥拉、巴西和莫桑比克的规模，但均作为主要合作手段，且远大于当年双边的直接投资流量。整体而言，中国在葡语国家的承包工程完成额的年增长速度仍低于全国对外合作业务增长，最近三年处于连续回落，中国在安哥拉的投资合作完成额的下跌幅度最大，而与其他国家的合作完成情况则总体保持平稳，或者在回落后出现反弹转机。

第三，除葡萄牙外，其余葡语国家金融服务能力不足，使得中资企业面临基本金融困境。巴西国内基准贷款利率为10.25%（2017年），融资成本为15%～20%①，2013年至今巴西雷亚尔对美元贬值超过50%；安哥拉国内贷款基准利率15.75%②；莫桑比克国内贷款基准利率17.25%，外国企业在莫桑比克当地银行融资的可能性不大，主要原因是融资成本较高，商业贷款年利率达30%以上③；佛得角、几内亚比绍、东帝汶都实行固定汇率。金融服务业的滞后，挫伤了外资企业的经营积极性。④

① 中国商务部：《对外投资合作国别（地区）指南——巴西（2018版）》。

② 中国商务部：《对外投资合作国别（地区）指南——安哥拉（2019版）》。

③ 中国商务部：《对外投资合作国别（地区）指南——莫桑比克（2019版）》。

④ 刘成昆、刘衍、丁浩：《中国与葡语国家经贸合作现状与前景分析（2017～2018）》，载丁浩、尚雪娇主编《中国与葡语国家合作发展报告（2019）》，社会科学文献出版社，2019，第50页。

四 中国与葡语国家经贸投资的前景与策略

中国与葡语国家的贸易投资合作起步晚、起点低、发展快、潜力大，但在实际上也遇到不少困难与挑战。在顶层设计上，以中葡论坛为对话平台，促进中国与葡语国家夯实新型国际关系。同时，中国的粤港澳大湾区规划与建设，除强化了澳门的平台作用外，更拓宽了葡语国家与中国内地的合作范围。

（一）深化政治互信，既是合作基础，亦为发展根基

中葡论坛从第一届部长级会议到第五届，确定了支援葡语国家和支持澳门发展的多项措施，涵盖了政府间合作、贸易、投资与企业间合作、产能合作、农业、林业、渔业、畜牧业、基础设施建设、能源、自然资源、教育与人力资源、金融、发展合作、旅游、运输与通信、文化、广播影视与体育、卫生、海洋，以及省市间合作、其他领域、澳门平台、后续机制等合作目标、内容和机制。① 即将召开的第六届部长级会议将总结过往经验，促进多方交流，达成更多共识，推动实质发展。

（二）坚持对外开放，提高对外开放的范围和质量

坚持对外开放的主要目的是为了营造良好的国际营商环境。对外开放的路径不仅包含了商品、市场的开放，还包含了金融、技术的逐步放开。在部分发达国家引领“逆全球化”和保护主义时，中国以坚持对外开放的不变，应对国际环境的万变，是大国担当和国际责任的体现。当然，中国在立场原则不变的前提下，需特别注意提高对外开放的范围和质量，西方部分国家质疑中国竞争力的一个重要论点正是开放的范围不大、质量不高。因此，中国政府一方面应逐步扩大开放范围，同时减少隐形准入壁垒，在严格遵循法律

① 中葡论坛常设秘书处:《中国—葡语国家经贸合作论坛（澳门）年报（2016）》，2017 年。

程序的前提下，确保葡语国家企业在华的合法权益；另一方面，对葡语国家的直接投资应因地制宜、投其所好。在有效帮助当地经济发展的同时，还需特别注意对境外企业的政策指导和法律保障。具体来说，为中国企业对外投资发展提供支持和服务，要建立在国际惯例基础之上，尽量避免由于中国政府对涉外企业的投资行为进行较大的财政补助与税收优惠，而造成的东道国对于中国企业投资目的性的质疑，进而导致两国之间的误解甚至抵触。因此，中国有关政府部门在制定政策时，还应纳入他国态度与立场，必要时可采取一国一议，明确权责主体、细化操作流程。此外，还应加强服务意识，由引导鼓励投资转向服务对外投资，如发布国别投资指南、通畅信息传递路径等，减少由于信息的不对称造成的投资失败。具体到葡语国家，尤其是除巴西、安哥拉、莫桑比克外的投资基数较低的国家，要充分发挥中小企业灵活的优势。

（三）有的放矢，改善劣势

中国拥有世界先进的交通、建筑、电力和电讯工程技术，并且有着丰富的海外项目经验，基础设施建设具有绝对的技术优势和成本优势。葡语国家的能源、农产品、文化等是其在与中国经贸合作中的核心产品，对中国的直接投资也应围绕其自身优势开展。此外，在经贸合作的同时，中国还肩负国际职责，即对相对贫穷的葡语国家进行援助和支持。当葡语国家的城市基础设施得以改善，人民满意度提高时，社会才能发展，经济要素才能流转，平等贸易和投资的目标才能实现。

（四）充分利用“一带一路”建设、粤港澳大湾区及澳门平台

21 世纪海上丝绸之路的南海航线起点在广州，中国可以通过“一带一路”建设，扩展与葡语国家投资的区域，这可以有效促进中国区域经济协调发展，使国内市场规模效应更有效地发挥。粤港澳大湾区在资金、技术、贸易等方面有着对于葡语国家独特的优势，其中，澳门作为国际知名的离岸金融中心，竭力巩固和强化其在与葡语国家经贸投资中的金融中介作用，建

立健全离岸人民币结算以及配套金融服务，不仅为中国同时也为葡语国家乃至世界提供以人民币计价的金融产品服务。这样的安排既加快了葡语国家的企业结售汇流程，又方便了资金的调度与使用，还能扩大人民币在境外的使用范围。金融服务升级由经济基础决定，但完善金融服务为国际经贸投资提供便捷，也是有效助推双边投资的重要手段。

五　结语

纵观中国与葡语国家双向直接投资发展，“增长”与“波动”贯穿始终。就“增长”而言，增速远高于同期其他国家，除却本身基数较低的因素外，还有双边高层互访互通所带来的切实优惠政策，这些优惠政策促使双方经济的进一步发展，从而形成“优惠政策→双向直接投资→经济发展”的闭合内生循环圈。就“波动”而言，波动幅度远高于同期其他国家，除却国际政治经济局势的不确定性外，更多的是由于双方的异质性所带来的影响。而如何减弱甚至消除这些影响不仅需要双方高层的重视与探索，更需要企业、民间组织的支持。

随着“一带一路”建设的不断推进，中国与葡语国家的经贸合作关系将会进一步升级。目前，中国对外投资处于深化期，中国与葡语国家经贸合作发展使得中国在复杂多变的国际环境中以发展应万变；对于葡语国家而言，与中国的经贸合作可以极大地改善自身基础设施水平，为工业化和现代化奠定有力支撑，同时稳定国内市场，提供大量就业与教育机会。未来，双方应将重点放在如何通过对话解决矛盾与不平衡，对于国际政治经济的不确定性，经贸投资的持续稳定、法律文化的协调、贸易发展的均衡需要重点关注。

A.3
中国对非洲葡语国家设备制造产品出口结构与互补性分析

黎海贤　李少慧　丁 浩*

摘　要： 非洲葡语国家是中国在非洲的重要贸易伙伴，设备制造产品则是中国出口到非洲葡语国家的拳头产品，其贸易对于双方商贸往来和经济发展有重要意义。基于2003～2018年中国对非洲葡语国家设备制造产品出口的数据，本报告首先概述了中国设备制造产品出口至非洲葡语国家的总体情况，并分国别、分行业对出口结构进行分析，然后通过RCA和TCI两个贸易指数分析了中国设备制造产品出口至非洲葡语国家的互补性。最后，在分析中国对非洲葡语国家设备制造产品出口面临的问题与挑战基础上，分别从政府针对性政策引导、经贸合作区生态链构建、产品出口结构优化和澳门平台优势发挥等四个方面提出建议。

关键词： 非洲葡语国家　设备制造产品　出口结构　贸易互补

"一带一路"倡议与许多葡语国家的发展规划高度契合①，中国与葡语

---

* 黎海贤，澳门大学社会科学学院硕士研究生；李少慧，澳门特色金融协会学术助理，广东外语外贸大学商学院学士；丁浩，管理学博士，广东外语外贸大学商学院副院长、副教授、硕士生导师，葡语国家研究所所长。

① 李克强：《在中国—葡语国家经贸合作论坛第五届部长级会议开幕式上的主旨演讲》，新华网，2016年10月12日，http://www.xinhuanet.com/politics/2016-10/12/c_1119697875.htm。

国家的合作发展是“一带一路”建设的重要组成部分。8 个葡语国家中有 5 个位于非洲，分别为安哥拉、佛得角、几内亚比绍、莫桑比克以及圣多美和普林西比。非洲葡语国家自然资源丰富，尤其是矿产和能源资源具有得天独厚的优势，但是受限于落后的经济水平、有限的技术和不完善的基础设施，其制造业发展速度缓慢。“一带一路”倡议提出后，非洲葡语国家更加积极地参加“一带一路”国际合作高峰论坛、中非合作论坛、中国—葡语国家经贸合作论坛（澳门）（以下简称“中葡论坛”）等合作平台，愈发重视和中国以及其他葡语国家之间的互联互通，逐步深化彼此在政治、经济、文化和社会等多个方面的合作与交流。

在中国和非洲葡语国家的商品贸易中，设备制造产品是中国对非洲葡语国家出口的主要产品。2018 年，中国出口到非洲葡语国家的设备制造产品达 13.8 亿美元（同比增长 15.6%），占中国对非洲葡语国家出口总额的 32.7%。矿产和能源则是中国从非洲葡语国家进口的重要产品，这与中国经济的快速发展和改革不断推进而带来的巨大需求密不可分。根据《2019 年 BP 世界能源统计年鉴》，2018 年中国能源消费量占全球的 24%，连续 18 年占据全球能源增长榜首。[①] 中国经济高质量健康发展所需的能源支持，与非洲葡语国家经济快速发展所需的资金和技术支持形成很强的互补。中国进一步推进设备制造产品出口和优化该类产品出口结构，无论是从提供设备制造产品助力非洲葡语国家发展，还是从非洲葡语国家为中国的经济转型和产业升级提供能源支持，均有着重要的意义。

一　中国对非洲葡语国家设备制造产品出口结构分析

设备制造产品是指可用于各行业生产所需设备的总称，按照《国际贸易标准分类》的 3 位数分类法，设备制造产品可根据其功能与行业分为以

① BP：《2019 年 BP 世界能源统计年鉴》，2019。

下7个大类：通用设备制造、专业设备制造、交通运输设备制造、电气机械及器材制造、电子通信及设备制造、仪表仪器及文化办公用品设备制造、废气资源回收加工业及其他制造。本报告将通用设备制造业和专业设备制造业统称为机械制造业，同时未考虑废气资源回收加工业及其他制造业，主要因为该类别存在分类不明确、统计期间不连续等问题①，最终确定了5大设备制造行业并建立起各行业与SITC编码的对应关系（见表1）。

表1 设备制造行业与SITC编码对应表

行业	SITC三位编码	SITC二位编码与类别
机械	711、712、713、714、716、718	71（发电机械设备）
	721、722、723、724、725、726、727、728	72（个别工业专用机械）
	731、733、735、737	73（金属加工机械）
	741、742、743、744、745、746、747、748、749	74（一般工业机械和设备和机器零件）
	774	77（电气机械、仪器和用具、巢及零件）
	872	87（道路车辆）
	881、882、883	88（摄影仪器、设备和供应品、光学产品、钟表）
交通运输设备	781、782、783、784、785、786	78（道路车辆）
	791、792、793	79（其他运输设备）
电气机械及器材	771、772、773、775、776、778	77（电气机械、仪器和用具、巢及零件）
	813	81（预制建筑物、管道、发热及照明装置和设备）
电子及通信设备制造业	752	75（办公室机器和自动资料处理仪器）
	761、762、763、764	76（电信和录音及音响设备和仪器）
仪器仪表及文化办公用机械	751、759	75（办公室机器和自动资料处理仪器）
	871、873、874	87（专业、科学及控制用仪器及器具）
	884、885	88（摄影仪器、设备和供应品、光学产品、钟表）

① 郑传均、曹政：《中国设备制造业出口复杂度及影响因素分析》，《工业技术经济》2018年第11期。

（一）中国对非洲葡语国家设备制造产品出口概况

根据中国国家统计局和联合国贸易数据库的相关数据，2018 年，中国与全球贸易总额为 46224.2 亿美元（同比增长 12.6%），其中，中国与非洲国家贸易总额为 2041.6 亿美元（同比增长 19.6%），占中国与全球贸易总额的 4.4%。中国与非洲葡语国家贸易总额为 305.3 亿美元（同比增长 22.6%），占中国与非洲国家贸易总额的 15.0%，其中进口额为 263.1 亿美元（同比增长 24.0%），出口额为 42.2 亿美元（同比增长 14.8%），中国与非洲葡语国家存在较大的贸易逆差。

设备制造产品是中国对非洲葡语国家出口的主要产品①，2003 ~ 2018 年出口额在中国对非洲葡语国家出口总额中的年平均占比高达 37.3%，出口地位显著。中国对非洲葡语国家设备制造产品的出口主要经历了以下三个阶段（见图 1）。

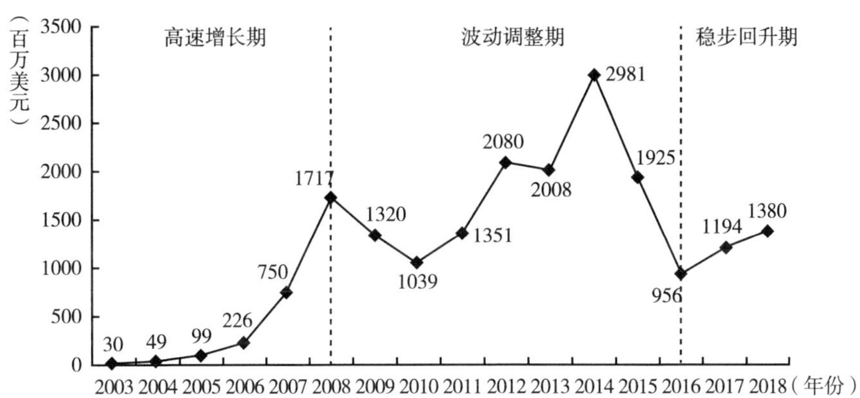

图 1　2003 ~ 2018 年中国对非洲葡语国家设备制造产品出口额

资料来源：作者根据 UN Comtrade 数据库相关数据统计整理。

第一阶段为高速增长期（2003 ~ 2008 年）。2003 年中葡论坛建立后，中国与非洲葡语国家的贸易往来有了坚实的服务平台，中国对非洲葡语国家

---

① 中国从非洲葡语国家进口的设备制造产品占总进口额的比重不足 0.1%，几可忽略。

设备制造产品的出口额增长明显。出口额从 2003 年的 0.3 亿美元增长到 2008 年的 17.2 亿美元，占比从 14.6% 增长到 52.6%，达到了一个小高峰，总体增长速度相当迅猛。

第二阶段为波动调整期（2009～2016 年）。受金融危机的影响，中国对非洲葡语国家设备制造产品的出口额在 2009 年和 2010 年呈现下降趋势，2010 年出口额下降到 10.4 亿美元，出现了第一个低谷。2011～2014 年出口额逐渐回升，2014 年达到了另一个峰值 29.8 亿美元。继而又受到国际市场不景气、世界贸易深度调整[①]和大宗商品价格低迷的影响，2015 年的出口额为 19.3 亿美元（同比下降 35.4%）；2016 年的出口额仅 9.6 亿美元（同比下降 50.4%），出现了第二个低谷。

第三阶段为稳步回升期（2017 年至今）。“一带一路”建设的不断推进，满足了非洲葡语国家的基建需求，相应地也促进了中国对非洲葡语国家设备制造产品出口的发展。2017 年和 2018 年出口额逐步稳定回升，分别为 12.0 亿美元（同比增长 24.9%）和 13.8 亿美元（同比增长 15.8%）。

（二）中国对非洲葡语国家设备制造产品出口的国别分析

在中国对非洲葡语国家设备制造产品的出口贸易中，国别间有显著差异。安哥拉和莫桑比克是中国对非洲葡语国家设备制造产品出口的主要国家，其余三个非洲葡语国家的占比很小。2018 年，安哥拉和莫桑比克的占比分别为 57.4% 和 39.9%，而几内亚比绍、佛得角以及圣多美和普林西比的占比分别为 0.7%、1.9% 和 0.2%。

由图 2 可以发现，中国对安哥拉设备制造产品的出口在 2003～2008 年为高速增长期，2009～2016 年为波动调整期，2017 年至今为稳步回升期。2008 年和 2014 年到达峰值，出口额分别为 15.9 亿美元和 22.3 亿美元；2010 年和 2016 年出现低谷，出口额分别为 8.5 亿美元和 5.7 亿美元。

① 丁浩、尚雪娇主编《葡语国家黄皮书：中国与葡语国家合作发展报告（2019）》，社会科学文献出版社，2019。

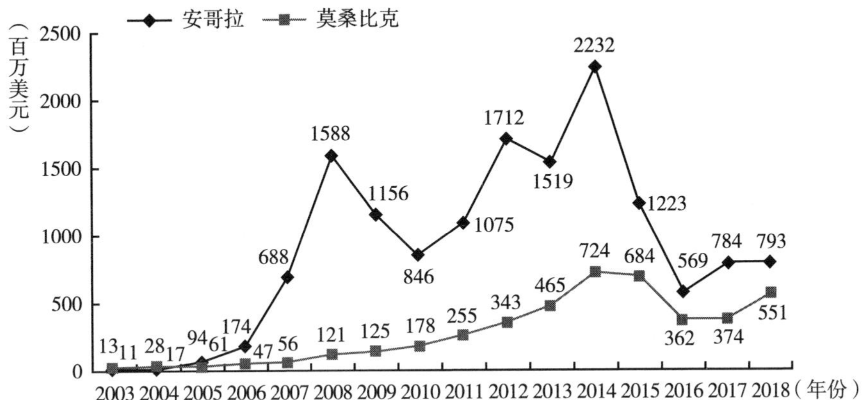

图 2　2003～2018 年中国对安哥拉和莫桑比克设备制造产品出口额

资料来源：作者根据 UN Comtrade 数据库相关数据统计整理。

2005～2018 年，安哥拉在中国对非洲葡语国家设备制造产品出口中的占比有一定的波动，但均接近或超过 60%。可见，安哥拉在中国对非洲葡语国家设备制造产品出口中占据非常重要的地位，影响力很大。

2003～2018 年中国对莫桑比克设备制造产品出口额的变化趋势相对简单，出口额相对较小，发展比较缓慢。出口额在 2003～2014 年基本处于稳步上升状态，到 2014 年同安哥拉一样到达小高峰，为 7.2 亿美元。2015～2016 年受国际经济环境影响出口额有一定程度的下降，之后继续稳步回升。中国对莫桑比克设备制造产品的出口额在非洲葡语国家中的占比大体呈现“V”形走势，2003～2006 年下降趋势明显，从 42.0% 下降到 20.8%；2007～2009 年间为低谷期，均不超过 10%；2010～2018 年上升很快，从 17.1% 上升到 39.9%。

（三）中国对非洲葡语国家设备制造产品出口分行业分析

在中国对非洲葡语国家设备制造产品的出口贸易中，各子行业产品的出口额也有所不同。2018 年，中国出口至非洲葡语国家的设备制造产品中，以电气机械及器材、机械和交通运输设备等制造产品为主，出口额分别为

4.2 亿美元、3.7 亿美元和 3.2 亿美元，占比分别为 30.4%、26.8% 和 23.1%，总占比达 80%。电子及通信设备、仪器仪表及文化办公用机械占比分别为 14.1% 和 5.6%。

进一步分析各子行业出口额的变化趋势可以发现，在中国对非洲葡语国家设备制造产品的出口中，机械长期占据着相当重要的地位（见图 3），在三个阶段的年平均出口额分别为 2.0 亿美元、5.3 亿美元和 3.7 亿美元，前两个阶段的出口额在子行业中均最大，但占比呈现下降趋势，三个阶段的占比分别为 56.3%、31.7% 和 29.2%。

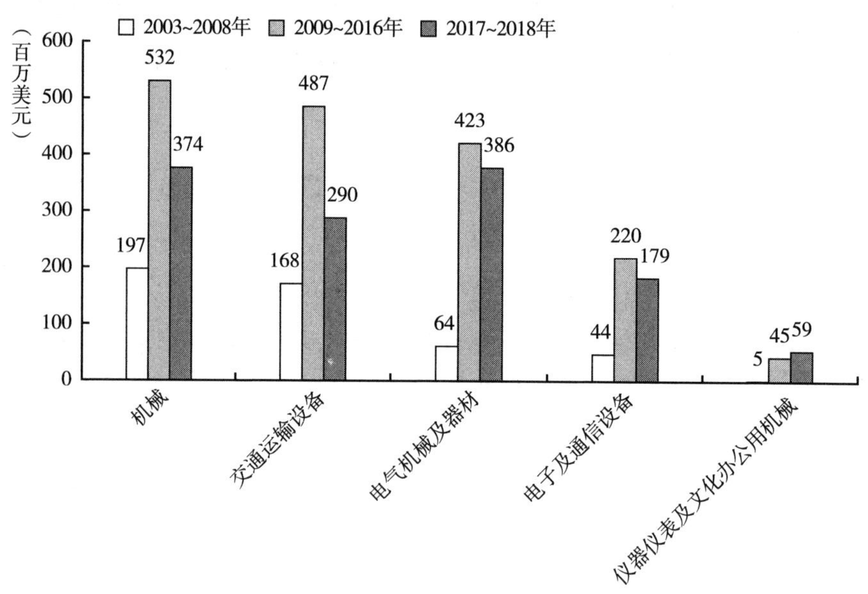

图 3　中国对非洲葡语国家设备制造产品出口额行业结构

资料来源：作者根据 UN Comtrade 数据库相关数据统计整理。

交通运输设备在第一和第二阶段的出口额和占比仅次于机械，出口地位相对重要。三个阶段的年平均出口额分别为 1.7 亿美元、4.9 亿美元和 2.9 亿美元，年平均占比分别为 19.4%、27.5% 和 22.4%。

电气机械及器材的出口额相对居中，但增长速度较快，出口地位逐渐突出。三个阶段的年平均出口额分别为 0.6 亿美元、4.2 亿美元和 3.9 亿美元，占比则一直上升，从第一阶段的15.8%上升到第二阶段的24.9%，第三阶段年平均占比在5个子行业中已经居于首位，为29.9%。

电子及通信设备的出口额相对较小，但保持着较快的增长速度，出口竞争力逐渐增强。三个阶段的年平均出口额分别为0.4亿美元、2.2亿美元和1.8亿美元，年平均占比稳步上升，分别为7.2%、13.2%和13.9%。

仪器仪表及文化办公用机械的出口额相对较小，但发展势头迅猛，市场潜力有待进一步发掘。三个阶段的年平均出口额分别为0.1亿美元、0.4亿美元和0.6亿美元；占比保持着相对稳定的增长，但目前依旧为份额最小的子行业，三个阶段对应的年平均占比分别为1.4%、2.7%和4.5%。

二　中国与非洲葡语国家设备制造业贸易的互补性分析

为进一步对中国与非洲葡语国家设备制造产品的比较优势和贸易的互补强度进行分析，基于联合国Comtrade数据库的商品贸易分类数据，计算2003~2018年中国和非洲葡语国家设备制造产品贸易的显示性比较优势指数（Revealed Comparative Advantage，RCA）和贸易互补指数（Trade Complementary Index，TCI）。其中，RCA指数衡量产品出口的国际竞争力或比较优势大小，TCI指数衡量两国在某类产品存在的贸易互补性强弱。

（一）中国的设备制造产品国际竞争力很强，非洲葡语国家则较弱

在设备制造产品的国际市场，中国整体相对于非洲葡语国家更有国际竞争力和比较优势。从子行业的RCA指数来看，中国的电子及通信设备表现出极强的国际竞争力，RCA指数总均值为2.91；电气机械及器材和仪器仪表及文化办公用机械具有较强国际竞争力，RCA指数总均值分别为2.05和1.69；交通运输设备和机械则分别有着中度和较弱的国际竞争力，RCA指数总均值分别为1.01和0.77（见表2）。

表 2　2003～2018 年中国设备制造产品出口 RCA 指数分行业情况

产品类别		阶段一	阶段二	阶段三	总均值
机械	711	1.46	2.62	1.92	2.10
	716	1.36	1.51	1.54	1.46
	724	1.09	1.48	1.53	1.34
	741	1.36	1.52	1.52	1.46
	747	1.35	1.36	1.26	1.34
	行业平均	0.61	0.87	0.86	0.77
交通运输设备	785	2.57	2.45	2.14	2.45
	786	3.94	2.74	2.42	3.15
	793	1.10	1.85	1.36	1.51
	行业平均	0.99	1.05	0.91	1.01
电气机械及器材	771	2.43	2.22	1.96	2.27
	773	1.19	1.40	1.31	1.31
	775	2.75	2.86	2.61	2.79
	778	1.62	1.80	1.75	1.72
	813	3.71	4.19	4.06	4.00
	行业平均	1.95	2.13	1.98	2.05
电子及通信设备	752	3.89	3.90	3.02	3.78
	761	1.93	2.20	2.55	2.14
	762	2.84	2.35	2.17	2.51
	763	4.08	3.06	2.44	3.36
	764	2.46	2.90	2.80	2.72
	行业平均	3.04	2.88	2.60	2.91
仪器仪表及文化办公用机械	751	3.68	3.13	1.55	3.14
	759	2.07	1.74	2.26	1.93
	871	3.21	2.91	2.49	2.97
	884	1.33	1.40	1.26	1.35
	行业平均	1.83	1.67	1.38	1.69

注：此表只列出了每个行业中比较优势明显的产品类别，“阶段一”、“阶段二”和“阶段三”分别对应 2003～2008 年、2009～2016 年和 2017～2018 年；“总均值”为 2003～2018 年各类产品的 RCA 指数年平均值；“行业平均”为行业内所有产品 RCA 指数的年平均值。

资料来源：根据 UN Comtrade 数据库整理计算。

电子及通信设备属于高技术产品，知识和技术密集程度高，具有耗能低、附加值高和辐射性广等独特优势，一直被国家产业政策和发展规划摆到优先位置。2018 年，电子及通信设备对外出口为 4254.9 亿美元（同比增长 9.0%），占比 32.4%，相关企业数量、从业人员平均人数和主营业务收入均实现快速的增长。随着“一带一路”倡议的持续推进，中国与包括非洲葡语国家在内的诸多国家积极推进产能合作，加上国内特高压工程建设的深入开展，电力、装备制造等高新技术领域得到的政策支持和引导也进一步加强。2018 年，电气机械及器材对外出口额为 3563.0 亿美元（同比增长 13.6%），占比 27.1%，呈现持续增长态势。仪器仪表及文化办公用机械对技术和标准的要求比较高，相关企业也很重视技术和创新方面的投入，制造实力不断提高，产品规模优势和国际市场竞争力进一步增强。外资企业来华投资生产也是产品出口快速增长的重要因素，2018 年，仪器仪表及文化办公用机械对外出口额为 1826.3 亿美元（同比增长 6.8%），占比 13.9%。

交通运输设备制造业一度被贴上了“低端、落后、污染”的标签，受重视程度有所下降，但目前仍是中国经济发展的战略性产业，“一带一路”倡议也指出要优先发展中国与共建“一带一路”国家的交通基础设施，这为交通运输设备制造业的持续发展提供了重要的契机，也为相关产品的出口提供了有效保障。2018 年，交通运输设备对外出口额为 1159.3 亿美元（同比增长 12.7%），占比 8.8%，出口增长速度可观；机械对外出口额为 2325.4 亿美元（同比增长 10.9%），占比 17.7%，出口增长较快。机械制造企业在低碳经济的发展条件下，环保意识和可持续发展理念进一步强化，在扩大国内市场需求的同时也积极开拓国外市场，国际竞争力也逐步提升。

通过计算非洲葡语国家设备制造产品的出口 RCA 指数可以发现①，非洲葡语国家的设备制造产品在国际市场上竞争力较弱，基本不存在比较优势。绝大多数的设备制造产品都存在较强的比较劣势，只有零星的设备制造产品具有中度的国际竞争力，且在不同的阶段竞争力波动幅度较大。

① 此表格省略，若有需要可与作者联系。

（二）设备制造产品在中国与非洲葡语国家间存在很强的互补性

中国设备制造产品出口至非洲葡语国家的 TCI 指数国别间差异不明显，各子行业产品出口的 TCI 指数则存在较大的差别（见表 3）。中国设备制造产品出口至非洲葡语国家在交通运输设备、电气机械及器材以及电子及通信设备等三类产品上具有较强的互补性，在机械和仪器仪表及文化办公用机械上的互补性不够明显。

表 3　中国出口至非洲葡语国家设备制造产品 TCI 指数分行业情况

国家	阶段	机械	交通运输设备	电气机械及器材	电子及通信设备	仪器仪表及文化办公用机械
安哥拉	阶段一	0.84	5.50	1.61	1.60	0.54
	阶段二	1.23	5.02	1.94	1.41	0.58
	阶段三	1.25	3.45	1.68	1.03	0.82
	总均值	1.09	5.00	1.78	1.43	0.59
莫桑比克	阶段一	0.53	2.34	1.35	0.91	1.17
	阶段二	0.98	3.15	1.55	0.74	0.84
	阶段三	1.05	2.28	1.14	0.77	0.69
	总均值	0.82	2.74	1.42	0.81	0.95
佛得角	阶段一	0.49	1.39	1.88	1.23	0.78
	阶段二	0.71	1.15	2.16	1.32	0.80
	阶段三	0.79	0.83	1.92	1.13	0.97
	总均值	0.64	1.20	2.03	1.26	0.81
几内亚比绍	阶段一	0.63	1.41	1.25	1.18	0.62
	阶段二	0.48	1.38	1.49	1.08	0.44
	阶段三	0.39	0.71	0.96	0.87	0.56
	总均值	0.52	1.31	1.34	1.09	0.52
圣多美和普林西比	阶段一	0.33	1.55	1.19	1.87	0.86
	阶段二	0.46	2.69	1.65	1.99	0.64
	阶段三	0.90	1.21	1.62	1.87	0.93
	总均值	0.47	2.08	1.47	1.93	0.76

注：“阶段一”、“阶段二”和“阶段三”分别对应 2003～2008 年、2009～2016 年和 2017～2018 年；“总均值”为 2003～2018 年各类产品的 TCI 指数年平均值。

资料来源：根据 UN Comtrade 数据库整理计算。

受战后恢复重建的影响，安哥拉国内经济爆发式增长，设备制造产品和建材等国家重建所需的物资市场需求潜力巨大；而中国的设备制造业在进入21世纪后处在发展方式转变的重要阶段，给双方设备制造产品的贸易合作带来了重要机遇。中国设备制造产品出口至安哥拉在各子行业均具有极强的互补优势，除仪器仪表及文化办公用机械外，其他各类产品的TCI指数总均值都极高，最高为交通运输设备，其TCI指数总均值为5.00；最低为机械，其TCI指数总均值为1.09。仪器仪表及文化办公用机械的TCI指数总均值为0.59，但其中751类产品（办公机器）的TCI指数一直保持在较高的水平，阶段三的TCI指数为3.72[①]，贸易互补性极强。2019年，仍处于改革阵痛期的安哥拉，在维持石油工业增长的同时大力发展多元化经济以摆脱过度依赖石油收入的现状，持续加强在农业、渔业以及加工制造业等的投入。安哥拉这些行业的发展需要设备制造产品的强力支持，因此中国设备制造产品出口至安哥拉的互补优势有望进一步增强。

莫桑比克的地理区位优越，能源、矿产资源非常丰富，但由于长期战争的影响，交通运输、电信和供电等基础设施十分落后。且莫桑比克第一、第二产业占比分别为32.5%和56.2%，工业主要为加工工业[②]，仍处于工业化和现代化的起步阶段，工业基础比较薄弱。中国对莫桑比克设备制造产品的出口在交通运输设备和电气机械及器材上均表现出较强的互补性，行业TCI指数总均值分别为2.74和1.42，但在机械、电子及通信设备和仪器仪表及文化办公用机械中，只有个别产品有相对较强的互补特征。为进一步推进工业和现代化的发展进程，莫桑比克政府大力支持矿业的发展，矿产和能源的输出与中国设备制造产品的出口形成了较强的互补优势。

几内亚比绍是典型的农业国，第二产业占比仅为11.8%，以农产品和食品加工为主[③]，工业基础非常薄弱。再者，几内亚比绍的电力能源紧张，

① 由于统计年份较长和三位编码产品类别过多，本报告不予列出全部产品的TCI指数，若有需要可与作者联系。

② 中国商务部：《对外投资合作国别（地区）指南——莫桑比克（2019版）》。

③ 中国商务部：《对外投资合作国别（地区）指南——几内亚比绍（2019年版）》。

交通基础设施建设落后（目前仍无铁路），进一步导致经济发展缓慢，所需的生产性设备较少。中国出口交通运输设备、电气机械及器材和电子及通信设备到几内亚比绍的 TCI 指数总均值都超过 1.00，存在较为强劲的互补特征，但从每一子行业的具体产品类别来看，只有少部分产品的 TCI 指数很高，出口贸易互补性很强，而大部分产品的 TCI 指数很低，互补性很弱。当前，几内亚比绍可开发投资的领域仅有农业以及渔业，因此在未来的一段时间内，中几双方在设备制造产品的贸易中很难通过扩大产品的输出范围来迅速创造和增强互补优势。

佛得角的经济发展主要得益于服务业，如商业、交通、旅游和公共服务，2018 年服务业产值占 GDP 的 75.56%。[①] 中国对佛得角设备制造产品的出口中，与服务业关联性较大的行业的 TCI 指数都较高，如电气机械及器材的 TCI 指数总均值为 2.03；电子及通信设备的 TCI 指数总均值为 1.26，交通运输设备的 TCI 指数总均值为 1.20；在机械和仪器仪表及文化办公用机械中，仅有少部分的产品具有较强的互补性。当前佛得角正在积极推进圣文森特岛海洋经济特区的建设，旅游、海产品加工、清洁能源、交通运输、承包工程等领域的建设将不断加快。随着“一带一路”倡议的大力推进，中佛两国的经济合作逐渐加深，佛得角所处的地理区位使其在客运和货运方面成为区域乃至国际航运和航空的枢纽，但现阶段的交通装备十分不足，这将加大其对中国设备制造产品的需求。旅游业以及轻工制造的发展，势必带动交通运输基础设施的发展，使佛得角地理位置的优越性得到更充分的发挥。在未来一段时间，中佛在交通运输设备上的互补优势将进一步凸显。

旅游业在圣多美和普林西比的经济发展中占据重要地位，但受交通基础设施落后的影响，旅游业发展缓慢。中国设备制造产品出口到圣多美和普林西比在交通运输设备、电气机械及器材、电子及通信设备都存在较强互补性，其 TCI 指数总均值分别为：2.08、1.47 和 1.93；在机械、仪器仪表及文化办公用机械的贸易互补性稍显不足，其 TCI 指数总均值分别为

---

① 中国商务部：《对外投资合作国别（地区）指南——佛得角（2019 年版）》。

0.47 和 0.76。当前圣多美和普林西比的基建项目中，机场的建设是其中的重中之重，未来双方在交通运输设备方面的贸易互补性优势同样会更加的显著。

三　中国对非洲葡语国家设备制造产品出口的问题与挑战

（一）出口集中在安哥拉，易受石油价格波动影响

在中国对非洲葡语国家设备制造产品出口中，非洲葡语国家各国占比差异显著，安哥拉占据了绝大部分，其次为莫桑比克，其他三个国家的占比非常小，这与各非洲葡语国家的经济体量有关。安哥拉在 5 个葡语国家中经济规模最大，2018 年 GDP 为 1058 亿美元，佛得角、几内亚比绍、莫桑比克与圣多美和普林西比的 GDP 分别为 20 亿美元、15 亿美元、147 亿美元和 4 亿美元，4 个国家的 GDP 总量为 186 亿美元①，仅为安哥拉 GDP 的 18%。这使得中国对非洲葡语国家设备制造产品出口结构受安哥拉市场需求影响较大，出口走势基本上跟中国对安哥拉设备制造产品出口的走势保持一致。由于安哥拉经济结构单一，严重依赖于石油产业，中国对非洲葡语国家设备制造产品出口中与石油产业相关的子行业产品占绝大多数，如机械、交通运输设备和电气机械及器材，出口情况也受国际油价的涨跌的影响较大。

（二）出口结构与非洲葡语国家的市场需求有偏差，出口结构仍需优化

中国在国际市场上具有强竞争优势的设备制造产品在非洲葡语国家市场中的竞争优势并不明显。在中国对非洲葡语国家设备制造产品的出口中，机械、交通运输设备和电气机械及器材占据着较大的份额，而中国在国际市场

---

① 数据来源于世界银行发布的《世界发展指数》（WDI）。

上具有较强竞争力的是电气机械及器材、电子及通信设备和仪器仪表及文化办公用机械等产品。

这一现象与中国产业结构转型升级大背景密不可分，为解决国内传统设备制造业产能过剩的问题，政策红利偏向于支持和引导高科技制造业，培养战略新兴产业，鼓励设备制造业结构调整升级，由量变到质变，由制造到智造。非洲葡语国家除了佛得角外大部分依靠传统农业，整体基础设施建设落后，对设备制造产品的需求跟不上中国产业结构转型升级的速度，这也一定程度上降低了中国设备制造产品出口到非洲葡语国家的契合度。

（三）设备制造产品出口的商务洽谈、运输交货和资金清算等阻力大

非洲葡语国家地理分布较为分散，自然资源、政治历史人文环境和政府组织结构等存在很多不同点，各国的文化、法律法规体系、商业贸易方式、技术标准规范等也存在诸多不同之处，这在一定程度上增加了中国与非洲葡语国家间企业商务洽谈的难度。

在产品运输交货方面，设备制造产品的重量以及体积相对较大，故中国对非洲葡语国家的产品输出多依靠航运。非洲葡语国家大多在航线的终点，运输时间较长，运输费用较高，交易成本上升，进而使相关企业的资金周转变慢。又因为目前人民币与非洲葡语国家当地货币均不能直接结算，双方使用美元结算一定程度上阻碍了贸易额的增长。非洲葡语国家的外汇管制规定也不一致，整体金融环境较差，导致资金清算渠道受限，这也给中国设备制造产品的出口带来了一定的阻力。

（四）非洲葡语国家市场容量有限，通过安哥拉及莫桑比克拓展其他非洲国家市场仍然不足

非洲葡语国家的整体工业基础较为薄弱，对设备制造产品的市场需求也较为有限。由于历史的原因，古老的葡萄牙海外帝国经历了向北非扩张、印度海路的开辟、开发巴西和殖民非洲等阶段，非洲葡语国家作为贸易据点分

布在广阔的海岸线上。目前中国设备制造产品出口至非洲国家大多依靠航运，安哥拉（位于非洲西南沿海）和莫桑比克（位于非洲东南沿海）地理位置优越，成为中国设备制造产品出口至非洲的重要国家。非洲葡语国家因地缘和历史因素影响，与法语世界、西班牙语世界和英联邦市场有着密切的联系，这使得中国与非洲葡语国家的良好合作具有更广阔的延伸空间。[①]

当前非洲国家整体经济落后，基础设施建设不足，国家间交通不便捷，通过安哥拉和莫桑比克拓展其他非洲国家市场仍然不足。如西连安哥拉，东临莫桑比克的赞比亚，是连接中非、东非与南非的“小马达”，但受限于非洲国家整体严重不足的基础设施，赞比亚的跨境运输动力得不到充分的发挥，阻碍了安哥拉和莫桑比克贸易影响力的进一步辐射。因而尽管“中国—安哥拉和莫桑比克—非洲”这条对外经贸合作路径非常重要，但如何以与安哥拉和莫桑比克的良好合作为抓手，创新合作方式以有效拓展其他非洲国家市场，仍然存在着很大的不足和发展空间。

四　加强中国与非洲葡语国家设备制造产品贸易的建议

（一）加强政府间合作，形成针对性政策导向

中国与非洲葡语国家之间的经贸合作逐渐从双边合作，转向多边与双边合作并举的方向，可以充分利用中非/中葡发展基金、中非论坛和中葡论坛等，对设备制造产品出口与投资形成针对性的政策导向，助力中资企业在非洲葡语国家的贸易和投资。充分利用“一带一路”倡议和区域经济的快速发展所带来的外部经济效益，将国内基础设施建设的经验及富余产能参与到非洲葡语国家工业化建设中[②]，使贸易投资影响力辐射至非洲葡语国家。

① 金国平：《葡语世界的历史与现状》，《行政》2003 年第 3 期。

② 高文娟、邵荣萍：《中国与非洲葡语国家经贸合作的前景展望》，《珠江论丛》2016 年第 4 期。

对安哥拉模式进行优化和调整，使其更适用于特定国家或特定时期，深入挖掘莫桑比克、几内亚比绍、佛得角与圣多美和普林西比四国的潜在市场。加强对非洲葡语国家市场的调研，抓住市场痛点，有的放矢地出口适销对路的产品，增强中国设备制造产品在各非洲葡语国家的市场竞争力。

（二）借助境外经贸合作区，构建深入合作的生态链

境外经贸合作区是共建“一带一路”的重要形式，是企业集群走出去的重要平台，是中国企业开展对外投资合作的创新方式，在提升品牌影响力、开拓国际市场方面有重要作用。借助经贸合作区可以向非洲葡语国家展示合作成果，将中国设备制造的行业优势与非洲葡语国家经济发展水平、市场潜力、区位优势和发展需要相结合。

逐步构建中国企业在非洲葡语国家的设备制造产业链，需要多渠道对接国内企业，推动上下游产业链和关联产业协同发展，形成集群效应，助力非洲葡语国家的工业化进程，为中国设备制造企业营造容易进、留得住、发展好的营商环境。推动设备制造行业的贸易、投资、金融等深度融合，完善合作机制，协调合作政策，从而使得中国设备制造业在非洲葡语国家从贸易向投资深化，形成科学持续的生态链、产业链布局。

（三）优化设备制造产品的出口结构，更好地利用产业富余产能

非洲葡语国家为中国设备制造富余产能提供市场，中国除了保持原有的出口优势外，还应在设备制造业转型、转移和结构调整升级的过程中给予相关产品出口更多的关税优惠或海关便利。同时，根据双方的国情有针对性地为设备制造业中附加价值更高、更利于非洲葡语国家发展的产品提供政策支持，以农业为例，除了佛得角外，非洲葡语国家的农业都占据主要的地位，中国在加快发展现代化农业的同时，可加强对非洲葡语国家农业机械设备市场需求的调研，抓住与非洲葡语国家经济发展的历史机遇，为有竞争力的高科技产品创造更多机会，使设备制造产品的出口更契合非洲葡语国家的发展需求。

（四）借力“一带一路”和粤港澳大湾区建设，进一步发挥澳门平台优势

澳门作为国际自由港，具有独立的关税区位，没有外汇管制的约束，与葡语国家在语言、文化、法律等方面有着较多的共同点。澳门回归尤其是自2003年中葡论坛成立以来，澳门在促进中国与葡语国家合作中发挥了重要的平台作用，构建了立体化的平台体系并做出卓有成效的贡献。[①]“一带一路”和粤港澳大湾区建设分别是中国与葡语国家经贸合作2.0版的发动机和驱动器[②]，它们的对接将形成合力，将会使澳门作为中国与葡语国家商贸合作平台的作用进一步凸显。

澳门可以发挥其信息平台作用，做好信息流通、商情传递，联动珠三角九市的设备制造龙头企业开发非洲葡语国家潜在市场，吸引设备制造企业到非洲葡语国家投资建厂，让非洲葡语国家更了解中国设备制造的实力及创新点，为中国企业“走出去”创造更多可能。澳门还可以进一步发挥金融优势，加快服务非洲葡语国家的金融平台建设，为中资企业进入非洲葡语国家提供更好的投融资和国际结算等服务，使设备制造企业采用简单、快捷的方式“走进”非洲葡语国家。

五　结语

中国与非洲葡语国家在设备制造领域的贸易合作存在很强的互补性，密切双方在设备制造业领域的合作，有利于促进彼此的经济发展。一方面，中国的经济转型升级将促使设备制造产业的优化调整，利用非洲葡语国家的地理分布特点，促进双方的经贸合作，将中国设备制造业的富余产能转移到非洲葡语国家，可以为中国的转型与发展赢得宝贵的时间和资源支持。另一方

① 丁浩：《中国与葡语国家合作中的澳门平台体系与贡献》，《澳门思路》2019年总第3期。

② 韦晓慧：《借力“一带一路”和粤港澳大湾区建设，促进粤葡更紧密合作》，《中国商论》2019年第17期。

面，非洲葡语国家通过加强与中国在设备制造领域的贸易合作，可以极大地提高其国内基础设施建设水平，提高经济效益，为工业化和现代化奠定有力支撑，这也为未来中国与非洲葡语国家的合作打下坚实的基础。

但是，中国设备制造产品出口到非洲葡语国家仍存在不少问题与挑战。中国对非洲葡语国家设备制造产品的出口结构在国别和行业上存在较大的优化调整空间，市场潜力亟需进一步挖掘。中国设备制造产品出口应关注非洲葡语国家各国的不同需求，结合中国的产业转型与结构调整，更精准地出口适合当地经济发展的设备制造产品。利用“一带一路”倡议的重大机遇以及粤港澳大湾区国家战略的制度红利，将政策引导和市场开发深度结合，为设备制造产品走向非洲葡语国家提供更加便利化和专业性的渠道和服务平台。以中国的设备制造产品在安哥拉和莫桑比克为代表的非洲葡语国家的良好贸易局面为突破，拓展中国与其他非洲国家的市场，为中国企业的“走出去”提供更多可能，通过具体的产业合作推动合作共赢的美好初衷逐步实现。

A.4

中国与葡语国家PPP项目合作风险分担模式与门槛政策分析

瞿瑛瑛　王黎黎*

摘　要： 当前，越来越多的中国工程企业“走出去”承接葡语国家PPP项目，发展规模不断壮大，市场前景可观。然而，中国与葡语国家PPP项目合作却存在着风险分担不平衡，对葡语国家PPP项目合作门槛政策及法律法规认知有局限等问题。基于此，本报告从中国与葡语国家PPP项目合作现状入手，通过分析中国与葡语国家PPP项目合作风险分担模式，并对比分析八个葡语国家PPP项目合作门槛政策，提出了三大建议，即政府和企业应合理分担风险，政府应完善立法，企业应知晓管辖法律及争端解决途径，为推进中国与葡语国家PPP项目合作，加强中国和葡语国家政治和经济交流与战略对接提供决策参考。

关键词： PPP项目　风险分担模式　门槛政策　葡语国家

古语有云“交得其道，千里同好，固于胶漆，坚于金石”。中国与葡语国家友好交往源远流长，双方始终相互理解、尊重、互利合作，双方关系健康稳定发展。2003年，中国—葡语国家经贸合作论坛（澳门）成立，由安哥拉、巴西、佛得角、几内亚比绍、莫桑比克、葡萄牙、东帝汶与圣多美和

* 瞿瑛瑛，澳大利亚新南威尔士大学哲学博士，广东外语外贸大学商学院副研究员、硕士生导师，主要研究方向为工程项目管理；王黎黎，广东外语外贸大学商学院，硕士研究生。

普林西比八个葡语国家共同参与。“一带一路”倡议的提出，更是为中国与葡语国家基础设施建设项目交流与合作提供了新平台、注入了新动力。

PPP 全称 Public-Private Partnership，即政府和社会资本合作模式，它是基础设施及公共服务领域项目管理的创新模式，在社会发展和经济建设中发挥着重要作用。它是政府和社会资本基于合同建立一种长期合作关系，使得合作方能够利益共享、风险共担。PPP 模式通过社会资本承担设计、建设、运营、维护基础设施和公共服务的大部分责任，并通过“使用者付费”及必要的“政府付费”获得合理投资回报；政府部门负责基础设施及公共服务价格和质量监管，以保证公共利益最大化。PPP 模式被广泛应用于交通、供水、污水处理、能源、教育等领域。中国商务部统计数据显示，2016～2019 年共建“一带一路”国家中的 66 个国家，利用 PPP 模式完成基础设施建设项目占总投资额的 1/3。① 2019 年，PPP 模式参与全球基础设施建设项目数量有 409 个，总投资额达 967 亿美元（见图 1）。

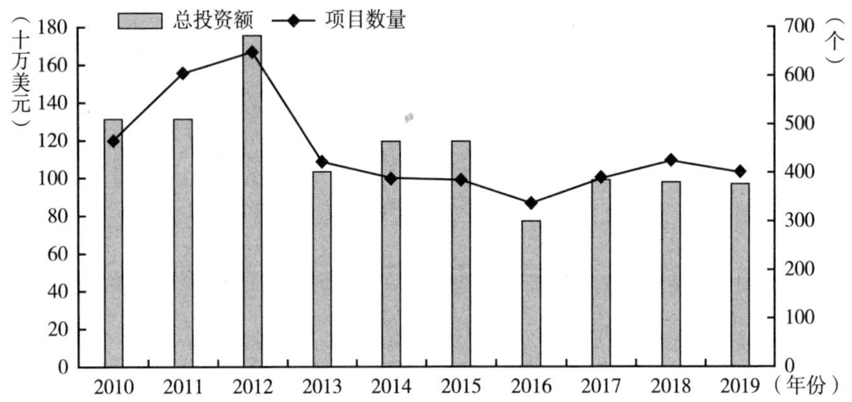

图 1　2010～2019 年 PPP 模式参与全球基础设施建设的项目数量和总投资额

资料来源：世界银行 PPP 项目数据库。

在此趋势下，中国与葡语国家利用自身优势，寻求共同的发展机遇。越来越多的中国工程企业“走出去”承接葡语国家 PPP 项目，发展规模不断

① 数据来源：中国商务部网站。

壮大，市场前景可观。然而，中国与葡语国家PPP项目合作中面临着挑战：中国与葡语国家PPP项目合作风险分担不平衡，对葡语国家PPP项目合作门槛政策及法律法规缺乏应有认知。因此，本报告通过分析中国与葡语国家PPP项目合作现状、风险分担模式，以及门槛政策，探索中国和葡语国家PPP项目合作的最佳路径并提出政策建议。本报告分为五部分，第一部分阐述中国与葡语国家PPP项目合作现状，第二部分分析中国与葡语国家PPP项目合作风险分担模式，第三部分对比分析中国与葡语国家PPP项目合作门槛政策，第四部分提出政策建议，第五部分为结语。

一　中国与葡语国家PPP项目合作现状

2010～2019年，以PPP模式参与基础设施建设的葡语国家中，巴西PPP项目投资额呈现不断增长的趋势，其次是莫桑比克、安哥拉和佛得角，其余国家的基础设施项目投资暂无私营部门参与（见图2）。葡语国家的PPP项目发展现状与发展趋势见表1。目前，中国与葡语国家合作开展的PPP项目共计六个，均为中国和巴西合作项目。本报告将以中葡PPP项目发展潜力较大的四个国家（巴西、莫桑比克、安哥拉和佛得角）为焦点，分析中国

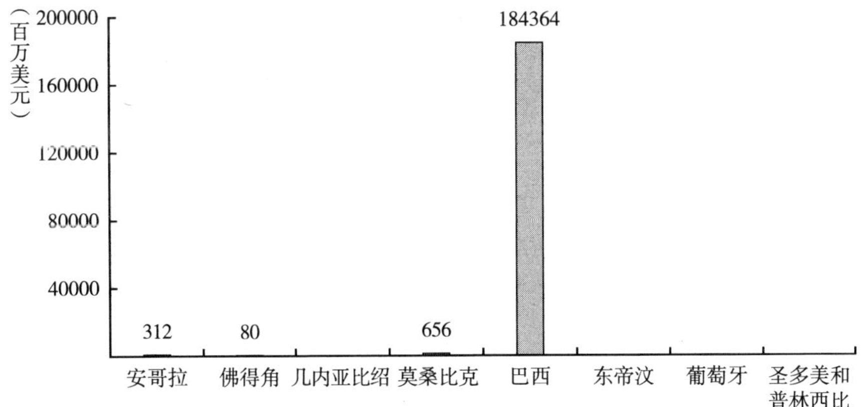

图2　2010～2019年葡语国家PPP模式参与基础设施建设项目投资总额

资料来源：世界银行PPP项目数据库。

与葡语国家 PPP 项目合作现状。在“一带一路”框架下，中国与葡语国家应把握机遇，充分发挥各自优势，努力挖掘双边贸易的巨大潜力，深入经贸合作，加强国际产能合作。

表 1　葡语国家 PPP 项目发展现状与发展趋势

葡语国家	PPP 项目发展现状	PPP 项目发展趋势
安哥拉	截至 2019 年，已有 3 个 PPP 电力项目完工，新投资电力项目金额达 2.32 亿美元	鼓励外国投资者参与当地基础设施建设，计划开展在铁路交通、能源水电领域的 PPP 项目合作
佛得角	政府支持境内外企业以 PPP 方式投资国内基础设施项目，开展的 PPP 项目主要是发电和供水项目	计划未来以 PPP 模式在基础设施领域总投资预算为 7114 万美元，约占财政总投资额的 15%①
几内亚比绍	政府基础设施发展规划重点项目的资金大多数是贷款或援助，政府财政困难，基建设施落后	2020 年，世界银行向几内亚比绍提供 1500 万美元贷款，用于修建公路②
莫桑比克	截至 2019 年，已有 4 个 PPP 电力项目完工，新投资电力项目金额达 656（百万美元）	未来五年，计划实施的基础设施建设项目包括桥梁、道路和堤坝，预计费用达 80 亿美元。允许外国投资者参与当地基础设施投资③
巴西	2019 年，全国签署各类 PPP 项目 76 个，累计已有 394 个电力项目完工，投资金额达 1054 亿美元	预计 2020 年上半年巴西还将新增 42 个 PPP 项目，总额达 80 亿美元④
东帝汶	截至 2019 年，政府共签订 3 份 PPP 项目合同，其中 2 个项目暂未启动建设	政府制定《2011 ~ 2030 年战略发展规划》，重点开展农业、旅游业、石油工业等领域的 PPP 项目合作⑤
葡萄牙	大型基础设施项目均采取政府投资方式实施，项目为机场、港口码头、采矿、高速公路、铁路、桥梁、供水、发电项目等	葡萄牙政府批准的《交通与基础设施战略规划 2014 – 2020》，重点开展在能源、通信等领域的 PPP 项目合作⑥
圣多美和普林西比	政府重点投资港口、电力等基础设施领域	政府积极寻求葡萄牙等国及国际货币基金组织援助，吸引外资，积极开展 PPP 基础设施建设

资料来源：①《对外投资合作国别（地区）指南 2018 年（佛得角）》，第 20 页。

②《世界银行向几内亚比绍提供贷款》，商务部网站，2018 年 9 月 10 日，http：//gw. mofcom. gov. cn/article/jmxw/201809/20180902785084. shtml。

③《对外投资合作国别（地区）指南 2018 年（莫桑比亚）》，第 21 页。

④《对外投资合作国别（地区）指南 2019 年（巴西）》，第 43 页。

⑤《伙伴关系“一带一路”葡语伙伴石油和天然气储量丰富的国家——东帝汶》，一带一路能源合作网，2019 年 8 月 22 日，http：//obor. nea. gov. cn/detail2/9689. html。

⑥《葡萄牙基础设施调研》，商务部网站，2014 年 10 月 13 日，http：//www. mofcom. gov. cn/article/i/dxfw/jlyd/201410/20141000757968. shtml。

（一）巴西

2008~2019 年，巴西基础设施建设主要集中在电力、机场、交通、能源开发、高速公路等方面。截至 2019 年，巴西全国签署各类 PPP 项目 76 个，其中有 1 个联邦级项目、46 个州级项目、29 个市级项目。[①] 但由于政局动荡，经济衰退，国库亏空，基本未能按计划实施。目前，中资企业在巴西开展的 PPP 项目有：2014 年，国家电网公司与巴西国家电力公司联合（51%∶49% 股比）中标巴西美丽山水电站项目，项目特许经营权期限 30 年；2015 年，国家电网公司独立中标参与巴西美丽山水电 ±800 千伏特高压直流送出二期特许经营权项目，成功中标项目 30 年特许权经营权，2017 年 8 月正式开工；2010 年，国家电网公司收购巴西 7 个输电特许经营权项目（100% 股权模式收购）；随后分别在 2012 年 3 月和 2016 年 4 月，中标巴西特里斯皮尔斯水电站一期、二期输电特许经营权项目。其中，该水电二期项目特许经营权 30 年，总投资 23 亿雷亚尔（约合 7.35 亿美元），计划 2020 年投运。2016 年，中国三峡巴西公司中标圣保罗州电力公司下属的朱比亚（Jupiá）和伊利亚（Ilha Solteira）两座水电站，经营期限 30 年，向巴政府支付的资产价格 138 亿雷亚尔（约 36.9 亿美元）；2017 年，国家电投海外投资有限公司与巴西电力监管局签署巴西圣西芒水电站 30 年期特许经营权协议；2018 年 5 月，国家电投接管水电站，实现自主运营。[②]

（二）莫桑比克

莫桑比克风能、太阳能资源丰富。近年来，外资参与莫桑比克基础设施合作的主要模式是 EPC 总承包，在莫桑比克开展 PPP 的外资企业主要来自南非，中资企业在当地尚无已落地的 PPP 项目。莫桑比克常规融资渠道包括世界银行、非洲发展银行贷款，以及其他国家或国际组织援助资金

① 《对外投资合作国别（地区）指南——巴西（2018 年版）》，第 78~79 页。

② 国家电力投资集团有限公司网站，http://www.spic.com.cn/2018jtcy/jw/。

等。但莫桑比克政府当前面临财政短缺和举债困难，很难对新的基础设施项目融资提供主权担保，未来莫桑比克政府计划采用 PPP 等模式实施项目。①

（三）安哥拉

安哥拉水电资源丰富。目前，在安哥拉开展 PPP 项目的外资企业主要来自南非。中国路桥公司（CBRC）承包建设港口设施，属于首个公私合作项目。目前中资企业参与当地基础设施合作主要还是以承包工程为主，多数采用 EPC 方式。中资企业在当地尚无已落地的 PPP 项目。②

（四）佛得角

佛得角风能、太阳能资源丰富，且尚未得到完全开发，可再生能源发展潜力巨大。佛得角政府支持境内外企业以 PPP 方式投资国内基础设施项目。根据商务部 2018 年度数据资料显示，目前在佛得角开展 PPP 项目的投资者主要来自欧洲国家。尚无中资企业在佛得角开展 PPP 项目。③

二　中国与葡语国家 PPP 项目合作风险分担模式

中国与葡语国家 PPP 项目涉及法律法规、国家政策、工程方案和工程技术、价格和回报机制、投融资、监管等多个方面，使得双方 PPP 项目合作中常常蕴藏着大量风险以及风险分担不平衡。这些风险包括项目融资风险、项目建设风险、项目运营风险、市场风险、法律风险、政治风险、经济风险等，且贯穿于 PPP 项目的全生命周期。因此，对于政府和私营投标人来说，评估整个项目生命周期中所有潜在的风险至关重要。表 2 从项目、市场和国家三个层次对中国与葡语国家 PPP 项目的风险因素进行归类。

---

① 中国商务部：《对外投资合作国别（地区）指南——莫桑比克（2018 年）》。

② 中国商务部：《对外投资合作国别（地区）指南——安哥拉（2018 年）》。

③ 中国商务部：《对外投资合作国别（地区）指南——佛得角（2018 年）》。

表 2　中国与葡语国家 PPP 项目风险因素分类

PPP 项目风险类别		PPP 项目风险因素
项目层次	项目融资风险	资本可用风险,融资成本风险,融资信用风险,金融市场风险
	项目建设风险	项目设计风险,建设成本超支风险,建设竣工风险,项目范围变更风险,建设质量风险,建设技术风险,建设配套风险(土地征用)
	项目运营风险	运营维护成本超支风险,运营周期风险,运营质量风险,投资回报风险,剩余资产风险,运营变更风险,运营配套风险
市场层次	市场风险	市场需求预测风险,产品/服务市场定价风险,产品/服务市场供应量风险,特许经营权的竞争性
国家层次	法律风险	合同风险,法律法规的改变风险,缺乏法律支持风险,法律制度不成熟风险
	政治风险	政府信用风险,政府干预风险(征收和国有化),公众/政治反对风险,政府决策能力差,政府腐败和贿赂风险,项目审批和许可延误风险*
	经济风险	通货膨胀风险,经济环境风险,税收关税变化风险
	管理风险	合作变更风险,组织与协调风险
	不可抗力风险	自然灾害,暴动,战争,恐怖主义等

注：*赵晔：《我国 PPP 项目失败案例的风险因素及防范对策》，《经济研究参考》2015 年第 42 期，第 14 页。

项目层次的风险，包括项目融资风险，项目建设风险和项目运营风险。项目融资风险主要是指由于融资结构不合理、金融市场不健全、融资的可能性等因素引起的风险，其中最主要的表现形式是资金筹措困难。项目建设风险主要是指设计缺陷风险，建设成本超支风险，项目竣工风险，项目范围变更风险，建设质量风险，建设技术风险，以及建设配套风险。项目设计风险主要指设计缺陷风险和设计变更风险，比如主承包商很少参与设计开发过程导致项目设计可建造性/可施工性差，项目地形数据不准确导致设计缺陷以及后期设计变更引起的项目延误和成本超支。建设配套风险主要指配套设施的建设和管网、电、水等供应是否到位风险。项目运营风险主要是指运营维护成本超支风险、运营周期风险、运营质量风险、投资回报风险、资产残值风险、运营变更风险、运营配套风险。

市场层次的风险，主要是指由于宏观经济、社会环境、人口变化、法律法规调整等其他因素使市场需求变化，导致市场预测与实际需求之间出现差异而产生的风险。这将直接影响项目运营后的收益是否能满足收回投资。

国家层次的风险，主要包括法律风险、政治风险、经济风险、管理风险，以及不可抗力风险。法律风险主要是指国家对私有或外国财产的保护。由于采纳、颁布、修订、重新诠释法律或规定而导致项目的合法性、市场需求、产品/服务收费、合同协议的有效性等元素发生变化，从而对项目的正常建设和运营带来损害，甚至直接导致项目的中止和失败的风险。政治风险主要表现为政府干预风险，政府信用风险，项目审批和许可延误风险和政府腐败和贿赂风险。政府干预风险，即由于各种原因导致公众利益得不到保护或受损，从而引起政府甚至公众反对项目建设所造成的风险。政府信用风险，即政府不履行或拒绝履行合同约定的责任和义务而给项目带来直接或间接的危害。项目审批和许可延误风险，主要是由于项目的审批程序过于复杂，花费时间长、成本高，且项目批准之后，对项目的性质和规模进行必要商业调整非常困难，给项目正常运作带来威胁。政府腐败和贿赂风险，主要指政府官员或代表采用不合法的影响力要求或索取不合法的财物，而直接导致项目公司在关系维持方面的成本增加，同时也加大了政府在将来的违约风险。经济风险主要是指通货膨胀风险，经济环境风险，税收关税变化等风险，比如国内外货币流通交换和贸易限制，市场规则改变，以及对股息、红利的分配限制规定等。宏观经济稳定性与国家的财政金融政策有一定的关系，也与国家应对经济危机的能力有关。管理风险主要是指合作变更风险和组织与协调风险。不可抗力风险是指合同双方无法控制，在签订合同前无法合理防范，情况发生时，又无法回避或克服的事件或情况，如自然灾害、暴动、战争、恐怖主义等。

PPP 强调的是政府（公共部门）和社会资本（私营部门）之间利益共享和风险共担，从而构建可持续发展的长期合作关系。基于以上中国与葡语国家 PPP 项目风险因素分析，中国与葡语国家 PPP 项目风险分担模式可分为以下四类（见图 3）。

（1）风险完全分配给公共部门

“征收和国有化”风险属于国家层次的风险。如果中国和葡语国家合作

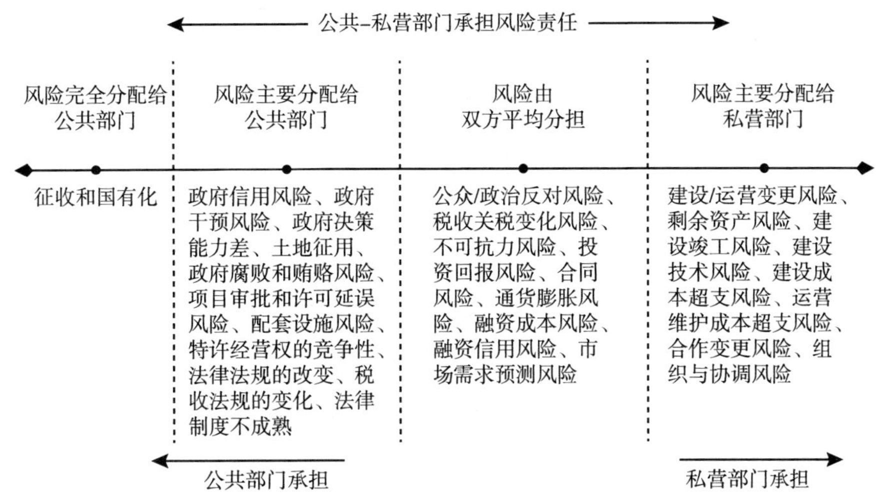

图 3　中国与葡语国家 PPP 项目风险分担模式

资料来源：Yongjian Ke, Shouqing Wang, Albert P. C. Chan, and Patrick T. I. Lam, "Preferred Risk Allocation in China's Public-private Partnership (PPP) Projects," *International Journal of Project Management* 28 (5) (2010): 488。

开展的 PPP 项目有高额的用户费用，一旦政府对 PPP 项目做出错误决策，就可能导致巨大的政治和社会压力。在这种情况下，当地政府可能会被迫终止特许经营，接管私营企业运营的设施。对于私营企业来说，它们无法应对由“征收和国有化”带来的后果。因此，应当在 PPP 项目合同中明确政府的相应保障措施。

（2）风险主要分配给公共部门

当地政府有可能因为对 PPP 项目的经验和知识有限而做出错误决策。因此，中国和葡语国家当地政府有责任了解当地经济发展所需要的基础设施和公共事业。通过中国—葡语国家经贸合作论坛，推动中国与葡语国家合作；同时，及时了解葡语国家基础设施建设规划，充分利用和发挥各国优势，抓住国家群体间贸易和投资发展的独特机遇[①]，扩大海外市场。同时，

① 中国—葡语国家经贸合作论坛（澳门），http://tga.mofcom.gov.cn/article/zt_zp2003/。

针对各国政府的不同体制，私营企业需要评估政府官员决策，尤其是给予的口头承诺。同时，需要注意可能因为政府官员的腐败和贿赂导致的合作成本增加。

PPP 已成为公共交通领域基础设施建设的重要投融资模式[①]，但中国和葡语国家法律不同，对 PPP 项目经营权界定的范围和对权利的相关规定也不同，因此，要注意 PPP 项目协议涉及的法律规定。“特许经营权的竞争性”“法律法规的改变”“项目审批和许可延误风险”“税收法规的政策变化”“法律制度不成熟”等这类风险可能是由于政府对投资和市场的宏观调控和干预造成的，因此应该由政府主要承担，可按照有效控制原则和风险收益对等原则，在合同中具体约定该风险分配的比例。

（3）风险由公共部门和私营部门平均分担

项目层次的风险（比如“合同风险”“融资成本风险”“融资信用风险”）、国家层次的风险（比如“公众/政治反对风险”“不可抗力风险”“通货膨胀风险”）和市场层次的风险（比如“市场需求预测风险”），这些风险应由公共部门和私营部门平均分担。因为这些风险公共部门和私营部门无法独立应对，并且这些风险发生在 PPP 项目融资、建设和运营阶段，能被双方控制，因此建议由当地政府和社会资本企业平均分担。

作为私营企业，要有走出去拓展海外市场的意愿和主动性，私营企业还拥有核心技术，有符合国际标准的技术、管理水平以及培养国际化经营管理能力的相关人才的理念。同时，私营企业需要做出正确的投资决策，降低风险发生的概率。作为东道主国家政府既要监督项目执行情况，落实项目优惠政策，也要风险共担，对这些风险引起的成本超支和进度延误延迟，应适当延长建设工期或特许经营期来补偿私营企业，改善社会资本参与基础设施建设的投资环境。

---

① 姚剑锋：《刍议交通基础设施 PPP 项目法律风险审核要点》，《楚天法治》2017 年第 3 期，第 205 页。

（4）风险主要分配给私营部门

私营企业在建设或运营方面的水平和效率相对较高，适合基础设施的建设和开发，因此，项目层次的风险，比如“建设/运营变更风险”“建设竣工风险”“建设技术风险”“建设成本超支风险”“运营维护成本超支风险”“剩余资产风险”等风险，应主要由私营企业负责，减少社会资本参与基础设施建设项目的谈判成本和时间成本。

中国与葡语国家的基础建设发展水平不尽相同，近年来，随着中国“走出去”战略的推广，中国工程企业也拥有了在 PPP 模式下开展国际工程业务的项目经验，特别是在能源建设领域（石油、天然气等），以及交通基础设施领域（铁路、公路等）。葡语国家在电力、能源等方面资源丰富，且尚未得到完全开发，发展潜力巨大，双边合作开展 PPP 项目，可以利用各国优势，提升国家基础设施水平。并且，中国企业丰富的 PPP 项目和较强的工程建设业务能力及项目运营能力，能够为葡语国家的基础设施建设提供强有力的支持。[①] 在此背景下，中国和葡语国家推广合作开展 PPP 项目，不仅可以调动国家社会资本，还可以缓解政府的资金压力，保障社会资本参与基础设施建设项目顺利进行。

三　中国与葡语国家 PPP 项目合作门槛政策

基于中国与葡语国家 PPP 项目合作风险分担模式，各葡语国家政府对 PPP 项目的接受程度不同，中国与葡语国家 PPP 项目合作的门槛政策也不同。如表 3 所示，中国和葡语国家 PPP 项目合作的门槛政策主要包含 PPP 项目涉及领域、PPP 项目招投标条件[②]和 PPP 项目法律法规。

---

① 《林毅夫：“一带一路”与基础设施的 PPP 模式》，中国政府采购网，2017 年 10 月 27 日，http：//www. ccgp. gov. cn/ppp/llyj/201710/t20171027_ 9059203. htm。

② 《工业企业参与 PPP 项目的四大法律问题》，中国政府采购网，2017 年 10 月 27 日，http：//www. ccgp. gov. cn/ppp/llyj/201710/t20171027_ 9059215. htm。

表3　中国与葡语国家PPP项目合作门槛政策对比

国家	PPP项目涉及领域	PPP项目招投标条件	PPP项目法律法规
巴西	环保、卫生、非营利公共领域	1）PPP模式融资的项目规模不得低于2000万雷亚尔，政府与企业签订的合同执行期最低5年，最高35年。2）禁止或限制外国资本进入的领域包括：核能开发、养老基金、远洋捕捞、邮政、国内特许航空服务以及航天工业等。3）外国公司在巴西实施工程项目都需在巴西联邦商会注册	针对PPP项目出台了相关的法律法规
葡萄牙	机场、港口码头、采矿、高速公路、铁路、桥梁、供水、发电项目等领域	1）外国投资者可以参与葡萄牙基础设施项目。2）项目资金来源有欧盟贷款，则需要采用欧盟技术标准，建成后由欧盟企业运营。3）在葡萄牙从事建筑工程行业须取得由葡萄牙建筑和不动产协会核准颁发的"项目承包商级别证书"。4）由葡萄牙政府、欧盟或国际组织出资兴建的公共项目，必须采用国际公开招标方式	针对PPP项目有较为完善的法律规定
东帝汶	电力、卫生设施等领域	1）根据东帝汶《公私合营法》规定，适用于能源、交通、电信、卫生、教育等领域。2）新的《私有投资法》规范管理本国人、外国人、居民、非居民个人或企业在东帝汶的投资行为。3）根据东帝汶采购法，部分大型项目采用邀请招标方式，小型项目大多采用国内招标的方式	暂无外资开展PPP项目合作的专门规定
安哥拉	发电项目等领域	1）公私合作总体规划中列明了该具体公私合作项目。2）政府预算中有对该项目公司合作的预算。3）预先确定该合作项目要取得的目标，达到的目的。4）已取得开展项目所需要的相关性研究报告授权。5）工程招标有公开招标、有限邀请招标、直接议标	针对PPP项目出台了相关的法律法规
佛得角	发电、港口建设等领域	1）对PPP项目的管理适用《投资法》、《环境基本法》和《保护消费者权益法》。2）政府授予PPP项目投资企业特许经营权，特许经营期限为30年（并可延长至50年）。3）所有工程项目均公开招标。4）采取PPP等特许经营方式的项目，企业需在当地注册设立公司	暂无外资开展PPP项目合作的专门规定

续表

国家	PPP项目涉及领域	PPP项目招投标条件	PPP项目法律法规
几内亚比绍	通讯、建筑等领域	1)通过招(投)标选择运营商,运营商特许经营年限为10~15年,经营年限满后可申请延续。2)针对建筑承包企业分为六类资质:不同资质的企业承接不同金额的工程。3)投资法规定投资金额超过60亿非郎或达到一定规模或有长期收益的项目,实行投资合同制	暂无外资开展PPP项目合作的专门规定
莫桑比克	能源、矿产、公共交通等领域	1)合同期包括融资期、建设实施期和资金回收期,全新项目不超过30年,需要修复或扩展的特许经营项目不超过20年,操作阶段的管理合同项目不超过10年;全新项目根据规模、寿命及实施过程中的技术需求,最多可延长10年*。2)项目进行公开招标,允许联合投标或独立投标。3)在当地承包工程需要办理许可和资质查验等手续	针对PPP项目出台了相关的法律法规
圣多美和普林西比	暂无	暂无	暂无外资开展PPP项目合作的专门规定

注:*《对外投资合作国别(地区)指南——莫桑比克(2018年)》。

(一)巴西

PPP模式是目前巴西政府实施基础设施项目融资的主要模式。2004年,巴西制定PPP法律(巴西第11.079/2004号法律),规定以PPP模式的项目融资规模不得低于2000万雷亚尔,政府与企业签订的合同执行期不低于5年,不高于35年。巴西政府设立PPP项目管理委员会(CGP),负责PPP项目立项、设立标准和发放许可等。巴西PPP项目多用于环保、卫生、非营利公共领域(主要为非营利公共设施)。巴西禁止或限制外国资本进入的领域包括:核能开发、养老基金、远洋捕捞、邮政、航天工业等。[①] 巴西《联邦政府采购法》规定,任何超过金额的商品或服务均须通过政府采购方式进行,招标过程完全公开。外国公司在巴西实施工程项

① 《对外投资合作国别(地区)指南——巴西(2018年)》。

目都需要在巴西联邦商会注册，项目必须有在巴西工程师协会注册的技术负责人。

（二）葡萄牙

2003 年，葡萄牙制定法令，规范 PPP 项目的合同签署、更改、执行等方面的程序性要求。2012 年制定新法令（Decree – Law 111/2012，May 23），设立技术部门，负责 PPP 项目的行政监管。葡萄牙 PPP 模式对外资企业开放，外国投资者可参与葡萄牙基础设施项目。此外，如果项目资金来源有欧盟贷款，需要采用欧盟技术标准，建成后由欧盟企业运营。目前在葡萄牙开展 PPP 的外资企业主要来自法国、新加坡、土耳其、加拿大等。[①] 由葡萄牙政府、欧盟或国际组织出资兴建的公共项目，必须采用国际公开招标方式。在葡萄牙从事建筑工程行业须取得由葡萄牙建筑和不动产协会核准颁发的“项目承包商级别证书”。总体来看，葡萄牙外资政策仍主要限于给予国民待遇。

（三）东帝汶

东帝汶暂无外资开展 PPP 模式的专门法令文件。根据东帝汶《公私合营法》相关规定，PPP 项目方式适用于能源、交通、电信、卫生、教育等领域[②]。2014 年，东帝汶政府设立专门投资机构（AEI），以吸引海外投资，促进对外贸易。2017 年，东帝汶国民议会批准了新的《私有投资法》，规范管理本国人、外国人、居民、非居民个人或企业在东帝汶的投资行为。但是，油气资源和矿产资源的勘探、研究和开发，向终端消费者直接销售商品和设备等领域，不属于该法适用范围。东帝汶的大型工程项目大都采用公开招标方式，信息公开透明。

---

① 《对外投资合作国别（地区）指南——葡萄牙（2018 年）》。
② 《对外投资合作国别（地区）指南——东帝汶（2018 年）》。

（四）非洲葡语国家

2011 年，安哥拉通过公私合作法 PPP 法案，明确国家参与公私合作的基本原则，包括合作的决议、构思、准备、招标、裁定、监督及合同的履行。安哥拉工程招标常见的方式有公开招标、有限邀请招标、直接议标。

佛得角无专门的 PPP 法规。境内外投资者可与佛得角经济就业部和佛得角投资促进局商谈 PPP 投资合作意向和合作条件。政府授予 PPP 项目投资企业特许经营权，特许经营期限为 30 年（并可延长至 50 年）。政府主管部门根据《投资法》、《环境基本法》和《保护消费者权益法》的相关规定，对 PPP 项目实施管理。佛得角《公共工程管理办法》规定，工程建设实行严格的招标制度，所有工程项目均公开招标。[①] 对参与经营的项目，采取 PPP 等特许经营方式的企业需在当地注册设立公司。

2019 年几内亚比绍政府成立投资和 PPP 项目部，促进私人投资、政府和社会资本合作 PPP 项目。通过招（投）标选择运营商，运营商特许经营年限为 10～15 年，经营年限期满后可申请延续。几内亚比绍政府规定大型工程项目都是通过公开招标进行。政府将建筑承包企业划分为六类资质：一类资质企业可承揽总额为 120 万美元的工程；二类资质企业可承揽总额为 240 万美元的工程；三类资质企业可承揽总额为 460 万美元的工程；四类资质企业可承揽总额为 920 万美元的工程；五类资质企业可承揽总额为 1840 万美元的工程；六类资质企业可承揽总额 1840 万美元以上的工程。同时，投资法规定投资金额超过 60 亿非郎或达到一定规模或有长期收益的项目，实行投资合同制。

莫桑比克颁布实施《公私合营、大型项目及特许经营条例》，规定 PPP 方式主要应用于能源、矿产、公共交通等领域。[②] 合同期由融资活动期、项目实施期和资金回收期组成，全新项目不超过 30 年，需要修复或扩展的特许

① 《对外投资合作国别（地区）指南——佛得角（2018 年）》。
② 《对外投资合作国别（地区）指南——莫桑比克（2018 年）》。

经营项目不超过20年，操作阶段的管理合同项目不超过10年。全新项目根据规模、寿命及实施过程中的技术需求，最多可延长10年。招标方式进行公开招标，允许联合投标或独立投标。在莫桑比克当地承包工程需要办理许可证和资质查验等手续。公司的资质需在国内翻译公证后再经莫桑比克认证。

圣多美和普林西比是世界上人均接受外援最多的国家之一，90%的发展资金依靠外援。圣多美和普林西比暂无关于外资企业开展PPP项目合作的专门规定。

四 政策建议

随着“一带一路”倡议的推进，越来越多的中国企业到外国进行投资，参与外国PPP项目。葡语国家在基础设施建设方面有着巨大的市场需求，基于中国与葡语国家PPP项目合作门槛政策的分析，中国和葡语国家PPP项目合作需要因地制宜，不能追求统一的模式。中国和葡语国家PPP项目合作，首先，政府和企业应合理分担风险，PPP项目涉及政府投资，包括资本金注入，以及后期运营补助、财政贴息等，因此，中国和葡语国家在PPP项目合作中，如果涉及威胁投资国国家财政安全的投资时，要时刻关注投资政策的变化；其次，政府应完善立法，中国和葡语国家开展PPP项目合作要遵守办事程序，公平、公正、公开择优选择社会资本参与方，保障公众知情权，杜绝腐败现象；最后，企业应知晓管辖法律及争端解决途径，了解项目国家的法律，特别关注葡语国家对PPP项目招标条件、合同争端解决机制、项目退出机制等方面的法律规定和适用的国际条款。

（一）政府和企业应合理分担风险

注重PPP项目中的合作关系，即政府与企业的平等关系，做到利益共享，风险共担，是保证项目成功的基础条件。政府机构应出台PPP项目相关的指导意见，主动承担风险，以便PPP项目在本国的实施和发展。中国与葡语国家大型PPP合作项目的合同中应该按照权责对等原则合理分配风险，明确单方面违约时违约方应当给予对方相应赔偿，保证双方权益。例如，中国 2015 年发布《关于在公共服务领域推广政府和社会资本合作模式指导意见的通知》，着重强调在 PPP 项目中政府和社会资本的地位平等。[①] 2019 年中国政府工作报告中提出政府要落实民间投资支持政策，诚信守约，保证私营企业权益。[②] 中国政府要承担保护企业的合法权益的责任，主动分担 PPP 项目的相关风险，增强企业投资信心；提高 PPP 项目政策透明度，营造公平竞争的市场环境，拓展第三方市场合作；推进创新宏观调控，通过调整基础设施贷款利率等措施，缓解企业融资难问题，激发市场主体活力，吸引更多民间资本参与重点领域项目建设。

中国与巴西合作开展的 PPP 项目主要集中在水电站、电力领域。中国企业做好了社会效益和经济利益的事前评估，同时，巴西政府在项目实施过程中做到公开、公平和透明，避免引起不必要的争议，保证 PPP 项目顺利进行并继续合作开展二期项目。然而需要注意的是，巴西政府政党更换较为频繁，目前合作中的 PPP 项目应该随时关注政府政策的变化。中巴成功的 PPP 项目经验可以引进到水电资源丰富的东帝汶、安哥拉、佛得角，依托水电站、电力项目的运营，中国企业可以帮助葡语国家建立自己的电力产业体系。中国和葡萄牙合作开展的水务项目，该项目为葡萄牙提供就业岗位 435 个，服务约 67 万葡萄牙市民。与此同时，该项目的劳务用工以当地人为主，为葡萄牙培育和储备一批了解、认同中国技术标准的属地化运营人才，从一定程度上降低了文化差异的风险，为以后中国和葡萄牙开展 PPP 项目打好了基础。

（二）政府应完善立法

中国、巴西、葡萄牙、安哥拉、莫桑比克针对 PPP 项目设立了法律法

① 《国务院办公厅转发财政部发展改革委人民银行关于在公共服务领域推广政府和社会资本合作模式指导意见的通知》，中国政府网站，2015 年 5 月 22 日，http：//www. gov. cn/zhengce/content/2015 -05/22/content_ 9797. htm。

② 《政府工作报告》，中国政府网站，2019 年 3 月 16 日，http：//www. gov. cn/premier/2019 -03/16/content_ 5374314. htm。

规。PPP 项目立法可以保障项目的稳定，提高项目成功率；同时，完善的 PPP 项目制度体系可以有效约束交易双方的行为，稳定市场，为投资者带来了信心。因此，中国与葡语国家政府应继续建立适应双边合作开展 PPP 项目的操作指南和规范，让更多投资者了解 PPP 模式并达成共识，激发民间投资的热情。具体来说，政府完善立法可以从以下三个方面执行。

1. 建立完善的 PPP 项目管理法治体系

PPP 项目运作的前提是在法律保护层面上，这需要政府部门与投资企业在项目中清晰、明确界定各自承担的责任、义务和风险，同时加强沟通与交流，细化合同条款，保护双方的权益。葡语国家中，例如东帝汶、安哥拉、佛得角法律规定项目必须公开招标，提高了项目的可靠性；几内亚比绍投资法规定投资金额超过 60 亿非郎或达到一定规模或有长期收益的项目，实行投资合同制。中国和葡语国家可根据各国的政治环境、对 PPP 项目的接受程度、发展规划，制定和完善相关的法律法规。

2. 成立专业化推进机构

从以往的经验看，推广 PPP 模式需要国家设立管理机构，对 PPP 的全过程进行管理。例如中国推广 PPP 综合信息平台项目库，保证项目信息的披露，接受社会监督，从一定程度上避免腐败等风险，提高政府的服务性和可靠性。可以将中国 PPP 综合信息平台的操作模式主动向葡萄牙、巴西等 PPP 项目发展势头良好的国家推广，共同促进 PPP 项目管理的规范化。

3. 建立健全有效的监管体系

政府的监管是 PPP 模式成功运作的关键，规则越简约透明，监管越有力有效。政府在制定 PPP 模式监管体系框架时，要做到在结合本国国情的情况下，充分征求各利益相关方（投资者、建设者、运营者等）的意见，保证基础设施服务的质量，保护有关利益方的合法权益。例如巴西设立 PPP 项目管理委员会（CGP），负责 PPP 项目立项、设立标准和监管等。2019 年中国政府报告提出政府制定统一的监管规则和标准，地方政府要公正监管，完善机制，以公正监管促进公平竞争。从中巴顺利开展的 PPP 项目中可以看出，政府的监管是保证项目成功的关键因素。可以积极向其他葡语国家分享中巴政府监管的成功经验，促进政府对 PPP 项目发展的支持。

（三）企业应知晓管辖法律及争端解决途径

私营部门要了解投资国法律法规和争端的解决途径，评估风险，重视合同的描述，聘请专家协助，在合作开展 PPP 项目时以降低企业风险和损失。同时，《2019 版 PPP 合同条款指南》第 11 章——适用法律和争议解决[①]提出了 PPP 合同中管辖法律及争议解决考虑因素及条款的重要性。私营企业应对外国政府违约的争议解决方式主要有以下几种。

（1）在合同中单独明确规定争议解决机制，例如仲裁协议（特别注意约定仲裁机构、仲裁地点）或包含仲裁条款的双边协定或公约。[②] 根据仲裁协议，私营投资方可以对东道国政府提起仲裁。值得注意的是，《华盛顿公约》规定国家享有主权豁免权利，但东道国在商业活动中为了吸收外商投资，首先要保护外国投资方的权利，因此，有限度地放弃或全部放弃国家主权豁免的权利，同意接受仲裁的管辖，成为越来越多国家的选择。例如葡萄牙规定项目资金来源有欧盟贷款，需要采用欧盟技术标准，建成后由欧盟企业运营[③]，因此，在中葡 PPP 项目合同中最好明确其详细的款项来源、技术标准，运营的出资比例等，针对大型基础设施项目，例如能源、码头、交通等领域，投资金额大，项目建设时间长，需要特别注意仲裁协议的约定。

（2）投资方（私营部门）与东道国政府或地方政府间的争端解决途径。投资方对东道国政府提起诉讼，只能在东道国国内法院提起，东道国国内法院基于属地原则取得管辖权。如果投资方向他国法院对东道国政府提起诉讼，东道国政府有权基于国家主权豁免原则，拒绝接受他国法院管辖。[④] 未

① International Bank for Reconstruction and Development/ The World Bank, *Guidance on PPP Contractual Provisions*, 2019.

② *Guidance on PPP Contractual Provisions*, 2019, pp. 191 - 199.

③ 中国商务部：《对外投资合作国别（地区）指南——葡萄牙（2018 年）》。

④ *Guidance on PPP Contractual Provisions*, 2019, pp. 202 - 203.

来在合作开展 PPP 项目时必须考虑相关风险，特别是针对政局动荡的国家，要降低政府未能按计划实施给企业带来的损失，并在合同中明确约定风险发生的处理方法。

五 结语

本报告通过分析中国与葡语国家 PPP 项目合作现状、风险分担模式及门槛政策，探索中国和葡语国家 PPP 项目合作的最佳路径。中国与葡语国家应利用自身优势，寻求共同的发展机遇，开拓 PPP 项目市场。但同时，中国与葡语国家在开展 PPP 项目合作过程中也面临着挑战：中国与葡语国家 PPP 项目合作风险分担不平衡，对葡语国家 PPP 项目合作门槛政策及法律法规认知有局限。针对以上问题，本报告提出了三大建议，即政府和企业应合理分担风险，政府应完善立法，企业应知晓管辖法律及争端解决途径，以期中国与葡语国家 PPP 项目合作中实现政府与企业利益共享、风险共担，从而改善社会资本参与基础设施建设的投资环境，保障 PPP 模式参与国际基础设施建设项目的顺利进行。

A.5

粤港澳大湾区战略下中国与葡语国家贸易通关效率提升策略分析

丁来涛*

摘　要： 粤港澳大湾区战略的推进，将使中国与葡语国家贸易快速发展的势头更加强劲，同时也对贸易的通关效率提出更高要求。本报告基于中国与葡语国家贸易通关的现状，结合粤港澳大湾区战略中对澳门“中国与葡语国家商贸合作服务平台”的定位，从贸易便利化差异、法律壁垒、AEO 互认和提效降费等方面分析影响通关效率的显著问题。最后，从加强与葡语国家互利合作、发挥澳门与葡语国家联系优势、引导企业诚信经营以享受通关便利和探索提升通关效率的创新模式等方面给出建议，以期对提升中国与葡语国家贸易通关效率，进而促进双方贸易快速健康发展有所裨益。

关键词： 粤港澳大湾区　葡语国家　中葡贸易　通关效率

在世界经济持续放缓和保护主义、单边主义蔓延的背景下，中国与葡语国家的贸易快速发展，贸易额连续三年超过千亿美元。这一方面是由于中国全方位敞开对外开放大门，积极推动共建“一带一路”，不断完善市

* 丁来涛，拱北海关隶属斗门海关副关长。

场化、法治化、便利化的营商环境；另一方面则源于葡语国家日益主动加强与中国的交流合作，高度认同中国的新发展理念和互利合作共赢精神，积极响应“一带一路”建设并将之与各国的发展战略相对接，将与中国的经贸合作作为实现自身发展的重要推动力。澳门是联系中国内地与葡语国家的重要纽带，广东亦是中国与葡语国家开展经贸合作的重要省份，2019年2月，《粤港澳大湾区发展规划纲要》（以下简称《纲要》）将粤澳合作，以及在此基础上对中国与葡语国家的经贸合作上升至国家战略的新高度。“中国与葡语国家商贸合作服务平台”是澳门的定位之一，通过“发挥澳门与葡语国家的联系优势，依托中国与葡语国家商贸合作服务平台……为内地和香港企业与葡语国家之间的贸易投资、产业及区域合作、人文及科技交流等活动提供金融、法律、信息等专业服务，联手开拓葡语国家和其他地区市场”。澳门作为四个中心城市之一，在粤港澳大湾区建设中正发挥着特殊的重要作用，利用澳门与葡语国家的联系优势，对于发展大湾区与葡语国家的商贸合作、拓展葡语国家市场将发挥巨大作用，具有广阔的发展前景。

潜力巨大的中国与葡语国家贸易合作离不开贸易自由化和便利化的支持，为了推动贸易的自由化，《纲要》明确“加快国际贸易单一窗口建设，推进口岸监管部门间信息互换、监管互认、执法互助”，在促进内地与香港、澳门货物和服务往来的便利化方面，强调要“扩展和完善口岸功能，依法推动在粤港澳口岸实施更便利的通关模式……促进交通物流发展”。同时，要“落实内地与香港、澳门 CEPA 服务贸易协议，进一步减少限制条件，不断提升内地与港澳服务贸易自由化水平”。中国与葡语国家贸易的蓬勃发展对贸易的自由化、便利化提出了更高的要求，既需要一般性地简化通关流程、降低通关成本、提高通关效率，又要考虑粤港澳大湾区战略下中国内地、香港、澳门的特殊通关需求。鉴于此，在中国与葡语国家经贸合作的广阔发展前景下，研究依托粤港澳大湾区战略进一步提升贸易通关效率，将有助于促进中国与葡语国家的贸易发展，并对与其他国家或地区的贸易合作具有借鉴意义。

一　中国与葡语国家贸易通关现状

据中国海关总署数据，2019 年中国与葡语国家进出口商品总值 1496.4 亿美元（同比增长 1.55%），其中，中国从葡语国家进口 1055.7 亿美元（同比增长 0.06%），对葡语国家出口 440.7 亿美元（同比增长 5.30%）。中国与葡语国家的商品贸易连续三年超过千亿美元，呈现蓬勃发展的增长势头，双方的贸易还呈现如下特点：葡语国家与中国贸易不平衡，中国从葡语国家进口以初级产品为主，出口至葡语国家以高科技产品为主等。

（一）中国与葡语国家贸易的通关体系

中国与葡语国家的贸易渠道主要包括，一是中国内地与葡语国家直接进出口，二是经香港、澳门转口至中国内地或葡语国家。2018 年，根据国务院机构改革方案，国家质量检验检疫总局的出入境检验检疫管理职责和队伍划入海关，海关和出入境检验检疫管理实现融合，口岸环节原来两个部门的办事窗口实现了“一口对外、一次办理”，口岸通关实现了“一次申报、一次查验、一次放行”，从而使得通关效率更高。

融合后的贸易通关基本过程包括货物运抵、申报、审单、查验、征税、放行、提离或装载等模块，具体流程包括：录入报关单电子数据→电子审单或现场接单→检验检疫及货物查验→征收税款→货物放行。中国海关不断深化改革、优化监管模式，深入推进全国通关一体化，推出通关无纸化、提前申报、先放后检、先放后税、预裁定等监管模式，全面实施进口“两步申报”通关模式，通过逐步推进跨部门一次联合检查等举措，进一步优化通关程序。

（二）中国与葡语国家贸易的通关举措

中国一直将推进通关便利化、优化口岸营商环境作为保障扩大对外开放、促进外贸增长的重要基础工作，中国与巴西、葡萄牙等葡语国家不断加强交流合作，特别是在粤港澳大湾区建设中，积极发挥澳门和广东的区位优势，不断探索优化通关便利化举措。

1.“单一窗口”加快业务办理

中国致力于推广国际贸易“单一窗口”，旨在通过电子口岸平台一点接入，申报人一次性提交格式化单证和电子信息，相关部门共享数据信息，实施职能管理，将处理结果或状态反馈给申报人，极大提高申报效率，缩短通关时间。作为葡语国家中中国最大的贸易伙伴，巴西出口至中国的大豆、铁矿砂等，通过单一窗口可以实现一个平台办理运输工具申报、舱单申报、货物申报、许可证件、出口退税等业务，一次性提交满足口岸管理和国际贸易相关部门要求的标准化单证和电子信息，监管部门共享数据信息、实施职能管理，将处理状态、查验指令等推送给企业、港口、口岸作业场所，企业实时查询货物在港状态，衔接通关和物流操作，从而提高货物通关速度。

2.“两步申报”加快货物提离

根据国际贸易特点和安全便利需要，在保留传统一次申报模式的基础上，企业进口货物可分两步申报，无需一次性提交全部申报信息及单证，第一步凭提单概要申报即可提货，提交满足口岸安全准入监管需要等必要信息进行概要申报，无需检查的货物即可提离，涉税货物需提供有效税款担保；第二步在运输工具申报进境之日起 14 日内，补充满足监管需要的信息及单证，完成完整申报。基本流程为：舱单提前传输—第一步提货申报—准入检查/货物提离—第二步完整申报—办理相关手续—放行/结关。对于巴西等出口中国的牛肉、鸡肉等肉类及其他对于时限要求较高的食品类商品，两步申报模式对于减少在口岸停留的时间提供了更为便捷的通关模式。

3.“关检融合”加快通关查验

中国的海关和检验检疫业务融合（“关检融合”）后，企业将原有的报关报检业务合二为一，口岸通关环节对运输工具的监管、登临检查、货物查验、商品检验、动植物检疫、卫生检疫等业务环节统一由一个部门办理，一次监管、一单放行。关检融合后，海关不断深化“放管服”改革，将原来由海关实施的但同时可以由市场调节的业务，由市场来管。在通关环节，对进口大宗商品的重量鉴定监管方式进行优化，将原来由海关逐批实施的重量鉴定调整为依企业申请实施，出口大宗商品至中国的葡语国家，可以根据合同约定的方式由第三方实施重量鉴定，不需要每批货物均要申请海关实施重量鉴定。

（三）中国内地与葡语国家通过香港、澳门转口贸易

中国与葡语国家的经贸往来日益密切，香港、澳门作为国际贸易枢纽及中国内地市场大门，经港澳特别是澳门的转口贸易是中国与葡语国家的重要贸易通道，《纲要》指出，“推动葡语国家产品经澳门更加便捷进入内地市场”，澳门与内地特别是粤港澳大湾区城市之间的贸易通关流程，在一般通关流程的基础上，也具有更多的自身特色。

2003 年以来，中国内地与澳门签署《内地与澳门关于建立更紧密经贸关系的安排》（CEPA）系列协议，中国内地与澳门全面实现货物贸易的自由化。2019 年 1 月 1 日，内地与澳门《CEPA 货物贸易协议》开始实施，标志着 CEPA 协议的进一步升级，为内地与澳门货物贸易往来提供更全面制度安排，提高了内地与澳门经贸交流与互利合作水平。

早在 2009 年 12 月，中国内地与澳门海关即全面启动陆路口岸查验结果参考互认合作项目，该合作项目一直平稳运作至今。2019 年 10 月在广州举行的 2019 年粤澳海关业务联系会议上，粤澳海关表示将继续紧密合作，不断扩大双方查验结果参考互认范围和启动“内地与澳门海关跨境一锁模式”。[①] 港珠澳大桥为粤港澳三地基础设施联通的代表性工程，其开通极大地密切了三地的往来合作，2018 年 11 月，《海关总署与香港海关、澳门海关开展港珠澳大桥口岸合作互助项目备忘录》签署，促进了珠海与澳门进一步加强口岸通关合作，深化两地卫生检疫“合作查验、一次放行”的通

---

① 丁乐：《粤澳海关推进更紧密合作》，新华网，2019 年 10 月 24 日，http：//www. xinhuanet. com/2019 - 10/24/c_ 1125148946. htm。

关模式，自此将由出境方为入境方进行旅客卫生检疫筛选工作。[①] 位于广东的拱北、广州、黄埔等海关与澳门有着密切的联系，与澳门就食品安全和动植物检疫、卫生检疫合作、要素流动等通关事项加强交流合作，推进海关监管创新，通过深化“信息互换、监管互认、执法互助”，最大限度减少口岸重复查验和监管资源的重复投入，通关程序极大简化。

二　中国与葡语国家的贸易通关效率存在的主要问题

中国不断加快转变政府职能，全面实施“放管服”改革，对标国际先进水平，创新监管方式，优化通关流程，提高通关效率，降低通关成本，在营造稳定、公平、透明、可预期的口岸营商环境方面取得了显著的成效，但由于中国与葡语国家贸易便利化的差异、与澳门的合作受制于法律壁垒、不同关税政策及通关成本降低难度较大等因素影响，在中国与葡语国家贸易通关效率方面仍存在一些亟待解决的问题和进一步提升的空间。

（一）中国与葡语国家跨境贸易便利化程度存在较大差异

世界银行发布的《2020 世界营商环境报告》对 190 个经济体进行计分和排序，中国的营商环境列第 31 名，近三年跃升了 47 位，其中跨境贸易便利化指标排名第 56 位，反映了中国政府在深化“放管服”改革、提升跨境贸易通关效率方面取得的显著成效（见表 1）。葡语国家中，葡萄牙的营商环境较好，跨境贸易便利化指标更是在全球经济体中排名第一，而其他葡语国家营商环境普遍在百名之外，以通关单证、通关时间、通关成本为主要指标的跨境贸易便利化排名也普遍低于平均水平，反映出大部分葡语国家的进出口贸易的通关效率处于低端水平。

---

① 李寒芳、于嘉：《海关总署：支持澳门产业多元发展、融入国家发展大局》，新华网，2019 年 12 月 16 日，http：//www. xinhuanet. com/2019 – 12/16/c_ 1125352593. htm。

表 1　2019 年中国与葡语国家营商环境及跨境贸易便利化排名

国家	营商环境便利度排名	跨境贸易便利化排名
中国	31	56
葡萄牙	39	1
巴西	124	108
安哥拉	177	174
莫桑比克	138	94
几内亚比绍	174	146
佛得角	137	109
圣多美和普林西比	170	124
东帝汶	181	107

资料来源：世界银行：《2020 世界营商环境报告》。

（二）法律壁垒影响了澳门作为中国与葡语国家商贸合作服务平台作用的更大发挥

在中央政府的大力支持下，澳门充分发挥自身语言、文化的独特优势，以中国－葡语国家经贸合作论坛为依托，积极打造中国与葡语国家的商贸合作服务平台。然而，受制于中国内地和澳门“一个国家、两种制度、两个关税区、两种法律体系”的客观现实，进出境货物、运输工具所涉及的法律法规、执法标准、监管重点均有所不同，在贸易便利化安排上虽然做了大量的交流合作工作，但要突破现有法律规定和运行模式，还有待时日，这在一定程度上影响了澳门作为中国与葡语国家商贸合作纽带作用的发挥，对提升中国和葡语国家的贸易通关效率也存在一定的影响。

（三）中国海关进出口通关便利性政策在葡语国家的影响力还有待提升

中国海关推出一系列提升通关效率的举措，与 42 个国家互认“经认证的经营者”（英文简称为 AEO），落实口岸通关便利措施，国际贸易“单一窗口”基本服务功能拓展至 598 个主要业务，申报率达 100%，通过“两步申报”和“两段准入”大幅提升口岸货物的提离效率，进出口货物整体通关时间大幅压缩，进出口环节经营服务性收费明显降低。但中国海关的这一系列改革措施对葡语国家影响力明显不够，以互认 AEO 为例，AEO 是世界海关组织倡导的，为实现贸易安全与便利而引入的管理制度，对于互认的 AEO 企业，各国海关在通关等各环节给予极高的便利措施，目前葡语国家中只有葡萄牙、巴西与中国安排了 AEO 互认，这使得葡语国家企业在国际贸易发展中，明显缺少了增强国际竞争力的重要筹码。

（四）服务企业的提效降费举措仍有提升空间

中国海关和地方政府在压缩整体通关时间方面采取了很多举措，2019 年 12 月，全国进口整体通关时间 36.7 小时（较 2017 年压缩了 62.3%），出口整体通关时间 2.6 小时（较 2017 年压缩了 78.6%），整体通关时间包括海关作业时间以及港口、码头及物流作业的时间，其中海关作业时间占比不足 10%。在通关成本方面，进出口环节收费主要由船公司、港口、码头堆场、船代公司和货代公司等向进出口企业收取，这也是通关成本的主要部分。2019 年，世界银行公布中国进出口边境合规费用和单证合规费用分别超过 200 美元和 70 美元，远高于发达国家所耗费用标准。压缩通关时间和降低通关成本，需要秉承通关便利化的初衷，对于形式上压缩通关时间而企业的获得感不高，以及各种不合理收费的存在，对于通关效率的提升会产生负面影响，在这些方面进一步优化提效降费举措仍有较大的提升空间。

三　提升中国与葡语国家贸易通关效率的策略

（一）加强互利合作，提升中国与葡语国家跨境贸易便利化程度

促进中国与葡语国家贸易的稳定增长，需要在实施更高水平的跨境贸易便利化措施上下功夫，这需要中国与葡语国家加强互利合作，共同努力才能实现。由于葡语国家跨境贸易的整体便利化程度不高，而近几年中国在优化

口岸营商环境、促进跨境贸易便利化方面取得了显著的成绩，有必要建立专门的机制，共同研究提升双边贸易便利化的务实措施。

第一，精简监管单证。加强中国与葡语国家合作，削减并规范进出口环节审批事项，除安全保密需要等特殊情况外，大幅度减少口岸监管单位的各种纸质单证，确有必要，以无纸化方式提供和审核。

第二，改进通关流程。中国海关已全面推广“两步申报”通关模式，第一步概要申报，仅对涉及安全准入、监管证件、检验检疫、缴纳税款等9个项目进行申报，在风险分析、系统比对的基础上，对审核通过的报关单，当货物抵达口岸后即可提离。第二步完整申报，在运输工具申报进境之日起14日内，按照报关单填制规范完成105个项目的申报，办理缴纳税款等通关手续，这一改革将极大提高货物通关效率，中国与葡语国家应就完善双方通关流程加强沟通协作，相互借鉴学习，取长补短，以期取得实际成效。

第三，优化检验检疫。加强中国与葡语国家在检验检疫领域的合作，研究协调相关商品的检疫标准，在口岸环节简化检验检疫手续，将口岸监管的部分内容前推后移至通关前后，引入第三方检验鉴定机构对矿产品等大宗资源性商品实施检测，加强联网共享，对相关的检验检疫证书、原产地证书等实现网上核查。借鉴拱北海关助力澳门葡语国家食品集散中心的做法，探索对食品类生产企业的优化监管模式，在保障检疫风险可控的前提下，尽可能简化和优化相关检疫程序。

第四，降低合规成本。全面清理和规范口岸环节涉及企业的收费，对于没有政策依据或政策依据不充分的收费，坚决予以取消，通过鼓励竞争推动降低报关、货代、船代、物流、仓储、港口服务等环节收费，建立收费目录清单并定期公布，杜绝变相违规收费，同时加大监督管理和查处力度，切实发挥降费成效，降低通关成本。

（二）深化大湾区海关合作，依托澳门重要窗口提升与葡语国家经贸合作效能

澳门兼具“一国”和“两制”的优势，是粤港澳大湾区的4个核心城

市之一，作为中国与葡语国家商贸合作服务平台，对于促进中国与葡语国家之间的经贸往来作用巨大。2019 年 12 月，海关总署与澳门海关确认开展“智慧海关、智能边境、智享联通”合作方案，这是海关助力粤港澳大湾区建设的又一重要抓手，深入研究并认真落实提升澳门与内地之间的通关效率，直接影响着中国与葡语国家的经贸合作效能。

首先，在法律层面坚持相互尊重、合作安排、转化提升的思路，针对中国内地和澳门两种法律体系的现状，在坚持运用法治思维和法治方式推进合作的前提下，针对涉及进出口贸易通关的法律事项，通过探讨协商等方式，形成具体针对通关事宜的合作安排，寻找符合双方法律的合作优化空间，在创新实践的基础上逐步探讨完善修订相关法律。

其次，在监管层面坚持协调规则、结果互认、监管互助的原则，针对两个关税区存在的监管标准、规则不同的现状，开展对比研究，对于共性的、能统一的则制定双方共用的标准；对于存在差异的，则在各自规则下做好监管和协调。对于监管、检验、检疫等监管结果，在双方共需的层面努力实现结果互认，对于侧重点不同的监管内容，通过互助的方式实现通关手续的简化和效率的提升。

最后，在信息层面坚持数据共享、信息共用、搭建平台的思路，对于双方技术标准、数据格式可共享的通关数据，加强双方协商和论证，通过专项研究等方式实现数据共享。对于各自监管部门的监管查验信息、风险数据、情报等监管执法信息，建立直通系统实现信息共用。在数据共享的基础上，可以对葡语国家的进出口相关数据、监管信息建立统一的平台，挖掘数据所揭示的有用信息，从而在资源充分共享中促进通关效率的提升，进而促进贸易的增长。

（三）加强政策宣传，引导企业诚信经营以享受更便捷的通关便利

2019 年 10 月，中国海关和巴西海关正式签署 AEO 互认安排，双方互认企业的货物在两国通关时可以享受更加便利化的待遇，从而有效地降低企业在港口、保险、物流等环节的贸易成本。为促进国际供应链安全和便利，

世界海关组织倡导并大力推行 AEO 制度，旨在通过海关对守法程度、信用状况和安全水平高的企业进行认证，获得认证的企业可以获得更大的通关便利，从而在确保贸易安全的前提下显著提升贸易通关效率。

中国海关以共建“一带一路”国家及主要贸易国家为重点，与 42 个国家和地区签署了 AEO 互认安排，其中包括葡萄牙和巴西。然而来自亚非的 6 个葡语国家尚未与中国签署 AEO 互认安排，这需要推进与葡语国家的 AEO 互认磋商，使更多的葡语国家参与其中。AEO 互认为中国开展葡语国家贸易的企业带来了契机，海关则可以通过多渠道加强宣传和扩大社会影响，选准诚信守法的培育对象，帮助企业健全内部管理制度，完善贸易安全控制，支持指导更多的企业通过认证。同时，海关应当切实落实简化通关手续、降低查验率，保障认证企业优先通关，通过协调员一对一协调服务等便利措施，真正落实守法便利，实现“无事不扰”，切实提升诚信守法企业的进出口通关效率。

（四）量体裁衣，探索提升中国与葡语国家贸易通关效率的创新模式

海关总署与澳门海关签署了共同落实粤港澳大湾区建设合作安排，成立粤港澳大湾区口岸通关调研小组，建立大湾区通关对接合作机制。在此框架下，地方和海关已经积极探索并推进落实相关工作，如广州通过加强与港澳的跨境电商合作，开通了澳门至南沙的跨境电商专线（粤澳跨境电商直通车），实现澳门跨境电商货物在南沙一体清关，创新建立了进口港澳食品检验互认、标准互认和证书互认机制，对原产地为港澳地区的五大类上千种食品实行“预报预检”“即查即放”等检验检疫优惠措施。拱北海关助力澳门打造葡语国家食品中心，简化通关监管流程，针对肉类、大米和水产品等，放开其来自境外注册生产企业的限制，主动对接澳门中葡交流窗口，聚焦葡语国家食品安全体系，开展巴西、葡萄牙输华肉类企业注册评审，加强对巴西花生、莫桑比克木豆产品风险分析，推动更多优质安全的葡语国家食品进入中国市场。

建设葡语国家食品集散中心是澳门“一平台”建设的重要组成，横琴未来的发展也将为澳门发展跨境电商提供空间和支撑，葡语国家产品经澳门和横琴将更多地进入中国内地市场。这些美好的前景需要贸易通关的配合实现，这要求通关的效率进一步提升，并根据实际情况创新通关模式。对经澳门进口葡语国家食品、跨境电商等新兴业态、进境暂存中转、落实 CEPA 货物贸易协议、查验结果参考互认、促进粤澳两地要素高效便捷流动等具体事项，需要在坚持新发展理念的前提下，创新通关监管模式，研究提升通关效率的具体举措和监管模式。

四　结语

在国际经贸领域摩擦加剧，“逆全球化”思潮涌动，贸易保护主义抬头，世界经济格局深度调整的背景下，中国与葡语国家的贸易呈现良好的发展势头，还因为对“中国内地—澳门—葡萄牙—欧盟，中国内地—澳门—巴西—拉丁美洲，中国内地—澳门—莫桑比克及安哥拉—非洲”三条路径的拓展延伸而更具深远意义。2020 年新冠肺炎全球大流行导致国际供应链中断，对贸易产生了较大的冲击，中国与葡语国家的贸易发展也受到影响，提升贸易通关效率显得尤为重要，进一步研究贸易便利化监管模式，推出务实有效的举措，对提升中国与葡语国家贸易通关效率，有着重要的现实意义和深远的战略意义。

中国海关肩负着服从和服务于国家对外开放大局的责任，在优化监管、强化服务、提升通关效率、推动高水平的贸易和投资自由化方面发挥着重要作用。展望未来，中国海关应进一步加强与葡语国家海关的协调合作，加强企业资信互认，研究优化口岸营商环境、维护供应链安全稳定的举措。以实施“两步申报”改革为契机，进一步提升贸易便利化监管模式，精简通关单证，降低合规成本，优化监管方式，缩减申报准备和整体通关时间。在粤港澳大湾区国家战略框架下，强化粤澳海关合作，加强制度规则的衔接，推进口岸监管部门间信息互换、监管互认、执法互助，从而减少口岸重复查验和监管资源重复投入。针对不同贸易方式和企业具体需求，创新个性化快速通关模式，通过一系列务实有效的举措，切实提升中国与葡语国家的贸易通关效率，从而为中国与葡语国家经贸的进一步发展提供通关保障，进而使得葡语国家和澳门地区成为“一带一路”和粤港澳大湾区建设的参与者、共建者和受益者。

A.6

回归二十年来澳门作为中国与葡语国家商贸合作服务平台的建设分析

叶桂平　申丽霞*

摘　要： 澳门回归二十年以来，发展定位不断明确，平台作用日益凸显，在中央的带领下，澳门积极参与国家建设，为中国和葡语国家的合作与发展发挥重要作用。澳门的平台建设既是中央的重要决定又是澳门自身发展的必然选择，在其建设发展过程中既有重要成就也存在一定问题，因此本报告以澳门回归二十年为契机，梳理出澳门作为中国与葡语国家商贸合作服务平台的主要成就和存在的问题，从而提出澳门平台助力中国与葡语国家可持续发展的若干意见。

关键词： 葡语国家　商贸合作　澳门平台

回望澳门回归祖国20年历程，在“一国两制”、“澳人治澳”、高度自治的方针政策指导下，在中央政府的大力支持和特区政府与社会各界的共同努力下，澳门社会稳定、经济快速发展，尤其是在中国与葡语国家关系发展中做出了卓越贡献。自2003年中国—葡语国家经贸合作论坛（澳门）（以

* 叶桂平，澳门城市大学协理副校长，葡语国家研究院院长、教授，澳门国际法及国际关系学会理事长，中国拉美学会理事，澳门亚太拉美交流促进会常务理事，主要研究方向为中国与葡语国家关系问题；申丽霞，澳门城市大学葡语国家研究院博士研究生，主要研究方向为中国与葡语国家关系问题。

下简称“中葡论坛”）成立至今成果丰硕，现已成功举办五届部长级会议，中国与葡语国家合作发展已从经济领域拓展到文化领域，合作业务已涵盖产能、人文、海洋等多个方面，同时中葡合作发展基金（以下简称“中葡基金”）① 为中国和葡语国家企业投融资等需求提供资金支持，澳门特区政府从多方面积极助力“一带一路”建设和发展。

国家明确澳门多方面定位以来，澳门平台角色愈加突出，为中国与葡语国家在高层互访及贸易、文化、教育等领域互访与合作奠定了有力基础。澳门回归二十年来，在中国与葡语国家之间发挥着积极的促进作用，未来发展也将继续为中国与葡语国家友好关系做出更多努力。

一　澳门作为中国与葡语国家商贸合作服务平台角色凸显

（一）高层互访不断增多，政治互信持续加深

澳门回归祖国二十年来，作为中国与葡语国家长期友好合作的重要平台，发挥着独特的纽带作用。随着中国与葡语国家关系的不断深化，双边高层领导互访不断增多。

中国与非洲葡语国家联系深厚、高层互访频繁。中国和安哥拉于 1983 年 1 月 12 日建交，2018 年安哥拉外交部部长参加中非合作论坛北京峰会，签署《关于构建更加紧密的中非命运共同体的北京宣言》，并通过《中非合作论坛——北京行动计划（2019—2021 年）》肯定了中非的合作理念，推动着中国与安哥拉关系稳步向前。中国和莫桑比克建交以来有许多互访经历，双方积极参与中非合作论坛以及“一带一路”国际高峰合作论坛。1998 年 4 月 23 日，中国同几内亚比绍复交，并加强交流与合作。几内亚比绍总统到中国参加 2018 年中非合作论坛北京峰会，拓展多领域合作，两国关系持

① 中葡合作发展基金是 2010 年中国政府在“中国—葡语国家经贸合作论坛第三届部长级会议”上宣布的合作举措之一。自 2013 年 6 月正式设立后，旨在促进中国企业和葡语国家企业间的金融、投资和经贸合作。

续升温。中国和佛得角于1976年4月25日建交，中国向佛得角提供大量援助，两国关系友好发展。佛得角文化和创意产业部部长阿布拉昂·维森特（Abraão Vicente）参加第二届“一带一路”国际合作高峰论坛，中国和佛得角双方积极落实《中非合作论坛——北京行动计划（2019—2021年）》文化和旅游领域各项措施，并希望签署《中佛文化合作协定2019至2022年执行计划》。2016年12月26日，中国同圣多美和普林西比复交。2017年3月，中方代表和圣多美和普林西比代表协商一致，优先加强在农业、渔业和旅游业方面的合作，同时加强人力资源开发、安全能力建设和基础设施建设的合作；2018年该国总理帕特里斯·特罗瓦达（Patrice Trovoada）出席中非论坛北京峰会。由此可见，中国与非洲葡语国家合作领域更加广泛、高层往来更加频繁、政治关系更加稳定。

中国和其他葡语国家关系发展良好，政治往来密切。1979年，中国和葡萄牙正式建交，2005年，两国建立全面战略伙伴关系，双方注重在政治、经济、科技和文化等多领域的合作，加强高层互访，推动中国与葡萄牙的关系发展。1974年，中国和巴西建交，1993年，两国建立战略伙伴关系，2012年，两国提升为全面战略伙伴关系。中国和巴西在多个国际组织和多边合作机制中进行合作，如世界贸易组织（WTO）、联合国（UN）、金砖国家和二十国集团（G20）等。中国和东帝汶于2002年5月20日建交，近年来双方交往不断增多。2017年5月，东帝汶“国父”、时任规划与战略投资部部长凯·腊拉·夏纳纳·古斯芒（Kay Rala Xanana Gusmão）率团到北京出席“一带一路”国际合作高峰论坛，并于2019年4月再次率团到北京出席第二届“一带一路”国际合作高峰论坛。① 由此可见，中国和其他葡语国家合作信任不断提升、双边关系持续升温。

中国和葡语国家的双边互访增多，政治信任提升。在中国与葡语国家政治互信不断增强的过程中，促进了经济、文化、贸易、科技、海洋、航空、

① 《中国同东帝汶的关系》，外交部网站，2019年7月，https：//www. fmprc. gov. cn/web/gjhdq_ 676201/gj_ 676203/yz_ 676205/1206_ 676428/sbgx_ 676432/。

教育等领域的合作，也将双边全面战略伙伴关系推进到新发展阶段，为中国与葡语国家合作揭开了新的篇章。此外，高层互访的增多为中国与葡语国家共同参与“一带一路”建设提供更多合作契机，与世界互联互通带来更多发展机遇。

（二）澳门平台搭建桥梁，双边贸易良好发展

在平台建设方面，国家不断明确澳门的平台定位，鼓励澳门发挥好桥梁的作用，促进中国和葡语国家的贸易发展。国家“十二五”和“十三五”规划明确支持澳门建设中国与葡语国家商贸合作服务平台，澳门经过多方面的努力积极推进平台建设并不断提升平台作用。2017 年葡语国家产品及服务展（澳门）（PLPEX）首次独立成展以来，每年吸引来自八个葡语国家、中国内地和港澳地区的采购商、企业及专业人士聚首澳门磋商贸易。2019 年 PLPEX 展会吸引近 200 家来自中国内地及葡语国家的机构与企业参展，通过展会的产品及服务展示、商业配对、专题研讨会、中小企服务专区以及文化展示等系列活动，协助与会企业拓展商机、达成交易。PLPEX 的快速成长，已然成为澳门作为中国和葡语国家平台的重要发展途径，不断推动“中国与葡语国家商贸合作服务平台”及“三个中心”的建设。在第二届中国国际进口博览会上，澳门特区政府以“澳门荟”为主题在中国馆内设置澳门展区，借着全球首个以进口为主题的大型国家级展会之机，向外界介绍澳门的最新发展。2019 年是新中国成立 70 周年也是澳门回归 20 周年，展览特设“融入国家发展”及“回归二十周年”等多个专题，展示澳门中西荟萃的城市特色，突显澳门长期作为祖国门户，致力连通世界的平台作用。

中葡论坛自 2003 年成立至今，在促进中国和葡语国家经贸合作方面发挥着重要作用，截至目前，双边贸易呈良好态势发展。2002 年，中国与葡语国家进出口贸易总额为 60.56 亿美元，而后呈持续增长态势发展，由于 2009 年全球爆发金融危机，受其影响中国和葡语国家的双边贸易额下降，

随后快速恢复，到 2014 年之间均为快速增长[①]，2015 ~ 2016 年由于受政治、经济、外交、国际关系等不同因素影响，中国与葡语国家贸易有所降低，但在 2017 年得到极大增长，截至目前，双边贸易均呈上升趋势。

从表 1 数据可以看出，2019 年中国进出口呈现持续增长。中国与葡语国家进出口商品总额为 1506.92 亿美元，同比增长 2.3%，在贸易总额中，中国从葡语国家进口额和出口额分别为 1065.19 亿美元和 441.73 亿美元，同比增长 1.0% 和 5.6%。[②]

数据显示，与八个葡语国家贸易往来中，中国和巴西、安哥拉贸易额较大，其中中国与巴西的进出口总额最大约为 1153.42 亿美元，中国与安哥拉的贸易额约为 257.10 亿美元。中国与东帝汶、圣多美和普林西比双边贸易增长速度最快，其中中国和东帝汶进出口贸易总额约为 1.68 亿美元，同比增长 23.7%，中国与圣多美和普林西比进出口贸易总额约为 0.09 亿美元，同比增长 22.3%，由此不难发现，中国同这两个国家的合作潜力较大。此外，通过表 1 还可以看出，中国与安哥拉、佛得角的贸易进口和贸易出口总额均有所下降，分别同比下降 8.4% 和 18.3%，除此之外均呈增长趋势。因此，中国与葡语国家双边贸易合作前景良好。

（三）文艺活动丰富多彩，文化相互交融

在“一带一路”倡议发展过程中，中国文化走入葡语国家，葡语国家文化进入中国“市场”，中国与葡语国家文化交流与合作得到深入发展。葡语国家开展多种形式的中国文化活动，例如，葡萄牙里斯本举行了“葡萄牙 2018 中国电影周”，《中国合伙人》《湄公河行动》《狼图腾》《我们诞生在中国》《百鸟朝凤》等多部影片在电影周播放，通过影片的形式将中国

---

① 《中国同东帝汶的关系》，外交部网站，2019 年 7 月，https：//www.fmprc.gov.cn/web/gjhdq_676201/gj_676203/yz_676205/1206_676428/sbgx_676432/。

② 《2019 年 12 月进出口商品国别（地区）总值表（人民币）》，中国海关总署网站，2020 年 1 月 23 日，http：//www.customs.gov.cn/customs/302249/302274/302277/302276/2851260/index.html。

表 1　2019 年 1～12 月中国与葡语国家进出口商品总值

单位：万美元，%

序号	国家	2019 年 1～12 月						2018 年 1～12 月
		进出口额	出口额	进口额	同比（%）			进出口额
					进出口	出口	进口	
1	安哥拉	2571012.7	205587.1	2365425.6	-8.4	-8.8	-8.4	2775523.5
2	巴西	11534169.8	3554389.9	7979779.9	3.7	5.6	2.9	11080797.3
3	佛得角	6420.9	6418.1	2.9	-18.3	-18.0	-90.1	7823.5
4	几内亚比绍	4034.1	3193.9	840.2	7.7	7.1	10.0	3745.2
5	莫桑比克	266973.4	195769.6	71203.7	7.0	5.2	12.4	251603.0
6	葡萄牙	668981.1	436751.1	232230.0	11.5	16.5	3.3	601606.8
7	圣多美和普林西比	893.4	892.1	1.4	22.3	23.0	-72.1	729.9
8	东帝汶	16751.0	14294.6	2456.4	23.7	8.0	714.9	13595.1
	合计	15069236.5	4417296.4	10651940.1	2.3	5.6	1.0	14735424.2

资料来源：中国海关总署。

文化带入葡萄牙社会生活中，生动形象地传递中国文化色彩；2018 年 4 月 26 日，里斯本大学文学院举行了一场精彩的展览活动，现场将“一带一路”倡议的理念、意义和成果以图片形式展示给同学们，让大家深刻感受“一带一路”的发展和意义；此外，中国艺术团将舞龙、舞狮、武术、太极和民族乐器表演等带到巴西，以巡演形式让当地居民感受中国多姿多彩的传统文化。葡语国家文化也以多种形式进入中国，例如极具代表性的巴西影视作品《上帝之城》《第二个妈妈》《狗言狗语》《尼斯：疯狂的心》在“成都·金砖电影节”播放，以电影体验的形式让中国人民了解巴西的文化艺术和社会发展；2019 年 10 月 12 ~ 18 日，葡语国家美食推介活动在澳门渔人码头烤与鲜餐厅盛大举行，活动期间由来自安哥拉、巴西、圣多美和普林西比、东帝汶和中国澳门的 5 位著名厨师，为游客提供葡语国家和澳门的特色美食，在中国和葡语国家特色的文化艺术环境下，让人们更深刻感受美食与文化相结合的无限魅力。中国和葡语国家人民以文化为纽带，通过多种形式的沟通与了解，彼此感情不断加深。

澳门和葡语国家拥有悠久的历史联系，澳门注重与葡语国家之间的文化交流，助力中国和葡语国家的文化发展，积极推进民心相通、铺就文明之路。2018 年澳门文化局举办的演艺节庆活动多达 700 多个，文博展览以及相关活动达 2000 多项，总参加人次达 900 多万，活动形式更是多种多样，例如举办活动有澳门艺术节、HUSH!! 沙滩音乐会、相约澳门、中葡文化艺术节、城市节庆以及澳门国际幻彩大巡游等大型活动，提升了居民对文化艺术的认知。截至 2019 年，澳门文化局已成功举办三十三届澳门国际音乐节、十一届中国—葡语国家文化周、十五届葡韵嘉年华、八届澳门国际幻彩大巡游、两届相约澳门—中葡文化艺术节、两届中国与葡语国家艺术年展、首届艺文汇澳等一系列文化活动，以电影展、音乐会、艺术展、歌舞表演等形式，呈现中国与葡语国家文化的独特魅力。

通过丰富多彩的艺术活动，在中国内地和澳门、葡语国家举办多种文艺表演，以多渠道、多形式、多活动、多参与等方式丰富人们的文化知识，展现各具特色的地域文化和多姿多彩的人文风情，让人们充分了解中国与葡语国家文化的差异性、多样性和交融性。

（四）教育合作更加广泛，中葡双语人才持续增多

国之交在于民相亲，民相亲在于心相通，国际教育交流与合作作为民心相通的关键基础，也是中国与葡语国家民心相通的关键因素。2005 年 12 月 9 日葡萄牙成立米尼奥大学孔子学院，是中国在葡语国家成立的第一所孔子学院。截至 2019 年 12 月，孔子学院在葡语国家的布点数量共 20 所。[①] 孔子学院由中外合作共同建立，是一家非营利性教育机构，通过在葡语国家设立孔子学院可以满足葡语国家人民对于汉语学习的需要、增进对中国汉语文化的了解，更重要的是培养了中国和葡语国家在语言方面的专业人才，也加强了中国和葡语国家在教育领域的合作与发展。

中国和葡语国家高校交流日益加强，教育领域合作基础不断牢固。巴西高校联盟（ABMES）总裁率 17 所巴西院校及教育机构代表到访澳门城市大学，深入探讨科研学术建设等问题，并签署合作备忘录，为推动全球师资、学生、科研的发展而努力。佛得角共和国教育部、家庭与社会融合部部长率代表团到访澳门城市大学，共同探讨两地高等教育发展，寻找合作机遇，期待在联合学位课程、项目研发、学生交流及体验学习方面建立健全的合作关系，并开展深入的学术合作。澳门城市大学与葡萄牙埃武拉大学共同推出中葡语言智慧翻译研究项目，共同构建长期研发平台。澳门城市大学已与两所葡萄牙大学开展了暑期学生交流，并将与葡萄牙埃武拉大学首推景观设计暑期研修班。高校间合作加强，推动中国与葡语国家的学术和科技交流、合作与联动，为“一带一路”建设培养亟需人才。

此外，中国与葡语国家以多元内容、多种形式进行教育合作。截至目前，中国内地共有超过 40 所大学设立葡萄牙语课程，另有中国与葡语国家互派学

① 孔子学院总部/国家汉办网站，http：//www.hanban.org/confuciousinstitutes/node_ 10961.htm。

生交换学习、教师互访或短期学习、学术交流、学历互认、智库建设等不断丰富与拓展的教育合作范围与形式，充分发挥中国与葡语国家各自优势，提升教育国际化水平，持续培养更多的优质人才。因此，通过中国与葡语国家教育的合作，在中国与葡语国家相互了解、增进彼此友谊的基础上，着重共同培养中葡双语专业人才，以便更好地服务于中国和葡语国家多边贸易。

二 中国与葡语国家商贸合作服务平台建设中存在的问题

（一）中葡合作基金门槛高，澳门中小企业参与度低

2013 年 6 月，中葡基金正式成立，总规模 10 亿美元，是中国与葡语国家深化经贸合作的重要平台。中葡基金已对 36 个非洲国家 88 个项目决策投资超过 40 亿美元，带动中国企业对非洲国家投资约 170 亿美元，为当地创造更多就业机会。① 中葡基金有多个成功合作案例，例如，南非家电产业园项目，投资合作伙伴为海信集团，该项目年产能为 56 万台电视和 45 万台冰箱，助力提升当地制造业水平，可为当地创造 500 个直接就业岗位和 2000 个间接就业岗位；加纳深能安所固电厂项目，投资合作伙伴为深圳能源，该项目总装机容量为 56 万千瓦，可提供加纳全国发电量的 20% 以上，对缓解加纳西非电力供应紧张的局面起着至关重要的作用，已成为西非地区“样板工程”。

中葡基金发展至今虽已取得了一定的成就，但依然存在一些问题限制其进一步发展。中葡基金主要有三种合作模式，第一，由中葡基金、成员国企业共同出资组建合资公司对成员国企业或项目进行投资；第二，中葡基金直接投资入股成员国企业或项目；第三，中葡基金与国际金融机构联合投资成员国企业或项目。在合作模式方面，投资标的比较大，投资门槛偏高，合作

① 《中葡合作发展基金介绍》，中国—葡语国家经贸合作论坛（澳门）常设秘书处网站，http：//www. forumchinaplp. org. mo/development – fund/？ lang = tw。

模式受限制，不利于澳门中小企业的参与；在投资手续方面，审批流程复杂、烦琐；在自主决策方面，澳门的中葡基金权力受限制，自主协调能力有待提高。

（二）澳门经济结构较单一，金融贸易法律制度滞后

在“一国两制”、“澳人治澳”、高度自治的方针政策指导下，澳门充分发挥中葡平台优势，积极参与“一带一路”建设、促进澳门经济适度多元发展。“一国两制”优势使得澳门拥有独立关税区，实行简单及低税率的税制，没有外汇管制，资金进出自由，以澳门作为中国与葡语国家之间的贸易平台，可以为中国内地企业提供“一站式”服务，协助内地企业到澳门开设公司，开拓葡语国家市场。与此同时，澳门拥有一套自己的金融、财政体系和其他一系列的货币、外汇、自由贸易等优惠政策，投资营商手续简便，并且与全球 100 多个国家和地区保持贸易往来，了解国际商业运作惯例和准则，以澳门作为媒介，可以促进中国与国际接轨，推动中国国际化的进程。虽然澳门拥有众多发展经济的优势，但依然存在产业结构单一、博彩一业独大的现象，严重影响澳门经济多元化的发展。

此外，澳门是个高度国际化的微型经济体，金融安全极易受各种国际因素影响，金融贸易法律制度存在滞后现象。澳门金融安全问题主要体现在两个方面，第一，在国际影响因素方面，澳门容易受到国外金融风险冲击；国际因素通过影响博彩业而影响澳门金融安全；澳门经济对外依存度高，容易产生输入性通胀，影响金融稳定。第二，在金融法律制度方面，法律体系不完善，金融安全监管法例陈旧、体系不健全、缺乏及时性和针对性；金融安全监管机构单一，不能有效应对繁重的金融安全监管工作；金融安全监管工作缺少对金融衍生产品等新兴金融风险的有效应对，金融安全监管政策透明度不高等均不容忽视。

（三）澳门陆地面积有限，湾区合作模式待创新

澳门地理位置优越，但陆地面积有限。澳门位于中国东南部沿海，地处

经济蓬勃的珠江三角洲，毗邻香港、珠海，是粤港澳大湾区西岸的交通枢纽，是“一带一路”的重要节点。澳门拥有较为完善的海、陆、空交通网络，为珠三角地区丰富的人流、物流、资金流提供便利条件，通过澳门“中转站”功能，支持福建建设21世纪海上丝绸之路核心区，引领珠江西岸发展，深化粤港澳地区的合作，实现真正的互联与互通。但是，即便澳门拥有如此优越的位置，较小的陆地面积，以及庞大的人口基数，极大地限制了澳门的发展潜力。

粤港澳大湾区是国家发展蓝图中的重大战略部署、是先进制造业和现代服务业有机融合最重要的示范区、是从区域经济合作上升到全方位对外开放的国家战略、是粤港澳城市群未来发展的新机遇和新使命。在粤港澳大湾区发展中，各城市定位清晰，香港是国际金融航运枢纽中心、澳门是“一平台、一中心、一基地”建设中心、深圳是高科技与金融孵化中心、广州是制造业和教育业的发展中心，各城市拥有自身特色，应扬长避短协同发展。中国内地城市借助香港、澳门国际化背景拓展海外市场，澳门也应借助内地丰富的土地资源，以“飞地”模式丰富多元经济。

（四）经济多元发展在路上，人才资源不足问题突出

澳门经济多元发展凸显人才的重要性。澳门在中国与葡语国家发展中担任重要“桥梁”作用，在粤港澳大湾区发展中拥有“一中心、一平台”及中华文化为主流、多元文化共存的交流合作基地的定位，并且澳门将推动经济适度多元发展作为长期发展目标，积极推动旅游、会展、特色金融、中医药、文创等多领域的产业发展。澳门发展多元经济也取得一定成效，博彩业增加值的占比稳步下调，非博彩业收益不断上升，金融业、不动产和工厂服务业、饮食业等均增长30%以上，特别是金融业，增幅达65%①；另外，新兴产业增加值总额也持续走高。在多产业发展的同时，各行业的发展需要

① 沈而忧：《经济适度多元、澳门初见成效》，中评网，2019年10月26日，http://bj.crntt.com/doc/1055/8/0/9/105580920_2.html?coluid=93&kindid=20031&docid=105580920&mdate=1025190141。

人才的支撑，因此，人才资源不足问题变得尤为突出。

粤港澳大湾区的建设对澳门人才流动来讲，既是机遇也是挑战。大湾区的互联互通便于人才的流动与发展，但澳门保守的人才引进政策势必出现“多出少进”“人才空心化”的危机，严重影响澳门未来的发展。此外，在培养本地人才方面需要很长时间来培训与学习，难以短期内解决澳门人才紧缺问题；从海外留学回流情况来看，成功案例并不多，暂时未能发挥作用。因此，单纯依靠培养本地人才，无法满足各行业高速发展的需要；保守的人才引进政策也将成为澳门发展的严峻考验。

三　澳门平台助力中国与葡语国家发展新方向

（一）提升中葡基金影响力，调动中小企业积极性

中葡基金是建设中葡金融服务平台的重要内容，在其发展过程中需要发挥实际作用，起到领头作用。中葡基金在中国与葡语国家关系发展中起到至关重要的作用，需加大宣传力度，提升中葡基金投融资平台的影响力，将上门服务推广到各企业中去；澳门特区政府可向中央政府申请扩大中葡基金权力，提升自主协调能力；简化审批流程，方便发挥带头作用；创新与中小企业的合作模式，实现澳门中小企业真正参与到中葡基金较大项目中；建议特区政府与粤港澳大湾区建立产业园，降低准入门槛实现自主招商，掌握主动权；鼓励内地、澳门与葡语国家企业在澳门合办企业，发挥三地企业互补优势，借助中葡基金的发展机遇拓展合作。总体而言，通过更好的专业服务、降低准入门槛、创新合作模式等方式，提高中小企业的参与度，调动企业的积极性。

（二）完善金融配套设施，建立特色证券市场

针对澳门金融市场的不安全因素，要积极完善软硬件配套设施。保持当前的联系汇率制度，保持自身经济和金融业健康发展，加强金融监管国际化

合作和区域合作，谨防国际金融风险的冲击；建立和加强金融安全宏观审慎管理体系，完善相应法律法规，提高金融行业的安全性；提高实体经济的稳定性；提高居民尤其是金融行业风险意识；处理好金融发展与金融创新的关系；提高技术水平，有效监管和防范金融风险，尤其是在当前网络技术迅速发展的情况下，提高软硬件技术水平对于防范金融风险、保障金融安全格外重要；培养和引进金融人才。此外，积极建立特色证券市场，发展澳门多元经济，发挥湾区各个城市的金融优势，实现在岸和离岸金融市场的有效对接。

（三）优化人才引进政策，协助澳门多元发展

为发展澳门多元经济，需不断完善人才引进政策。建议澳门特区政府从三方面进行优化与改进，第一，澳门特区政府向社会做好政策倡导工作，明确澳门发展方向、人才短缺问题，并指出精准的人才引进对澳门社会发展起到巨大的拉动作用。第二，建立公开透明的人才评价机制和引进人才公开透明的计分制度，根据申请人的实际情况与多元产业相结合的相匹配程度进行筛选，由独立委员会向实权机构建议每年人才引进配额，审定人才引进个案，并公开让社会掌握状况。第三，完善人才引进配套政策，吸引高端人才到澳门就业，并解决澳门所需人才可享福利和家属安置问题。通过完善人才引进政策，吸收优质血液，推动澳门社会、经济等多方面的发展。

（四）加大宣传澳门平台作用的力度，推进“走出去、引进来”

借助澳门优越的地理位置，加大平台宣传力度，加强与葡语国家贸易往来，协助企业实现“走出去、引进来”。澳门的国际化程度高，与葡语国家之间的关系密切，在助力国家多边贸易交往方面，澳门以中葡平台为切入点打造以下三条经贸合作路径：借助澳门平台优势，协助中国内地进入欧盟市场，实现中国内地—澳门—葡萄牙—欧盟贸易圈；借助澳门平台优势，协助中国内地进入拉丁美洲市场，实现中国内地—澳门—巴西—拉丁美洲贸易圈；借助澳门平台优势，通过加大宣传力度，协助中国内地进入非洲市场，

实现中国内地—澳门—莫桑比克及安哥拉—非洲贸易圈。澳门特区政府通过打造三条对外经贸合作路径，积极协助粤港澳大湾区将双向合作网络拓展至欧盟、拉美和非洲国家，促进中国与葡语国家的经贸往来，真正实现“走出去、引进来”。

（五）把握发展机遇，参与“一带一路”建设

澳门应紧抓“一带一路”发展契机，发挥桥梁与纽带作用，积极寻找中国与葡语国家合作新模式，为中国与葡语国家关系发展注入新动力。首先，发挥澳门资金充裕优势，积极参与亚投行和丝路基金项目，从而加强与共建“一带一路”国家在基础建设、产能合作等方面的联系，同时为澳门国际金融业务积累经验，开拓澳门金融专业人才视野、提高专业水准，提升澳门金融业务的服务能力。其次，发挥澳门与葡语国家之间悠久历史、文化联系的优势，吸引中国内地企业资金在澳门成立投资基金，便于对葡语国家矿产、能源的收购和投资，也有利于澳门扩大内地市场。此外，了解“一带一路”发展需求，跟随“一带一路”发展方向，利用 CEPA 优势，为中国内地对外发展提供便利，并积极配合与参与内地的改革方案，提升澳门的服务能力。最后，抓住共建“一带一路”国家活跃的经济圈，将欧洲国家的高端技术和中国的强大制造能力通过澳门的“中间商”进行有效连接，实现互利共赢，共同开拓更大、更广的合作空间。

四　结语

过去二十年，澳门特区政府重点将中国与葡语国家平台建设与国家重大战略有机对接，通过加强顶层设计、善用各方资源、落实具体举措，致力于推动平台建设取得新进展。通过澳门特区政府不懈努力，中国与葡语国家高层互访不断增多、贸易持续增长、文化相互交融、教育深入合作，为中国与葡语国家的合作发展发挥着积极作用，同时发现在发展过程中存在中葡基金门槛高、金融贸易法律制度滞后、湾区合作待创新、人才资源极度紧缺等

问题。

在此背景下，中国与葡语国家商贸合作服务平台的建设将会不断完善功能、提升建设能力，以加大平台宣传力度、完善金融配套设施、优化人才引进政策等为基础，积极把握国家发展战略新机遇迈向平台发展新阶段，发挥更多新作用。我们坚信在中央政府支持、澳门特区政府努力以及民众配合下，秉承“共商合作、共建平台、共享发展”理念，中国与葡语国家一定能和衷共济、携手合作，共同助力“一带一路”长期发展。

社会文化篇

Cultures Reports

"一带一路"倡议下中国内地与葡语国家高等教育合作研究

尚雪娇　陈一慧*

摘　要： 在共建中国与葡语国家共同体，主动对外开放、多边开放、全方位开放的政策支持下，国家对葡语人才的需求进一步增大。与此同时，在经济全球化的浪潮下，葡萄牙语教育国际化的理念已逐渐形成。在此背景下，为了进一步扩大葡萄牙语教育开放，加强葡语教育及人才培养领域的国际交流与合作，本报告通过对中国内地开设葡萄牙语课程的高校进行问卷调查，了解中国内地与葡语国家高等教育合作现状，探知国家战略框架下我国葡语教育国际合作与交流的局限性及问

* 尚雪娇，广东外语外贸大学西方语言文化学院葡萄牙语系系主任，葡语国家研究所执行所长，澳门大学博士研究生；陈一慧，广东外语外贸大学西方语言文化学院葡萄牙语系教师。

题，并对存在问题进行分析，从而为中国与葡语国家未来的教育合作提出可行性建议，促进双边教育国际化的进一步发展，实现国际化创新型葡语人才的培养目标，更好地满足国家经济、文化、外交等发展需求。

关键词： 葡萄牙语　高等教育　人才培养　国际合作

"一带一路"倡议提出要积极共建全球互联互通伙伴关系，强调以"五通"（即：政策沟通、设施联通、贸易畅通、资金融通、民心相通）合作为关键支撑，打造一个更加开放的全球合作平台。"一带一路"倡议提出至今，得到国际社会的积极响应，目前全球已有144个国家同中国签订共建"一带一路"合作文件，其中包括葡萄牙、安哥拉、莫桑比克、佛得角、东帝汶等葡语国家。[①] 在"一带一路"倡议的持续推动下，中国与葡语国家往来日益密切，合作领域不断扩大。2019年，中国以共建全球互联互通伙伴关系为目标，与葡语国家相互学习、互通有无，双边高层互访频繁，各领域务实合作不断加强，人文交流合作不断深化，双边关系健康稳定发展。

随着中国与葡语国家双边合作不断深入发展，市场对葡语人才的需求急剧扩大。1960年9月，北京广播学院（现为中国传媒大学）首创葡萄牙语专业，为中国葡萄牙语高等教育开辟了新的历史。葡萄牙语教育发展至今，已有近六十年的历史，目前国内[②]已有40余所[③]高校开设了葡萄牙语课程，葡萄牙语教育包含了本科、硕士、博士、专科等不同层次。

在共建"一带一路"，主动对外开放、多边开放、全方位开放的政策支

① 《已同中国签订共建"一带一路"合作文件的国家一览》，中国一带一路网，https://www.yidaiyilu.gov.cn/info/iList.jsp?cat_id=10037&cur_page=1，检索时间：2020年2月20日。

② 本报告所统计的国内葡语数据，仅限中国内地。

③ 数据统计截至2019年12月。

持下，国家对葡语人才的需求进一步增大。国家想要同葡语国家畅通无阻地沟通与合作，需要以葡萄牙语为桥梁，实现双向交流，文明互鉴。语言作为“一带一路”建设的重要助推器①，助力中国与葡语国家实现“五通”建设。在新时代共建中国与葡语国家命运共同体的背景下，葡萄牙语教育需要从单一的语言能力教育走向培养具有国际视野，掌握外国语言及知识，具备跨文化交际能力，能够从事外语教育、语言服务及涉外工作的国际化外语人才。

显而易见，外语教育的发展应当紧密跟随国家战略，服务于国家经济、文化、外交等发展需求。② 在经济全球化的浪潮下，葡萄牙语教育国际化的理念已逐渐形成。为了进一步扩大葡语教育开放，加强葡语教育及人才培养领域的国际交流与合作，近年来，中国与葡语国家大学、教育机构的合作快速增长。然而，针对当前葡萄牙语教育面临的新任务，如何通过加强中国与葡语国家的教育合作，培养国家和社会需要的葡萄牙语国际化人才，还有待进一步探索。

一　国家战略背景下的葡萄牙语教育新目标

在经济全球化的大背景下，高等教育国际化已经成为教育服务经济和社会的重要途径和发展目标。2018 年 9 月，全国教育大会在北京召开，会上将教育定义为“国之大计、党之大计”，习近平主席在会上强调，教育应当不断同国家的事业发展需求相适应，同我国的综合国力和国际地位相匹配，他还指出，要提升教育服务经济社会发展能力，要扩大教育开放，同世界一流资源开展高水平合作办学。由此可见，高等教育国际化人才培养的发展模式已经成为国家教育的重要战略。

---

① 王辉：《语言助推“一带一路”上的中国文化传播》，搜狐网，2016 年 12 月 25 日，https://www.sohu.com/a/122513205_162758。

② 戴炜栋：《服务国家战略培养高端人才推动外语教育发展》，《外语教育研究前沿》2019 年第 3 期，第 8～12 页。

在共建“一带一路”和扩大对外开放的背景下，中国致力于促进全球的互联互通、拉近国家之间的距离，随着对外开放与合作越来越广泛，对国际化人才的需求也越来越紧迫。中共中央办公厅、国务院办公厅印发的《关于做好新时期教育对外开放工作的若干意见》提出提升涉外办学效益，拓展双边多边教育合作广度和深度，提升参与教育领域国际规则制定能力，提高教育对外开放规范化、法制化水平，更好地满足多样化、高质量的教育需求，更好地服务经济社会发展全局的工作目标；教育部印发的《推进共建“一带一路”教育行动》称，教育在共建“一带一路”中具有基础性和先导性作用。教育交流为共建“一带一路”各国民心相通架设桥梁，人才培养为沿线各国政策沟通、设施联通、贸易畅通、资金融通提供支撑。教育合作应坚持共商、共建、共享，推进各国教育发展规划相互衔接，实现各国教育的融通发展、互动发展。为了开展教育互联互通合作，《推进共建“一带一路”教育行动》还强调以促进国家语言互通为合作重点，其中包括构建语言互通协调机制，共同开发语言互通开放课程，发挥外国语院校人才培养优势，推进外语教育教学工作，拓展政府间语言学习交换项目，联合培养、相互培养高层次语言人才等合作目标，为共建“一带一路”提供外语人才支撑。

推进“一带一路”建设、加强对外开放与合作等国家战略催生对具有国际视野、通晓国际事务、具备一定外语水平的高层次外语人才的需求。《教育部关于加强外语非通用语种①人才培养工作的实施意见》中提出拟通过加快培养国家急需非通用语种人才等重要举措，实现所有已建交国家官方语言全覆盖。中国非通用语教学研究会积极贯彻该意见精神，修订审议《高等学校非通用语种类专业本科教学质量国家标准》，把非通用语人才培养目标定位在“培养具有国际视野和人文素养，掌握外国语言、文学和文化等相关知识，具备语言运用能力、跨文化交际能力、国情研判能力，能从事外语教育、语言服务以及涉外工作，并具有一定研究能力的国际化、多元

① 2000 年，教育部在《关于申报外语非通用语种本科人才培养基地的通知》中，将非通用语界定为除了英语、法语、德语、俄语、日语、西班牙语、阿拉伯语七种语言以外的外语语种。本报告采用教育部 2000 年对非通用语种的界定。

化外语人才”[①]，以便更好地为国家事业提供强有力的人才和智力支持。

由此看出，培养国际化创新型葡语人才是国家战略的必然要求。葡萄牙语教育应该结合国家建设和社会发展需要，培养复合型、复语型人才。复合型人才，主要是指“具有宽口径、厚基础、高素质、能力强的葡萄牙语人才”。[②] 复合型葡语人才，不仅仅是精通葡语的传统外语型人才，复合型葡语人才的培养目标应该是除了精通葡萄牙语，还应该培养学生具有国家意识、国际视野，通晓国际行业准则，具备某一专业或领域的专门知识或能力，能够利用某种工具或途径进行跨国交流与服务。复语型人才，主要是指熟练掌握多门语言的人才。葡萄牙语学生语言素质的培养，不仅仅是精通葡萄牙语，还应该加强第二外语的学习，尤其是英语的学习。随着国际交往日益扩大，经济全球化进程加快，英语作为国际通用语言的地位和作用不言而喻。“葡萄牙语 + 英语”的复语型人才符合社会发展的需要。

目前，虽然中国内地有 40 余所高校开设了葡萄牙语专业，但是我国高校开设的葡萄牙语专业几乎清一色的被列为外国语言文学类专业，开设的课程也以葡萄牙语语言文学类课程为主，培养的几乎都是葡萄牙语文学方向的毕业生。“一带一路”推进共建中国与葡语国家命运共同体，中国与葡语国家在经贸、外交、科技、人文等各领域的交流与合作不断深化，在此背景下，仅掌握葡萄牙语，知识面狭窄、缺乏创新意识的学生已经无法满足社会发展的需要。高等教育国际化更加突出全球视野，更加注重参与全球教育竞争的能力。这为中国的葡萄牙语教育提出了新的要求，但同时也为中国与葡语国家高等教育领域的交流与合作提供了重要机遇。国家颁布的《统筹推进世界一流大学和一流学科建设总体方案》中重点单列标题强调了“推进国际交流与合作”。那么，在高等教育国际化的时代，中国的葡萄牙语教育应当加强与葡语国家一流大学和学术机构的实质性合作。同时注重结合各高

---

① 赵刚、孙晓萌：《中国外语非通用语种类专业建设和发展报告（2014）》，外语教学与研究出版社，2018，第 3 页。

② 龚坤余：《培养复合型、复语型的非通用语人才》，载阮宇冰、徐滋主编《非通用语 - 英语双语教学与研究》，中国社会科学出版社，2008，第 23 页。

校自身优势，有效融合葡语国家优质教育资源，加强与葡语国家的协同创新，营造良好的国际化教学科研环境，开展高水平葡语人才联合培养，创新葡语人才培养模式，培养出不同领域的复合型人才，更好地服务中国与葡语国家命运共同体建设。

二　中国内地与葡语国家高等教育合作现状

截至 2019 年，中国内地 40 余所院校开设了葡萄牙语课程，为了进一步探索中国与葡语国家高等教育合作现状，我们向国内开设葡萄牙语课程的高校发放调查问卷，包括北京外国语大学、上海外国语大学、中国传媒大学、北京大学、广东外语外贸大学等在内的共计 36 所高校参与了问卷填写，共回收有效调查问卷 51 份。通过问卷中“您所在高校是否与葡语国家院校有交流与合作”这个问题，可以了解到内地开设葡萄牙语课程的高校与葡语国家院校教育合作的基本情况（见图 1）。

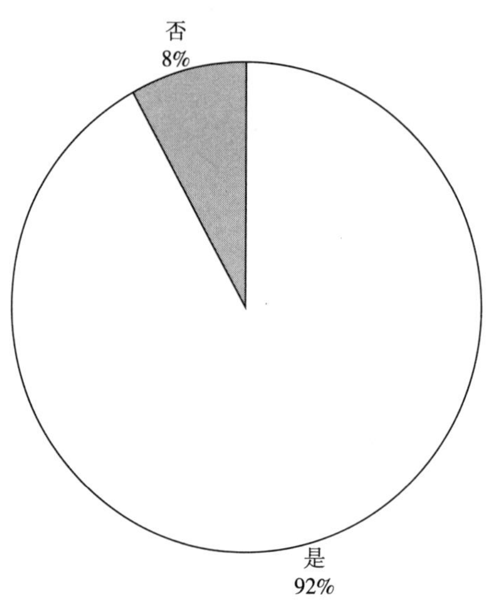

图 1　“您所在高校是否与葡语国家院校有交流与合作”

在参与调查问卷的36所开设葡萄牙语课程的高校中，有33所高校已经与葡语国家院校开展不同领域的教育合作，目前暂时还未与葡语国家高校开展交流合作的中国内地高校为3所，仅占比8%。此外，调查还发现，与中国内地开展教育合作的葡语国家高校主要集中在葡萄牙、巴西等国家（详见表1）。

表1　中国内地与葡语国家高校合作一览

国家	葡语国家高校名称	中国内地高校名称
葡萄牙（10所）	里斯本大学	北京外国语大学、北京大学、天津外国语大学、上海外国语大学、中山大学、广东外语外贸大学、哈尔滨师范大学、吉林外国语大学、浙江外国语学院
	科英布拉大学	北京外国语大学、对外经济贸易大学、北京语言大学、北京第二外国语学院、北京大学、天津外国语大学、中山大学、广东外语外贸大学、湖北大学、吉林外国语大学、浙江外国语学院、浙江越秀外国语学院、河北外国语学院
	波尔图大学	北京外国语大学、中国传媒大学、北京语言大学（仅签署谅解备忘录）、上海外国语大学、广东外语外贸大学、浙江越秀外国语学院
	里斯本新大学	上海外国语大学、南开大学、四川外国语大学、大连外国语大学、吉林外国语大学、河北外国语学院
	里斯本工商管理大学	广东外语外贸大学
	阿威罗大学	上海外国语大学、四川外国语大学、西安外国语大学、大连外国语大学、哈尔滨师范大学、吉林外国语大学、浙江越秀外国语学院、中山大学新华学院
	米尼奥大学	北京交通大学、北京第二外国语学院、中山大学、南开大学、福建师范大学、湖北大学、浙江越秀外国语学院、江西理工大学应用科学学院、山东外事职业大学
	雷利亚理工学院	北京语言大学、吉林外国语大学、四川外国语大学成都学院、海南外国语职业学院、江西外语外贸职业学院
	布拉干萨理工学院	中国传媒大学南广学院、浙江越秀外国语学院、湖南外国语职业学院、海南外国语职业学院
	贝拉地区大学	浙江越秀外国语学院

续表

国家	葡语国家高校名称	中国内地高校名称
巴西（9所）	圣保罗大学	北京外国语大学、上海外国语大学、中山大学、广东外语外贸大学、南开大学、西安外国语大学、湖北大学、浙江外国语学院、浙江越秀外国语学院、河北传媒学院
	里约天主教大学	北京外国语大学
	南大河州联邦大学	北京外国语大学、中国传媒大学、哈尔滨师范大学
	巴西南大河州天主教大学	中国传媒大学南广学院
	北大河州联邦大学	广东外语外贸大学
	圣保罗州立大学	湖北大学
	坎皮纳斯州立大学	北京大学、北京交通大学、南开大学、兰州交通大学
	巴西法阿比大学	对外经济贸易大学
	隆德里纳州立大学	上海外国语大学
佛得角（1所）	佛得角大学	广东外语外贸大学
圣多美和普林西比（1所）	圣多美和普林西比大学	湖北大学

由此看出，与中国内地高校合作数量最多的葡语国家高校分布在葡萄牙，共有包括科英布拉大学、里斯本大学、波尔图大学等在内的10所葡萄牙院校与中国的北京外国语大学、北京大学、上海外国语大学等高校开展了交流与合作。其次为巴西，共有9所高校。除此之外，中国与其他葡语国家还未在高等教育领域开展广泛的交流与合作。例如，佛得角仅有1所大学与广东外语外贸大学建立合作关系，圣多美和普林西比的1所大学与湖北大学建立合作关系。

此外，通过调查中国内地高校开设的葡萄牙语课程方向以及葡萄牙语专业教师队伍构成，我们了解到几乎所有的高校都教授欧葡[①]（35所，占比

① 欧葡即葡萄牙葡语，为葡萄牙语的一种变体。

97%），还有接近一半的高校教授巴葡[①]（17 所，占比 47%），同时教授欧葡和巴葡的高校为 16 所，占比 44%，然而，内地目前还未有高校教授非洲葡语[②]（见图 2）。

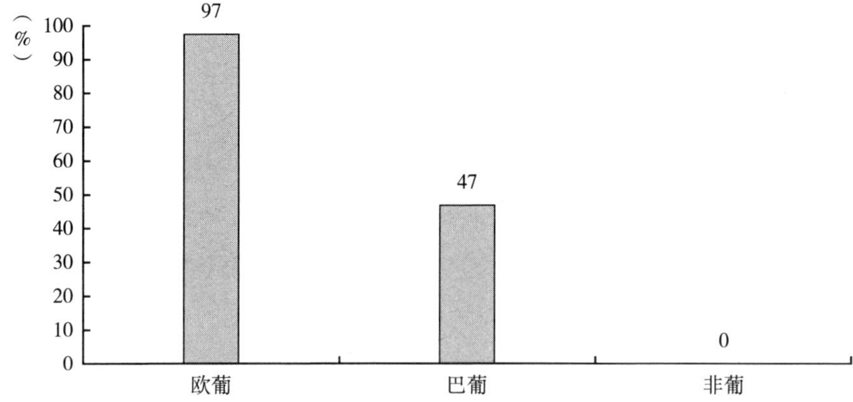

图 2　葡萄牙语在中国内地高校的授课情况

从高校葡萄牙语专业教师结构来看，受访高校中，86% 开设葡萄牙语课程的高校聘请了外籍教师，但是外籍教师均来自葡萄牙和巴西。因此，从以上问题可以了解到，中国内地与葡语国家高等教育合作的区域主要集中在葡萄牙、巴西，其他葡语国家还未能广泛参与到中国内地葡萄牙语教育事业中，中国内地与除葡萄牙、巴西外的其他葡语国家教育合作还有待实现新的突破。

就中国内地目前与葡语国家开展的教育合作方式与领域，通过调查发现，主要集中在学生交流互换、学术交流与科研合作等方面。其中，学生交流合作占总样本的 94%，成为当前中国内地与葡语国家教育合作的主要方式。还有 27% 的中国内地高校与葡语国家高校开展了学术交流与科研合作。合作办学、文化交流活动等其他方式的交流各占到 9%。而与葡语国家高校建立中外大学联盟以及举办中外大学校长论坛的高校分别占比 3% 和 6%（见图 3）。

---

① 巴葡即巴西葡语，为葡萄牙语的一种变体。

② 非洲葡语即在非洲葡语国家通用的葡萄牙语，为葡萄牙语的变体。

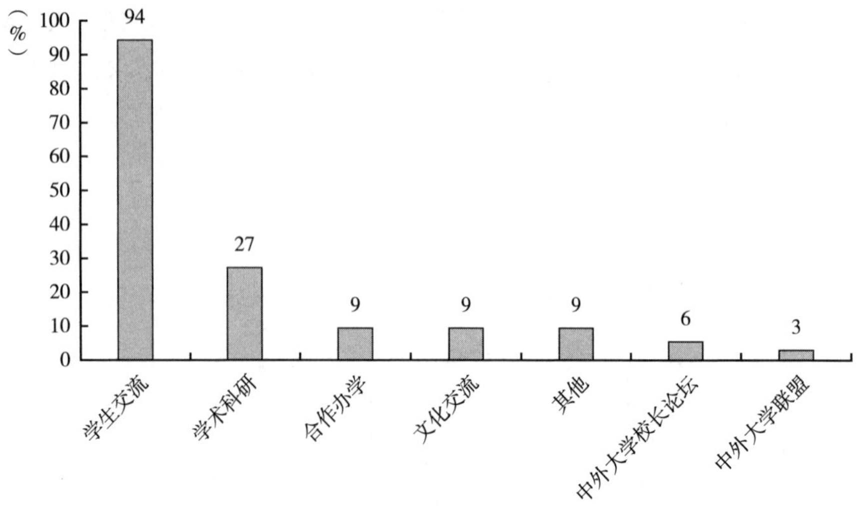

图 3　中国内地高校与葡语国家院校合作方式

综上所述，通过调查我们发现，中国内地开设葡萄牙语课程的院校大多与葡语国家高校开展了教育领域的交流合作，但从合作高校的地理分布情况来看，呈现出较为明显的国家差异化。与中国内地开展交流的葡语国家高校主要集中在葡萄牙和巴西，与此同时，中国内地高校教授的葡萄牙语主要为欧葡和巴葡，葡萄牙语专业的外籍教师也都来自葡萄牙和巴西这两个国家。佛得角与圣多美和普林西比分别有 1 所高校与中国内地高校保持合作，而其他诸如安哥拉、莫桑比克、几内亚比绍、东帝汶等葡语国家，还未能与中国内地高校建立往来合作。通过调查已经开展的教育合作，我们发现目前与葡语国家开展的教育合作方式与领域主要集中在学生交流互换、合作办学、文化交流活动、学术交流与科研合作等方面。其中，学生交流合作占总样本的 94%，成为当前中国内地与葡语国家教育合作的最主要方式。

三　葡语教育国际合作与交流的局限性

受访的绝大多数中国内地高校表示，与葡语国家开展多领域的教育交流，利于提高学生的语言水平，促进国际化外语人才的培养，推动葡语教育的国际化发展，增进双边语言和文化的融通交流。然而，由于中国内地与葡语国家地理相距遥远、国内葡萄牙语教育与葡语国家的国际合作发展战略模糊、双边缺乏交流平台等因素，目前中国内地与葡语国家的教育交流合作仍存在局限性，主要表现为以下几个方面。

（一）内地高校参与国际交流的形式较为单一

在“您认为目前中国与葡语国家高校之间的合作交流局限性有哪些”这一问题的回答中，有 69% 的受访者指出参与国际交流与合作的形式比较单一。前文中就双边开展的教育合作方式与领域的调查结果进行了简单描述，通过图 3 的数据可以看出，学生交流互换占总样本的 94%，学术交流与科研合作、合作办学、文化交流活动等其他交流形式的总和仅占比 63%。显然，当前中国与葡语国家教育合作主要集中在学生交流互换。

此外，在本报告调查的 36 所中国内地高校中，仅有中国传媒大学分别与葡萄牙、巴西的高校建立了中外大学联盟，中外大学联盟的建立比例在所调查的高校中仅占 3%。调查还发现，极少数的中国内地高校与葡语国家高校举办过中外大学校长论坛，目前仅有中国传媒大学与南开大学开展了中外大学校长论坛的交流活动，比例在所调查的高校中仅占 6%。因此，目前国内与葡语国家在教育领域的合作，存在合作内容和交流形式单一的问题。

（二）学生交流合作形式片面化

据统计，学生交流是目前中国内地与葡语国家高校开展教育领域合作的最主要方式，占总样本的 94%。进一步调查双边学生交流的具体内容，我们发现，双边院校在学生交流合作形式上存在片面化的问题（见表 2）。

表 2　学生交流互换

单位：%

项目	百分比
葡语专业学生	91
非葡语专业学生	16
本科生交流	73
硕士研究生交流	23
博士研究生交流	0
学生单向派出	59
学生双向交换	30

从以上结果可以看出，双边学生交流形式片面化问题具体表现在：葡萄牙语专业的学生参与比例远高于非葡萄牙语专业的学生，分别占比 91% 和 16%。学生的交流层次普遍集中在本科生交流，缺乏研究生交流。其中本科生交流占比 73%，硕士研究生交流比例为 23%，博士研究生的交流还未实现零的突破。此外，从双边学生派遣来看，中国内地高校较葡语国家的高校更为积极，中国内地高校单向派遣学生前往葡语国家学习交流占比 59%，而中国内地与葡语国家双向派遣仅占 30%。

（三）学术科研、文化交流、合作办学等领域的合作有待进一步开发

通过问卷中“您所在高校与葡语国家院校合作方式有哪些”这个问题，我们了解到“学术交流与科研合作”占总样本的 27%，合作办学、文化交流活动各占 9%。由此看出，双边在学术科研、文化交流以及合作办学领域的合作远落后于学生交流互换。除此之外，在“您认为目前中国与葡语国家高校之间的合作交流局限性有哪些”这个问题上，有 48 位受访者参与答题，其中有 40 人选择“双边科研合作有待深化”，占总样本的 83%。

中国内地与葡语国家院校的学术科研领域的合作主要体现在双方学者互

访、共同开展学术研究、联合承办或参与学术会议等方面，而在共建国际科研中心、组建国际智库等方面的合作仍然有待开发（见表3）。

表3　学术交流与科研合作开展情况

单位：%

项目	百分比
学者互访	75
开展学术研究合作（例如合作撰写学术论文、著作等）	67
聘请外籍教师	50
联合承办或参与高水平的国际学术会议	50
教师进修	42
共建学术团队	33
共建国际科研合作中心等机构	8
培训	8
其他	8
组建国际智库	0

此外，在双边合作办学领域，根据调查，合作办学的方式主要是葡萄牙语专业学生的联合培养以及合作开办孔子学院，其他新的合作方式仍有待开发。文化交流方面，双边多以文化讲座、校园文化节、国际比赛等方式实现交流，交流形式不够多样化，且双边文化领域的交流不够活跃，仅占总样本的9%。

四　中国内地与葡语国家高等教育合作的展望

（一）促进国际交流形式的多样化

教育国际化发展和提高高校的开放性已经成为葡萄牙语高等教育的发展目标。在国际化理念的推动下，中国内地葡萄牙语教育积极与葡语国家高校开展国际化交流活动。然而，根据调查，目前中国内地与葡语国家开展的教育国际化交流以高校之间学生的交流互换为主要形式。在语言教育与经济发展密切相关的背景下，高校应更加重视知识和实践相结合，为社会培养更多具备实践能力的优秀人才。因此，应进一步加强国内高校与葡语国家企业之间的联系，搭建合作平台，推进产教深度融合，创新人才培养和交流模式。

此外，教育国际化发展应当与信息技术相结合，使得最新的信息技术能够广泛应用于葡萄牙语教育过程中，促进高校之间的交流活动，提升葡萄牙语教育的信息化水平。可以通过搭建葡萄牙语教学信息网，促进国内外高校图书馆资源的共享等方式，为广大师生提供学习和分享平台，方便其更快捷方便地获取更丰富的教育资源，进一步提升葡萄牙语教育的合作与交流。

（二）扩大学生交流与合作

根据调查发现，中国与葡语国家高校间的学生交流合作存在片面化的问题。针对这一问题，首先，鼓励葡萄牙语专业的学生修读非语言类课程。葡萄牙语专业学生前往葡语国家交流时，已经有一定的语言基础，因此，可以鼓励学生修读例如经济、贸易、国际政治、教育等专业课程，培养专业技能，增加学生的国际视野，实现“葡萄牙语 + 专业”的复合型人才培养目标。此外，可以鼓励葡语国家向中国内地派遣留学生，提高境外研究生来中国内地交流的比例。内地高校可以通过加大奖学金发放力度，鼓励更多的葡语国家研究生前来就读，从而扩大学生交流中研究生的招收比例，提高学生交流层次，使研究生交流成为双边高校国际合作的桥梁，为今后进一步提高国际合作质量，扩大国际合作范围提供有力支撑。

（三）共建高校学者库，深化学术科研合作

根据调查，在“您认为目前中国与葡语国家高校之间的合作交流局限性有哪些”这个问题上，有 83% 的受访者选择“双边科研合作有待深化”。由此看出，深化科研合作已在葡语教师和学者中形成普遍共识。学术科研交流除了现有的双边学者互访、联合举办学术会议、共同开展学术研究等合作方式之外，双边学者的科研成果汇集展示还未得到重视。因此，为了能够对中外学者资源进行高效管理以及合理利用，双边可以共同建立高校学者库，

丰富学术资源，确保学术成果的有效性。高校学者库的建立应该综合考虑双边学者的科研情况，例如，尝试从葡萄牙语教育研究、国别区域研究等某一学科出发，建立以该领域学者专家为中心的学者库，进而实现学者库的科研资源和成果共享，提高科研效率，促进学科发展和人才培养。

（四）依托孔子学院建设文化交流基地，推进文化交流

孔子学院作为中外合作非营利性教育机构，已经成为国际汉语推广以及中外文化交流的重要平台。据统计，截至 2019 年 12 月，葡语国家共有 20 所孔子学院，其中 18 所孔子学院由中国开设葡萄牙语课程的院校与葡语国家高校共建，遍布巴西、葡萄牙、安哥拉、佛得角等葡语国家。[①] 孔子学院致力于汉语教学，与此同时，本着“相互尊重、友好协商、平等互利”的原则，推动中外文化交流。例如，2019 年，巴西利亚大学孔子学院与当地市民举办迎新春活动，让当地巴西民众体验中国春节的传统习俗；巴西坎皮纳斯州立大学孔子学院举办“全民饮茶日”活动，宣传中国茶文化；葡萄牙里斯本大学孔子学院和首都体育学院共同承办“华夏风 · 功夫情”武术巡演，让热爱武术的葡萄牙观众进一步了解每个演出节目背后蕴含的文化背景，促进中葡人文交流。孔子学院通过在葡语国家积极组织和开展各类文化活动，加强了中国与葡语国家人民之间的交往互动，在双向了解和交流的过程中，增进了文化交流。因此，应进一步依托葡语国家孔子学院，积极开展各类型的文化活动，推进交流合作，建设中国与葡语国家教育文化交流合作基地。

（五）推动葡萄牙语教育远程发展，联合开发网络课程

通过调查，48% 的受访者认为中国与葡语国家地理位置相距较远是限制双边教育国际化进一步发展的原因之一。在全球化的时代背景下，信息技术

---

① 根据国家汉办 – 孔子学院网站相关资料整理，http：//www. hanban. org/confuciousinstitutes/node_ 10961. htm。

发展迅速，应用范围不断扩大，网络课程可以成为解决中国内地与葡语国家地理距离遥远的有效方式。此外，在与境外高校开展合作办学的基础上，可以进一步开发葡萄牙语专业的网络课程。根据调查结果，中国内地各高校已经与葡语国家院校开展葡萄牙语专业学生联合培养、合办孔子学院等形式的合作办学。通过合作办学，中国内地各高校能够与境外高校建立长期、稳定的合作机制。在此基础上，现有的合作办学为推动葡萄牙语远程教育的发展，网络课程的联合开发创造了前提。与此同时，网络课程不仅能为学生提供更多的学习机会以及学习资源，也为中外教师交流带来新的模式。中外教师可以运用网络技术与环境开展视频会议、视频培训、线上课堂观摩等形式的交流活动，形成一种跨学校、跨地区的教学研讨模式，为教师接受新鲜事物、追求前沿知识、拓展知识领域提供有效途径，借助信息技术加强教学交流，增进教育资源及信息方面的协作，从而进一步推动葡萄牙语教育的国际化发展。

A.8 中国社交媒体上的非洲葡语国家形象研究：以新浪微博为例

姜 熙 范象玲*

摘 要： 中国与非洲葡语国家在经济、文化等领域的交流日益密切，媒体的关注程度也在日渐加深。伴随着网络媒体的迅猛发展，社交媒体平台在国家形象的呈现与构建方面扮演着越来越重要的角色。这不仅推动了中国互联网用户对非洲葡语国家的了解与认知，也影响着中国与它们在经济、社会、外交等领域的合作与交流。本报告通过对2018年11月至2019年12月微博平台关于非洲葡语国家的相关报道进行分析，探索非洲葡语国家在中国社交媒体平台上形象呈现的特点与不足，并给出相关建议。

关键词： 中国社交媒体 国家形象 非洲葡语国家

随着传播技术的发展，以微博为代表的社交媒体在跨文化传播和国家形象建构中发挥着日益重要的作用。非洲国家作为中国重要的发展合作伙伴，是中国拓展国际影响力、树立负责任大国形象的重要舞台。良好的中非关系是中国对外政策的重要基石。在全球范围内使用葡萄牙语的八个国家中，有五个分布于非洲，分别是位于南非的安哥拉和莫桑比克、西非的佛得角和几

* 姜熙，广东外语外贸大学新闻与传播学院网络与新媒体系讲师，博士研究生；范象玲，广东外语外贸大学新闻与传播学院硕士研究生。

内亚比绍以及中非的圣多美和普林西比。这些国家是促进中非友好交往、推动地区发展不可或缺的力量。社交媒体对这些国家形象的呈现与构建，不仅推动了中国互联网用户对该区域的了解与认知，也影响着中国与它们在经济、社会、外交等领域的合作与交流。

本报告通过分析 2018 年 11 月至 2019 年 12 月微博平台上关于非洲葡语国家的相关报道，探索它们在中国社交媒体平台上呈现的形象特点与不足，并给出相关的建议。通过在新浪微博平台进行关键词搜索，共获取有效样本 234 个，涉及经济、文化、社会和体育等领域。各领域的样本占比如图 1 所示。

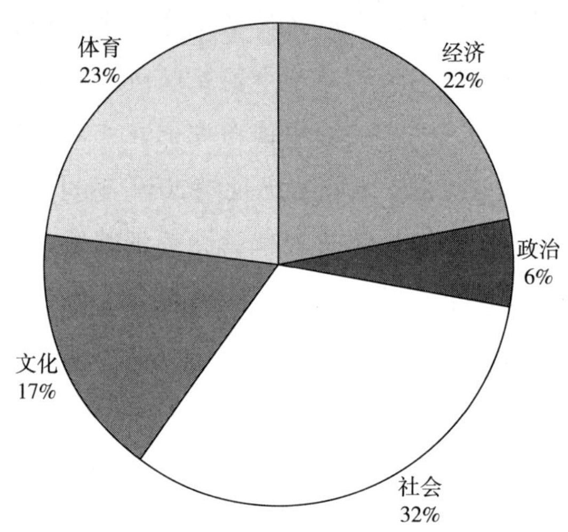

图 1　微博平台关于非洲葡语国家的报道领域及占比

在国家层面上，有关安哥拉的文章和报道共有 122 篇，莫桑比克的 78 篇，几内亚比绍的有 17 篇，佛得角的 14 篇，圣多美和普林西比的 3 篇。由于地缘的接近性和国家政策的友好度，中国社交媒体在报道议题的选择上有诸多共通之处，在对其经济、社会、文化和体育报道中，既反映了发展过程中取得的成绩，也指出了其面临的诸多问题，从整体上呈现出相对一致的非洲葡语国家形象，但由于各国国情的差异，不同国家在不同领域新闻报道中的呈现内容也有所不同。

一 中国微博平台上非洲葡语国家的形象呈现

（一）经济形象：发展势头良好、中非合作共赢

在微博平台上关于非洲葡语国家的话题中，涉及社会经济发展的内容主要分为非洲葡语国家的经济发展现状、中国与非洲葡语国家的经济合作两大部分。其中，有关非洲葡语国家经济发展现状的文章多是关于该区域所取得的经济成就及未来前景预测，从整体上呈现出非洲葡语国家资源丰富、基础建设日趋完善、经济发展形势整体向好的经济形象。具体到国别，关于安哥拉与莫桑比克两国的文章数量较多，这与两国的经济发展水平有一定的关联。在非洲葡语国家中，安哥拉是 GDP 最高的国家，[①] 莫桑比克更是中国的“全天候朋友”，两国友谊源远流长。这两个国家具有丰富的资源与经济发展潜力，积极参与“一带一路”倡议，吸引了媒体更多的关注。2019 年 9 月 20 日东方财富网的文章透露莫桑比克天然气已探明储量达 200 万亿立方英尺，并于莫桑比克德尔加杜角省北部近海区域发现大量的天然气储量。国际社会普遍预期莫桑比克将最终成为世界第四或第五大天然气生产国。

除此之外，有关中国与非洲葡语国家经济合作的新闻，微博平台更侧重于展示中非经济合作过程中取得的诸多成果，包括双方在铁路、电力、航空、水利工程等领域的积极友好合作。从数量上来说，有关中国与非洲葡语国家经济合作的新闻报道数量远多于单纯介绍非洲葡语国家经济发展现状的文章数量。近年来，中非合作日益密切、走向纵深。非洲已经成为中国重要的进口来源地、第二大海外工程承包市场和第四大投资目的地。[②] 中国与非洲葡语国家在经济领域合作的日益密切，吸引了机构媒体与自媒体的关注，因此，在微博平台上，相关议题的数量最多，覆盖面最广，体现了双方深入

---

① 国际货币基金组织 2019 年数据，“World Economic Outlook Database, October 2019”, https: //www. imf. org/external/pubs/ft/weo/2019/02/weodata/index. aspx, 15 October 2019。

② 张汨汨：《海外社交媒体对非传播的问题与思考》，《对外传播》2016 年第 4 期，第 60 ~ 62 页。

友好的经贸合作、互帮互助共赢的良好双边关系。

在国别层面上，依然是安哥拉和莫桑比克两国的相关报道数量最多。中铁二十局在安哥拉承建的本格拉铁路、西部水泥与莫桑比克政府的合作都被多家媒体报道。这些项目不仅改善了当地的基础设施，更推动了中资企业和中国技术走进非洲，解决了项目所在地的经济发展问题，将双方的经济合作提升到新的高度。2019 年 10 月 11 日的《新京报》特别指出：本格拉铁路项目由中国铁建采用“设计—采购—施工”总承包方式承建，从设计到施工全部采用中国标准，钢轨、水泥等建筑材料及大型机械设备等全部从中国采购，包括铁路建成投入运营后的机车、车辆等也由中国企业提供。2019 年 9 月 20 日东方财富网的文章也强调，西部水泥在莫桑比克的项目，将大大推动莫桑比克北方三省特别是德尔加杜角省的经济发展。

（二）政治形象：国内局势有待稳定、积极发展中非外交

相较于经济类议题，政治类议题的话题热度和深度都略显单薄。不同于传统媒体“我说你听”的单向信息传播，在互联网平台上，用户具有更高的能动性，他们自主选择阅读、评论并且转发感兴趣的信息。非洲大陆与中国地理距离遥远，微博用户对非洲国家的内政外交比较陌生，兴趣有限。因此，微博平台上关于非洲葡语五国的政治议题范围较窄。主要关注重点在中非双方保持良好的政治外交关系和非洲葡语五国国内局势不稳两个方面。如表 1 和表 2 所示。

表 1　关于中国与非洲葡语国家政治外交的部分报道

2019/5/16	驻几内亚比绍大使金红军拜会几比总理兼经济与财政部长戈梅斯
2019/6/21	安哥拉中国和平统一促进会召开两岸关系座谈会
2019/6/28	驻安哥拉大使龚韬会见安内政部国务秘书萨尔瓦多
2019/6/28	许达哲会见佛得角副总理科雷亚

表 1 的新闻标题展示了中非双方保持良好的政治外交关系。中国与非洲葡语国家的友谊源远流长，双方的外交关系在新世纪走向纵深，双边在经

济、文化等领域的合作进一步加强，双方都把对方看作重要的合作伙伴。在微博平台上，关于双方外交关系发展、外交官员会晤的文章较多，呈现出积极向上、良好发展的双边关系。

表 2　关于非洲葡语国家内政的部分报道

2018/12/23	中方呼吁国际社会合力推进几内亚比绍政治进程
2019/2/19	莫桑比克前总统之子被拘留
2019/3/11	几内亚比绍举行议会选举
2019/3/14	几内亚比绍执政党赢得议会选举
2019/4/9	南非法院裁定:前莫桑比克财长应被引渡至美国
2019/7/13	南非司法部长叫停将莫桑比克前财长引渡回国决定
2019/10/30	几内亚比绍政治危机持续总统解职总理职务遭后者拒绝

从表 2 所展示的新闻标题中可以看出，非洲葡语国家国内局势不稳定。对于外交信息，关于非洲葡语国家国内政治的内容则多以负面报道为主。尽管部分国家近年来经济发展向好，但总体上非洲葡语国家的政治局势还是难以保持稳定，部分国家甚至周期性遭遇政治危机、动乱甚至政变。自 2018 年底，几内亚比绍的国内局势就一直处在动荡之中。一些机构媒体和自媒体账号对此均有报道。值得注意的是，这些关于非洲国家动荡局势的报道，虽然是基于事实，却在某种程度上使得国内互联网用户强化了非洲“动荡”的印象，对这些国家近期以来所取得的建设成就展现不足。

（三）社会形象：治安情况欠佳、灾荒疾病频发

作为发展中国家最集中的大陆，非洲也是当今世界武装冲突最为频仍的地区之一。在微博平台关于非洲葡语国家的社会议题中，自然灾害、疾病动乱、援建援助等内容占据了主导位置。如《安哥拉罗安达一名中国公民遭枪击遇害，案件尚未侦破》《莫桑比克遇史上最重自然灾害之一 7 千孕妇面临生命危险》《莫桑比克洪灾已致 84 人死亡实际遇难人数或超千人》《西共体宣布对几内亚比绍制裁正式生效》等报道，整体上呈现出这些国家灾难事故频发、社会环境动荡，以及医疗卫生、交通、教育设施的落后问题等趋

向于负面的形象。从报道内容来看，虽然社会议题的整体报道角度相近，但每个国家的报道角度各有侧重。

在有关安哥拉的议题中，社会动乱和当地华人的安全等问题成为社会新闻的主要内容。2019 年 5 月 29 日环球网发布的《安哥拉现新型诈骗方式盯上华人》一文，报道了安哥拉华人遭遇网络诈骗的事件。文章指出，不法分子采用更隐蔽的新技术手段，窃取银行或电信运营商系统主机权限和指令，实施新型诈骗活动。文章提醒在非华人同胞在使用社交软件或网银 App 处理汇款、转账等财务事宜时要提高警惕，做好安全防护，避免犯罪分子有机可乘。2019 年 3 月 14 日，中国新闻网微博账号报道，当地时间 3 月 12 日晚，在安哥拉罗安达 Avenida 21 de Janeiro 附近 Rocha Pinto 社区，发生群体暴动事件，导致交通中断。文章提醒中资企业和当地侨胞务必提高警惕，远离事发地，加强安全防范，保护好自己的人身和财产安全。

莫桑比克在 2019 年连续遭遇飓风、洪水和霍乱等灾害，微博平台上的相关报道总计 41 篇文章，占据关于该国文章总数的 44%。值得注意的是，除了关于灾害本身的报道，微博平台也关注了中国政府对该国的无私援助（见表 3）。

表 3　关于莫桑比克遭遇灾害和中国援助的部分报道

2019/1/24	理事特写——一位华西专家的莫桑比克援医日记
2019/3/19	飓风“伊代”肆虐非洲南部，莫桑比克总统：或致千人死亡
2019/3/19	莫桑比克洪灾已致 84 人死亡实际遇难人数或超千人
2019/3/23	417 人死亡！莫桑比克已进入全国紧急状态
2019/3/25	【中非】中国民间公益组织公羊会救援团队抵达莫桑比克
2019/3/25	强热带气旋“伊代”已造成莫桑比克 446 人遇难
2019/3/28	中国救援队在莫桑比克诊治灾民超千人
2019/3/28	中国救援队在莫桑比克开展有力救助诊治上千灾民
2019/3/28	莫桑比克确诊 5 例霍乱病例
2019/3/28	【最新进展】中国救援队在莫桑比克展开救援
2019/3/29	中国救援队在莫桑比克灾区展开救助行动
2019/3/29	莫桑比克祸不单行遭"伊代"重创城市确诊霍乱病例
2019/3/29	中国救援队固定医疗服务点在莫桑比克贝拉市启用

续表

2019/3/30	中国救援队在莫桑比克持续开展救援行动
2019/3/30	莫桑比克霍乱病例破百
2019/4/2	中国救援队协助莫桑比克控制霍乱疫情执行多项防疫任务
2019/4/5	综述:莫桑比克灾区中国救援行动获广泛赞誉
2019/4/11	中国国际文化传播中心莫桑比克基地向莫灾区捐赠 100 吨粮食
2019/5/9	危险时刻存在,中国救援队在莫桑比克救援,傅杰:为中国红自豪
2019/7/16	茅台再次捐资 300 余万元助力莫桑比克卡滕贝学校建设

从表 3 中列举的新闻标题可以看出，在莫桑比克遭受强热带气旋“伊代”袭击，造成重大人员伤亡和巨大财产损失后，中国政府第一时间对该国遭遇严重自然灾害深表同情，对受灾民众表示慰问，并决定提供紧急人道主义援助，帮助开展抗灾救灾。在有需要的情况下，中国政府也愿意为灾后重建工作提供力所能及的帮助。洪灾过后，该国霍乱蔓延，中国救援队又在第一时间进驻，协助控制霍乱疫情执行多项防疫任务，获得广泛赞誉。这些都在微博平台上有较为完整的呈现与报道，既体现了中国作为负责任大国的担当，也加深了双方的友谊。

（四）文化形象：旅游产业前景广阔、文化交流日渐频繁

微博平台关于非洲葡语国家的文化类报道主要包含两方面内容：一是突出中国与这些国家的文化交流，二是介绍非洲葡语国家较好的旅游资源。伴随着中非双方经贸合作的日趋紧密，双方在文化层面的交流也日渐频繁。中文、中国影视剧等在非洲葡语国家越来越受欢迎，微博平台对这些信息的报道也较为及时和全面。

表 4　关于中国与非洲葡语国家文化交流的部分报道

2019/2/11	坚守莫桑比克岛汉语老师 ：生活可以孤独但生命不是
2019/5/20	第十八届“汉语桥”世界大学生中文比赛佛得角赛区决赛落幕
2019/7/11	圣多美和普林西比大学第一所孔子学院揭牌

通过表4可以看出，微博平台不乏对中国与非洲葡语国家文化交流的新闻报道。例如，“新华非洲”在2019年5月20日着重报道了第十八届“汉语桥”世界大学生中文比赛佛得角赛区的情况。佛得角教育部长指出，“汉语桥”作为沟通民心的重要平台，增加了两国民众的相互了解，越来越多的佛得角青年开始热爱和学习中国文化，她希望这个活动能让两国人民在人文交流领域走深走实。①

然而，微博平台对非洲传统文化的关注有所不足。由于地理间隔较远，很多互联网平台的用户对非洲文化缺乏了解，一直停留在“落后”“原始”的印象中。非洲文化源远流长、内容丰富，无论是传统文化还是现代文化，都有着鲜明的特点。恩特曼认为，如果受众对某个议题缺乏丰富的直接经验，那么他们对议题或事件的理解就极大地依赖于新闻媒体，依赖于新闻叙述的性质。② 因此，微博平台上的机构媒体也好，自媒体也好，都要承担起加强中非文化相互交流的重任。

此外，非洲葡语国家颇具潜力的旅游资源也吸引了微博平台的关注。佛得角、莫桑比克等国秀美的风景在机构媒体和自媒体的传播下渐渐被人所知。安哥拉则希望进一步加强其旅游资源在中国的推广（见表5）。

表5 关于非洲葡语国家旅游类议题的部分报道

2018/11/7	安哥拉旅游业希望借进博会吸引中国投资
2019/2/21	圣多美和普林西比看似贫穷，但是城区超发达，夜晚更好玩
2019/5/29	安哥拉土著妇女佩戴厚重项链并用牛粪做发型
2019/6/16	【走进非洲】莫桑比克：“热带天堂”

① 《第十八届汉语桥世界大学生中文比赛佛得角赛区决赛落幕》，汉语桥网，2019年5月28日，http://bridge.chinese.cn/c18/opr/195/195_6548_1.html。

② 甘险峰、彭利国：《意义输出的成功与中国形象的再造——西方主流媒体北京奥运开幕式报道中的中国国家形象分析》，《新闻记者》2008年第10期。

2018 年底，在参加进博会期间，安哥拉旅游部旅游促进局主管西蒙·马努埃尔·佩德罗表示，中国与安哥拉在基础设施建设和金融领域保持着密切合作，但是在旅游业方面的合作只是刚刚起步，安哥拉希望通过进博会这一难得的机会，推进安哥拉在中国旅游市场的发展潜力。① 2018 年 11 月 7 日，中央广电总台国际在线对此进行了报道。各类媒体在报道非洲葡语五国丰富旅游资源的同时，也指出，该地区基础设施有待完善，保护力度不够，面临着知名度低、可持续发展能力不足等问题。

（五）体育形象：积极参与国际赛事、努力发展体育事业

体育事业发展反映着一个国家的综合国力，而竞技体育的发展更是对国家政治文明、经济以及文化发展等多方面的集中展现。② 非洲国家在发展体育运动方面，具有得天独厚的优势。近年来，随着非洲葡语国家在国际体育赛事上参与程度的加深，其在国际体育舞台的能见度也得到进一步提升，与中国各支运动队的交流与比赛也日趋频繁（见表 6）。

表 6　关于非洲葡语五国体育方面的部分报道

2019/4/10	国际足联世界排名公布！国足运气好，被亚洲第 7 甩开但再胜佛得角
2019/7/2	2019 美洲杯小组赛 F 组几内亚比绍 VS 加纳
2019/7/23	中国 U19 女篮大胜阿根廷获小组第二，1/8 决赛对阵莫桑比克
2019/8/6	世界杯热身赛本周开打，中国队将面对安哥拉、克罗地亚
2019/11/22	古巴曾经的辉煌战绩，远赴非洲参加安哥拉内战，重创南非装甲部队

从表 6 可以看出，在微博平台上，有关非洲葡语五国的体育话题，多集中在篮球和足球领域，与中国队的比赛更是吸引了互联网用户的特别关注。

---

① 国丹：《安哥拉旅游业希望借进博会吸引中国投资》，国际在线，2018 年 11 月 7 日，http://news.cri.cn/20181107/31096fd5-1b71-f218-8148-bb831bbd1bf3.html。

② 李洪波：《国家形象构建视阈下的体育新闻传播》，《新闻战线》2018 年第 18 期，第 41~42 页。

二 中国微博平台构建非洲葡语国家形象存在的不足

中国是世界上最大的发展中国家，而非洲是发展中国家最集中的大陆，中国同非洲的交往历史悠久，这种交往既体现在政治方面的相互友好、经济上的合作共赢、文化上的学习交流，也体现在新闻与信息报道的深度与广度。作为中国信息发布与获取的重要平台，微博在对非洲葡语国家形象的塑造、呈现与传播中扮演了重要的角色。本报告通过对200余篇相关报道的研究，归纳了非洲葡语国家在经济、政治、社会、文化、体育等方面的总体形象。总体上看，这些报道有助于加深中国互联网用户对这些国家的了解，增强中资企业加大对该地区投资的意愿，提升中国游客前往非洲葡语国家旅游的兴趣。然而，与此同时，我们发现微博平台在构建非洲葡语国家形象时也存在着一些不足之处。

（一）民间渠道的声音偏弱

根据美国石英财经网9月10日的报道，过去10年间，非洲与中国之间的直飞航班猛增600%。[①] 中国与非洲在各个层面的交往都走向深入。2017年，非洲有大约20万中国建筑工人、工程师、翻译、企业高管。一些工人在与国企的劳务合同到期后选择留下来，开始扎根非洲、自主创业。中非双方的民间交流日渐加深。然而，微博平台上关于非洲葡语国家的信息与报道，多是来自机构媒体，民间的声音有所不足（见图2）。

据统计，2018年11月至2019年12月有关非洲葡语五国的微博议题中，大部分来自机构媒体，其中包括人民网、新华网、国际在线等官方媒体，也有澎湃新闻、虎扑体育、界面新闻等知名网络媒体，相比之下通过民间渠道发出并且受到广泛关注的议题占比较少，只有28篇，仅占12%。官方渠道的信息报道具有一定的严肃性，而民间的报道趣味性、现实感更强，更符合

① 《美媒：中非直飞航班上的三类人》，搜狐网，2019年9月11日，https://www.sohu.com/a/340175076_162522。

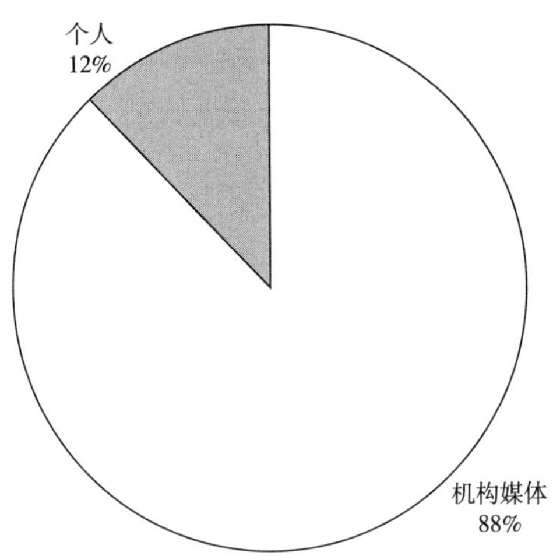

图 2 机构媒体与个人信息源占比

微博这一社交媒体平台的特性。相较于传统媒体和机构媒体，自媒体的传播过程具有一定的即时性、广泛性、多元性和互动性。传播者可以通过网络在平台分享自己的所见所闻所感，形式灵活多样，既可以是文字图片，也可以是短视频、动画。信息的接收者也可以转发、评论自己感兴趣的信息，具有很强的互动性，在广泛参与的基础上，信息的传播效果得到了有效的提升。因此，在自媒体日渐发达的网络平台，需要进一步挖掘民间声音，让普通民众从民间渠道获取更多来自非洲的鲜活信息。

（二）新闻报道不够全面

作为发展中国家最为集中的大陆，也是全球经济发展较为落后的地区，非洲一直都是"贫穷""落后""原始"的代名词。媒体对于非洲国家的关注，很长一段时间都停留在频繁的自然灾害、动荡的国内局势、混乱的社会治安等方面。然而，非洲国家有着巨大的经济发展潜力。在资源和自然条件方面，非洲称得上是世界上最富饶的大陆，黄金、钻石、铜、铀等重要矿产资源的储量稳居世界前列。近年来，包括葡语国家在内的很多非洲国家在摆脱贫困、发展经济、社会治理等方面都取得了长足的进步。中国与非洲国家的友谊源远流长，建立在互相尊重、互惠互利基础上的中非关系，在新世纪愈发牢固。中非双方的文化交流、体育交流更加频繁，中国文化在非洲越来越受欢迎，中国民众对非洲文化的兴趣也在增加。但在本报告所搜集到的200多篇报道中，关于非洲葡语国家的报道，对上述领域的关注略显不足，多数内容依然集中在非洲贫穷、落后的一面，部分自媒体甚至站在猎奇的角度进行报道，固化了人们的刻板印象，忽略了这些国家在经济发展、社会繁荣等领域做出的努力，在某种程度上阻碍了国内互联网用户对非洲国家真实全面的了解，也影响了双方的合作与友好交流。

（三）报道的覆盖程度不够均衡

基于接近性的原则，微博平台对于非洲葡语国家的报道，在议题和国别上存在较大的差异，覆盖程度不够均衡。

从总体上看，2018年11月至2019年12月微博平台关于非洲葡语国家的报道共234篇，社会议题比重最高，占32%，体育和经济类议题紧随其后，政治类议题占比最少，只有6%。中国与非洲葡语国家近年来经济合作日益密切，经贸交流日趋繁荣，但是相关的经济报道，无论是从数量上来说还是从广度上来说，都和社会类议题存在一定的差距。由此看出，微博平台对中非双方在经济领域合作的关注度不高，对非洲葡语国家近期取得的经济发展成就也缺乏深入和全面的报道。

从国别上看（见图3），关于安哥拉和莫桑比克的报道数量较多，加起来占据非洲葡语五国总报道数量的八成以上，而关于佛得角、圣多美和普林西比以及几内亚比绍这三个国家的报道数量较少。诚然，在非洲葡语五国中，安哥拉和莫桑比克两国的经济总量较大，与中国在经济、外交等领域的合作历史悠久、交流频繁，微博平台对其报道有所侧重并不奇怪。但是，佛得角、几内亚比绍、圣多美和普林西比具有较大的经济发展潜力，也有着美丽的风景和自然景观，在旅游、基础建设等领域存在较大的发展空间，相关机构媒体和自媒体应该看到这些国家的发展潜力，进行适当的宣传与报道，增强双方的互信与交流。

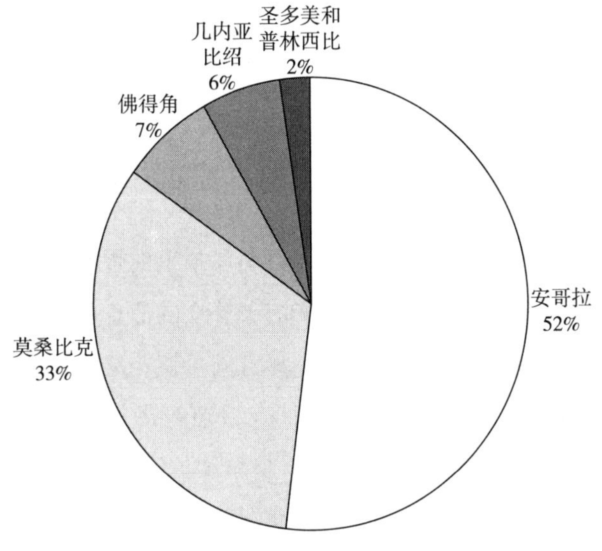

图3　非洲葡语国家议题占比

三　中国微博平台优化非洲葡语国家形象构建的建议

（一）联动舆论场域，倾听民间声音

一般而言，国家形象的传播渠道分为两种。一种是传统意义上基于政府－国家主体的传播渠道。这类渠道主要发挥政府机构与官方媒体的作用，以严肃的方式设置传播议题，有效塑造国家形象。其传播路径自上而下，话语体系相对固定。随着国际交流的日益密切、互联网的迅猛发展，另一种基于民间团体、自媒体等形式的民间传播渠道在国家形象的构建与传播方面扮演着越来越重要的角色。这种传播方式，多以自下而上的方式，通过灵活通俗的话语体系，以柔性的方式构建与传播国家形象。目前微博平台上关于非洲葡语国家的报道，多来自机构媒体，民间的声音少之又少。但与此同时，越来越多的普通民众扎根非洲，在开创自己事业的同时，也能够促进中非民众相互了解、中非文化的相互交流。媒体应该更多

倾听来自民间的声音，而民间的声音也要充分利用互联网社交媒体平台，向中国的互联网用户真实、客观、全面地展示蓬勃发展、潜力无穷的非洲葡语国家形象。

（二）坚持客观性原则，全面展现非洲葡语国家形象

中立的立场、客观的报道是媒体进行新闻报道的重要原则。媒体对非洲葡语国家议题的选择和报道倾向直接影响着公众的信息获取。受到长期以来的涉非报道中所形成的既定框架影响，尽管安哥拉、莫桑比克等国在经济与社会治理方面取得了较大的发展，媒体在报道时却依然无法摆脱“贫穷、落后、疾病、灾难”等带有偏见的话语与角度，容易先入为主，重点报道此类议题，进一步加深了互联网平台对非洲葡语国家“落后”“原始”的刻板印象。无论是机构媒体还是自媒体，都应该打破区域刻板印象和既有视角，秉承真实性和客观性原则，立足于非洲葡语国家自身经济、文化和社会发展，呈现出全面、真实的非洲国家形象。

（三）平衡议题分布，加强多元报道

微博平台上关于非洲葡语国家的报道，社会、体育和经济类内容较多，文化和政治类议题较少。对于大部分互联网用户来说，非洲国家较为陌生，加之政治话题较为敏感，我国政府长期以来又秉持不干涉他国内政的外交原则，政治类议题较少属于正常现象。但是，在中国与非洲经贸往来日益密切的大环境下，微博平台上关于非洲葡语国家的经济报道数量少于社会与体育报道数量，则需要引发相关媒体的注意。无论是机构媒体还是自媒体，要加大对于中非经济交流的报道，要多关注非洲国家近年来在基础设施建设、社会治理等方面所取得的成就，增进中非双方的互信与了解，更好地服务双边关系的发展。

此外，非洲葡语国家有着多元的文化与丰富的旅游资源，对中国文化的兴趣也在与日俱增。但在微博平台上，关于中国与非洲葡语国家文化交流的

内容相对较少，话题也较为单一。安哥拉、莫桑比克等国对中国文化与汉语的热情，安哥拉、佛得角等国秀美的风景和充满潜力的旅游产业，都需要媒体的广泛参与、宣传与报道。

在国别层面上，媒体的关注范围过于集中在安哥拉和莫桑比克这两个国家，对佛得角、几内亚比绍、圣多美和普林西比的报道较少。以圣多美和普林西比为例，无论是文章数量，还是报道的深度和广度，都与安哥拉相距甚远。2017 年，中国因私护照持有者可以在圣多美和普林西比办理落地签证，2018 年，双方互免公务和外交护照持有者的签证，双边关系掀开了新的一页，也体现了该国加强与中国发展外交关系的强烈意愿。对于这样的国家，媒体应该给予适当的关注。

四　结语

非洲葡语国家与中国的交流日渐频繁，双边关系的发展逐渐走向深入。本报告通过对 2018 年 11 月至 2019 年 12 月微博平台上对于非洲葡语国家的相关报道进行分析，探索它们在中国社交媒体平台上的形象呈现的特点与不足，分析存在的问题并给出相关的建议。

世界是不断发展的，国家形象在社交媒体上的呈现也是不断变化的。本报告所取研究对象的期限仅为一年，只是一个特定时期的非洲葡语国家的浅表形象。随着双方在各领域合作的进一步深化，双方民众相互了解与交流的需求会更加强烈，媒体所扮演的角色也就更加重要。如何在社交媒体平台更加全面、客观地呈现非洲葡语国家的国家形象，推动双方在经济、社会等领域的合作与交流，加深民众的相互了解与认知，未来研究需要重点关注和深入探索。

A.9

中国在巴西的经济形象：基于互联网经济新闻的形象构建*

〔巴〕罗伯瓦尔·特谢拉·席尔瓦　〔巴〕弗雷德·宇都宫
〔巴〕玛丽扎·德·法蒂玛**

摘　要： 一个国家的形象和身份很大程度上是由媒体话语形成的。它们是一种象征性的结构，是通过在特定的时间和空间进行解释而产生的，因此要符合不同时代的社会政治因素和利益。在这个多样化的时代，互联网已经成为个人、群体以及国家用以构建现实和社会身份最重要的互动空间之一，某个主题形象和身份的阐述方式既可能促成彼此之间的交流，也可能造成阻碍。本报告从巴西门户网站UOL入手，通过分析有关中国的新闻标题来探究中国形象构建的各方面。从研究数据来看，在UOL网站上发布的与中国相关的新闻中，53%的新闻与中国经济相关，因此我们重点分析中国经济相关新闻，探究中国经济形象的多样性。

关键词： 巴西　形象构建　网络媒体

* 本报告为澳门大学（中国）与巴西麦肯锡教会大学合作项目“中巴跨文化能力：从课堂教学到巴西中国移民的社会文化环境”（项目编号：MYRG2017－00103－FAH）的阶段成果。特别感谢澳门大学人文学院葡文系学生赵泽洋协助数据的收集。本报告由吴澜翻译。

** 〔巴西〕罗伯瓦尔·特谢拉·席尔瓦（Roberval Teixeira e Silva），澳门大学葡萄牙语系教授兼研究员、葡语及语言学博士；〔巴西〕弗雷德·宇都宫（Fred Utsunomiya），巴西麦肯锡教会大学传播学讲师、文学博士；〔巴西〕玛丽扎·德·法蒂玛（Mariza de Fátima Reis），巴西麦肯锡教会大学传播学讲师、文学博士。

一 引言

一直以来，无论是在经济还是政治领域，中国在世界舞台上均扮演着日益重要的角色。随着越来越多从中国进口的产品出现在巴西人日常生活中，巴西媒体也将报道热点聚焦在中国的方方面面。在巴西，这种“聚焦中国”现象是在近二十年间逐渐发展起来的。中国的政治和文化摆脱了历史上那段自我封闭期之后，逐步发展成为世界经济的引擎。自1978年实施改革开放以来，中国经历了经济的飞速增长，世界GDP排名跃然提升。历史上，中国在资本主义国家尤其是西方国家的眼中是一个封闭的国家，他们认为中国是一个奇异的、神秘的，甚至是具有危险性的国家。[①] 透过新闻报道、纪录片和电影，以及同海外中国移民及其后代的接触，这种刻板印象在西方人的脑海中渐渐形成。中国海外移民数量自19世纪中期呈现快速增长，如今中国移民遍布全球。中国以往的形象曾和这些元素相关：毛泽东、集体主义、劣质的盗版产品、武术电影、乡村风景、古老传统的人民、共产主义国家等等。而今天，透过电影、纪录片和新闻，中国逐渐建立起新的形象，新中国形象中诸如异国情调、神秘和共产主义等字眼越来越少。本报告借助巴西门户网站UOL（www. uol. com），通过研究该网站中关于中国经济主题的新闻标题，分析中国在巴西的经济形象构建。

二 研究视角

经过美国、欧盟、日本几十年的经济和政治争端之后，近年来，世界上一个名为“金砖国家”的组织逐步兴起，该组织由巴西、俄罗斯、印度、

① Oliver Turner, *American Images of China: Identity, Power, Policy* (New York and London: Routledge, 2014).

中国和南非等五个发展中国家和新兴经济体组成。全球化、国际经济和政治方面的杰出学者吉尔伯托·杜帕斯（Gilberto Dupas）[①] 引用美国政治学家，也即“软实力”[②] 概念的创造者约瑟夫·奈（Joseph Nye）的话，认为世界格局将如同一个三层的象棋棋盘，各国都将成为这棋盘中争夺空间的棋子。这三层棋盘中的第一层是军事，第二层是经济，第三层便是媒体。对于各国来说，每一层棋盘都是一个行动领域，在其中都可以发挥或大或小的作用。美国无疑占据了军事层面的主导地位，七国集团（G7）[③] 则在经济层面处于优势地位。约瑟夫·奈所描述的第三个层面是媒体，我们生活在一个极端多样化的环境中[④]，在这样的环境中，人与人关系的构建和对世界意义的构建都是在所谓的虚拟世界中进行，但这个世界和现实世界一样真实，因为它们都是我们的话语结构。本报告正是从媒体领域的世界格局角度，通过互联网新闻，分析中国在巴西的形象构建。

中国人是最早移民巴西的群体之一，早在 1812 年，他们从中国南部来到巴西，在里约热内卢的皇家茶园中种植茶叶。随着时间的推移，巴西的中国移民从农业转向商业，并获得了商贩许可。[⑤] 20 世纪，成千上万的中国人在不同时间来到巴西。尽管中国文化源远流长，但巴西普通民众却对此知之甚少。直到中国在世界经济和政治舞台上崛起，加之 2008 年北京奥运会得到世界媒体的广泛关注和报道，巴西民众脑海中那种陈旧、刻板的中国形象才得以改变。

根据霍尔（Hall）的说法，对异国文化的每一种理解都基于差异的二元

---

① Gilberto Dupas, *Atores e poderes na nova ordem global*: *Assimetrias*, *instabilidades e imperativos de legitimação*（São Paulo：Editora UNESP，2005）.

② 软实力是国际关系领域中用来指通过文化或意识形态手段影响其他政治团体的行为或利益的权力，与“硬实力”相反。

③ G7 指的是由七个发达国家组成的集团，包括：美国、加拿大、日本、德国、英国、法国、意大利。它们于 1975 年举办首次会议，非正式地讨论了与 1973 年石油危机有关的问题。

④ Steven Vertovec, “Super - diversity and Its Implications,” *Ethnic and Racial Studies*（2007）：30，1024 - 1054.

⑤ Shu Chang - sheng, “Imigranteseaimigração chinesa no Rio de Janeiro（1910 - 1990）,” *São Paulo*：*Leituras da História*，*v. ano II*（2009）：44 - 53.

理念：一方总是基于另一方的理念来构建，即内部与外部的严格对立。[①] 因此，我们总是通过与自己的文化相比和对象国的文化进行交流。正如坎克利尼（Canclini）所说，与外国文化之间产生的冲突源于“包容”和“排斥”之间的不平衡，特别是在经济和教育相关的领域，这表明经济、政治和文化之间是紧密相连的。[②] 形象的构建是对“外部”，即对“另一方”的一种解释。中国与巴西在地理和文化上都相距甚远，因此，巴西对中国的印象大都由各类信息、体验、看法、解读乃至想象混合而成。一个完全客观的形象是不存在的，因为形象本身就是解释性的存在。每个形象都是一种投影，是对于对象的解读，事实上，这种解读也是形象本身。这种象征性构建虽然强大，却会产生刻板、偏见乃至虚假的形象。中国相对巴西来说位于“世界的另一端”，不仅语言令人难以理解，人民、文化也不同，中国所拥有的悠久历史，更是遥不可及。巴西位于南半球，中国位于北半球；巴西的白天即中国的夜晚。这样的矛盾如此之多，而且几乎都是以对立的形式存在。

形象、身份、象征这些词在本报告中都用作同义词。这些词都可以理解为是相互作用的主体，在社会、政治和文化背景下所构建的象征性话语。当我们在谈论一个国家的形象时，我们是将世界上丰富的文化、语言和存在形式分组、同质化并简化为一个普遍的、标准的论述。安德森（Anderson）和霍尔将其称为想象中的“共同体”。[③] 正如我们已经提到的，这是一种稳固的结构[④]，抹除了人类的财富，并且总体而言就是在营造刻板印象。通过研究分析中国形象建立的过程，我们不仅能够进一步了解中国在巴西的形象构

---

① Stuart Hall，“Da Diáspora：identidades e mediações culturais”（paper represented at the Representação da UNESCO no Brasil，Belo Horizonte：UFMG；Brasília；2003）.

② Néstor García Canclini，“Diferentes，desiguais e desconectados：mapas da interculturalidade，” Tradução de Luiz Sérgio Henriques，Rio de Janeiro：Editora UFRJ，2007.

③ Benedict Anderson，*Imagined Communities*：*Reflections on the Origin and Spread of Nationalism*（London：Verso，1983）；Stuart Hall，*A Identidade Cultural na Pós-modernidade*（Rio de Janeiro：Dp&a，2006）.

④ Zygmunt Bauman，*Liquid Modernity*，Cambridge：Polity Press，2000.

建途径，并且可以从新的视角重新认识巴西本身。

从研究方法来看，本报告选取 UOL 网站与中国有关的新闻报道标题作为分析对象，因为读者仅从文章标题中获取信息的现象十分常见。因此，标题中的含义对我们所讨论的形象构建十分重要。此外，标题本身就是一种话语，我们以社会国际视角来进行研究，将标题话语理解为世界互动的场所以及构建文化的现实空间。①

图 1　UOL 网站的屏幕截图（截于 2019 年 11 月 13 日）

巴西门户网站 UOL，是巴西最主要的新闻网站。2019 年每月累计有超过 74 亿的页面访问量，平均每月访问人数达到 9800 万。本报告重点对 UOL 网站中 2019 年 3 月和 11 月的新闻进行采样，这两个月份中没有如嘉年华或圣诞节之类的西方节日或活动。我们使用网站搜索引擎搜索以下关键词：中国、中国人、中国的、东方、上海、北京、台湾、香港和澳门。本报告仅将出现关键词“中国”“中国人”“中国的”“上海”“北京”的标题作为研究对象。

① Roberval Teixeira e Silva, “Silence and Silencing in Classroom of Portuguese as Foreign Language in Macau: Identity and Interculturality,” *Interface: Journal of European Languages and Literatures* 1 (2016).

三　中国在巴西的形象构建现状分析

总体而言，所选新闻标题中与中国相关的新闻涉及经济、政治、技术、体育和其他（各类主题）等领域，巴西 UOL 网站上中国相关热门新闻统计如表 1 所示。

表 1　巴西 UOL 网站上中国热门新闻统计表

主题	新闻数量(条)	百分比
中国经济	41	18%
中美经济	43	19%
中巴经济	37	16%
其他	38	17%
政治	28	12%
科技	26	11%
体育	14	7%
总数	227	100%

资料来源：巴西 UOL 网站。

我们可以看出，在与中国相关的新闻中，与经济直接相关的新闻数量达到 121 条，占比 53%。因此，本报告重点从这 121 个与中国经济相关的新闻入手，将这些新闻细分为中国经济、中美经济、中巴经济三个领域，逐一进行分析。

（一）“中国经济”新闻标题中的中国经济形象

“中国经济”相关新闻标题有 41 个，包括中国制造、中国经济、中国公司等。通过浏览标题，我们可以得到一系列象征、形象和身份的概括。

1. 强大且活跃的中国经济

我们在观察个人、实体和群体行为时，会为他们建立相应的形象。我们分析与中国制造相关的动词，几个代表性标题示例如下：“中国将于 10 月扩大石油和铜的进口量”“中国将 2018 年 GDP 预估提高至 91928 万亿元，提高2.1%”“中国订购了300架飞机后，空中客车的股票上涨”。上述三个标题中通过“扩大”“提高”“上涨”等词塑造出蓬勃发展的中国经济形象。我们从与中国经济相关的其他新闻标题中提取有助于支撑这一形象的其他动词，包括：“批准”“成立”“面对”“投入货币”“签订合同”“削减费用”“投资”“禁止”“购买”等，这些都代表着一个国家有能力做或不做一件事，并始终处于积极状态。因此，以“中国经济”为标题的新闻为巴西民众展示了中国强大而活跃的国家形象。通过新闻报道，我们可以看出一个具有影响力和统治力的中国，一个经济蓬勃发展、企业家拼搏进取的中国。

2. 加速经济转型，坚持自我发展

通过“中国经济”相关的新闻标题，我们观察到中国另一个重要的形象是自我发展。中国是一个独立、主权完整、懂得如何治理的国家。例如，在中国促进国家经济增长的过程中，我们能够从“中央银行承诺为经济提供支持后，中国经济指数回升”“11月中国制造业恢复增长”“中国指数因贸易形势乐观而收高，超越以往指数”“阿里巴巴在光棍节当天打破了销售记录”“华为奖励员工2.86亿元”等标题中看到中国经济的快速增长。与此同时，我们看到中国在经济发展过程中不断地自我调节，例如中国不断发掘国家经济发展的潜力，强调传统经济与数字化经济融合发展，充分利用“阿里巴巴”等互联网平台，推动数字经济发展。

（二）“中美经济”新闻标题中的中国经济形象

通过分析与“中美经济”相关的43个新闻标题，探索中国在世界最大的经济体美国面前的形象。2019年中美之间的贸易摩擦受到多方媒体的关注，媒体为了强调这种冲突性，新闻标题中使用了一系列如“战争”“战斗”“攻击”等蕴含着战争比喻的词语。正如我们所指出的那样，身份和形象构建的基本方面之一是变化，是与对象之间的对比冲突。在这场贸易摩擦下，中国与美国形成鲜明对比，中国的形象有了新的特征。

1. 具有竞争力和影响力

当涉及国家之间的比较时，在不少标题中，中国的形象与美国相近，具有相似的特征。在对中国和美国的形象进行对比分析时，我们发现，中国展示出的是具有竞争力和影响力的国家形象。我们从“中美力量较量中的平衡”“贸易战在中美压力下逐渐升温”“美国和中国华为在2018年国际专利申请中并列第一”等标题中可以看到两国所各自体现的竞争力，并且巴西UOL网站上相关新闻标题显示出中美两国并未表现出其中一方对另一方施压，两国表现出同等的竞争力。此外，我们从“中美影响世界其他国家”“中美协议预期达成，亚洲股市收高”等新闻标题中还可以看出，中美两国作为世界上最大的两个经济体，对其他国家和地区的经济、生活有着不可忽视的影响。从这个方面来说，中国展示了具有竞争力和影响力的国家形象。

2. 主动竞争

一个正在崛起的经济体，势必会开拓新的市场。与美国相比，中国在竞争方面更加具有主动性。我们从“华为起诉美国联邦政府对其产品发布禁令”“美国对中国崛起的关注：威胁大于苏联”“中国指控美国在亚洲播下不和谐的种子”“中国抨击美国是世界不稳定的最大源头”等标题中可以看到诸如“起诉”“威胁”“指控”“抨击”等动词，这些动词都显示出中国在经济竞争中表现出的主动性。特纳（Turner）在中美形象构建研究中表示，中美经济竞争活动中，中国的形象更加具有“争斗性”，其力量也被视为是一种威胁。[①] 中国作为世界第二大经济体，对巴西同样产生较大影响，但在现任政府领导下，巴西的新闻网站所塑造的中国形象似乎和美国方面是一致的。例如，在“中美贸易摩擦”相关主题的新闻中，中国被树立成一个好争斗且具有威胁性的国家。在中国的负面形象被构建的同时，一些意识形态方面的因素凸显了出来，在这场贸易竞争背后，不仅仅是商业上的问题，也存在着意识形态问题。正如本报告开头所指出的一样，形象是一种象征性的结构，它们是基于特定时间和空间中的解释而产生的，因此受到每个时代不同意识形态下的社会、文化和政治力量的影响。

---

① Oliver Turner, *American Images of China: Identity, Power, Policy*, New York and London: Routledge, 2014.

3. 经济超越

我们从另一些涉及中美经济的新闻标题中，例如“光棍节：中国的黑色星期五如何超越美国”可以看出，中国经济发展逐渐显露出超越美国的势头。而在“美国期望在禁运结束后对中国增加约 10 亿美元的家禽出口”这个标题中，“期望”一词可以理解为美国对中国的依赖性行为，即期待对方的行为，因而显示出中国对美国经济的牵制。

（三）“中巴经济”新闻标题中的中国经济形象

通过分析与“中巴经济”相关的 37 个新闻标题，我们注意到，中国的形象是多变的。

1. “好伙伴”形象

中国作为世界第二大经济体，同时也是巴西的重要贸易伙伴。通过“中国主席访问巴西加深了与金砖国家之间的伙伴关系”“巴西与中国签署伙伴协议，将共同展开投资”“巴西水能公司与中国公司签署协议，共同治理皮涅罗斯河和比林斯河”等新闻标题，我们可以看出，两国签署了许多协议，强调了彼此之间的伙伴关系，树立了中国是巴西好伙伴的正面形象。与此同时，巴西政府及巴西公司对中国市场十分感兴趣，我们从“博索纳罗向习近平表示，希望扩大与中国的贸易”“巴西多家公司寻求向中国出口的许可”等标题可以看出。此外，中国经济的崛起为巴西经济带来了益处。例如，“肉类出口中国，价格飞涨”“中国宣布中国交通建设集团将对圣路易斯港进行数亿美元的投资”“中国的需求推动牛肉价格创历史新高”“中国推动巴西发展，巴西畜牧业 2019 年预计将增长 7%”等新闻标题都表现出中国对巴西肉类产品的进口以及建筑投资领域带来的利益，可以说，中国为巴西经济发展带来诸多利好。因此，上述新闻标题树立了中国是巴西“好伙伴”的积极形象。

2. “坏伙伴”形象

巴西 UOL 网站上另一些关于中巴经济的新闻，例如“中美之间的农业贸易协定对巴西非常不利”，该新闻标题指出巴西受到中美贸易摩擦的波及，中美贸易摩擦为巴西带来了不利的影响，使其失去了市场。“肉类出口中国，巴西消费者多花钱”的报道称中巴贸易可能会损害巴西消费者利益，换句话说，由于巴西对中国的肉类出口量不断增大，从而带动肉类消费价格上涨，导致巴西消费者在购买产品时花更多的钱。我们可以看出，这类新闻标题对中国的形象不利，中国成为巴西的“坏伙伴”。

3. 模棱两可

通过分析“博索纳罗政府与中国息息相关”“博索纳罗政府向中国发出含糊不清的信号”等标题，我们可以了解巴西政府是如何看待与中国关系的。现任巴西政府视中国为巴西前政府的盟友，它们都同共产主义、社会主义有关。然而，由于巴西现任政府以反对前政府为目标，因此也出现了对中国的不信任，这使得巴西对中国的态度含糊不清，模棱两可。正如我们列举的新闻标题中所描述的那样。巴西前几任政府对中国政府的态度十分亲近，因此，自 2009 年，中国一跃成为巴西第一大贸易合作伙伴。而现任政府似乎对这一事实犹豫不决，因为在意识形态上，他们将中国与巴西前几任政府联系在一起，而这正是他们所反对的，因此，巴西现任政府是以一种不信任的方式看待中国。

我们看到，巴西的现状和变化导致中国的形象出现多样性。巴西现任政府对中国模棱两可的态度，实际上反映出中国形象的复杂性。一方面，中国作为巴西重要经贸合作伙伴，吸引了众多巴西投资者，为巴西市场带来更大的盈利空间，使得中国树立起巴西“好伙伴”的正面形象。另一方面，中美之间的关系又对巴西产生了一定的威胁，因此，中国是巴西“坏伙伴”的形象也随之产生。而意识形态上，中国的形象又变得模棱两可。

四　结语

新闻标题是与其时代背景相关的，通过媒体、读者和社会政治与文化环境之间的互动来建立意义。我们从巴西读者所接触到的关于中国经济方面的新闻入手，探索中国经济形象。我们既看到一个经济蓬勃发展、具有竞争性和影响力的中国，又看到了在与美国贸易竞争中，一个主动竞争而又强势的中国。

通过研究我们发现，巴西网站 UOL 中的新闻报道着各种各样的中国形象，这些形象之间充满矛盾、对立。正如我们所说过的那样，形象是在交互过程中产生的。不同的时代背景下就会产生不同的形象，没人能描述出真正的中国，又或者任何一个个体、实体、团体和国家的真实形象。形象和身份是多样的、复杂的，并且在不同政治意识形态角度下、不同国家之间的关系和利益之下都会产生变化。对于巴西而言，中国既是“好伙伴”，又是“坏伙伴”，最终看来便模棱两可。

本报告未能讨论在其他领域，如政治、文化、体育等新闻标题中是如何构建中国形象的。但是，在其他交往活动以及变化下还会出现其他的形象。因此，考虑到这些形象是不同个体和平台塑造的，并受到不同意识形态影响，我们将推动中国形象构建在其他领域的进一步研究。我们无法控制一个形象的产生，但是可以肯定的是，这些形象会引导不同个体和团体的态度和观点，这是我们研究的意义所在。在讨论的最后，我们留下了一个问题：在我们的研究背景之下，中国形象的构建让巴西民众更亲近中国，还是疏离中国？

我们并不意在给出该问题的答案，而是要辨析一个事实，因为没有任何一个具体形象足以概括一个个体、团体或是国家，因此要丰富一个形象的方法就是展现每个个体、团体和国家自身的多样性。正是这种多样性，才能让不同个体、团体和国家之间产生认同感，促进相互理解。正如霍尔所言，当主体认识到这种认同感，他们也就能意识到事实上没有什么所谓的真相，每个人都不止有一面，世界总是在变化之中。[1]

中国和巴西在地理和文化上相隔甚远，但是随着世界经济和政治环境的变化，各国之间的距离逐渐被拉近，并产生了新的世界格局和共同利益。互联网新闻传播研究有助于我们在特定环境下理解国家形象的构建（例如在

---

① Stuart Hall, *A Identidade Cultural na Pós－modernidade*, Rio de Janeiro: Dp&a, 2006.

UOL 网站上）。个体、群体、机构和国家的形象是一种社会结构，并且和很多因素相关，如社会经济地位、文化和政治利益、历史发展等。因此，分析形象的构建离不开其中的背景，当世界在变化时，这些形象也相应地改变。

需要指出的是，在这样一个网络世界里，传输着关于不同群体的信息，一个可行的策略是多接触不同的信息来源，仅以一个来源作为我们的知识参考是有风险的，特别是这些知识永远都是片面的。中国和巴西之间充满许多商业机遇，在这其中自然而然会发生文化交流，甚至不可避免地产生利益冲突。为了能够以一种平衡、自觉、互利的方式发展彼此之间的关系，了解形象的构建方式就显得十分重要。

A.10
巴西华文教育的现状、问题与对策

张　翔*

摘　要： 海外华文教育是华侨华人传承中国文化的"留根工程"，对凝聚海外侨胞、增强中华民族认同，尤其对新一代华裔有着重要的意义。巴西与中国虽然相隔遥远，但随着两国经贸关系的不断升级，特别是在巴西新政府的经济发展计划与"一带一路"倡议深入对接的新时期下，巴西华侨华人社区日益壮大，华文学校规模进一步扩大，华文教育受到高度重视，成为世界华文教育的重要组成部分。巴西的华文教育始于20世纪50年代末，经过60多年的风雨历程，呈现出目前顺应侨社结构、以需求为导向的特点。近年来，随着国务院侨办对巴西华文教育的支持力度进一步加强，巴西的华文教育以大陆华校教授简体字和汉语拼音为主，学生主体多由大陆新移民的第一代华裔构成。本报告从巴西华文教育的主要平台——圣保罗华文学校入手，通过分析其办学性质、办学主体、办学方式、教学师资等方面，提出有针对性的对策和建议。

关键词： 华文教育　华文学校　巴西　华侨华人

海外华文教育是华侨华人社会的产物和重要事业之一，狭义来讲特指华侨华人在侨社内传授、继承并弘扬中华民族语言文化的一种教育，其主要对

* 张翔，澳门理工学院语言及翻译高等学校讲师，巴西圣保罗大学博士研究生。

象是在海外出生的华裔新生代（含混血儿）以及从小随父母移居国外的华侨子女，主要平台是华侨华人自主创办的华文学校。据相关研究统计，目前侨居海外的华侨华人已有6000多万，分布在世界上198个国家和地区，各类扎根侨社的华文学校达2万余所。近年来，随着中国经济的腾飞和国际地位进一步提升，海外华侨华人，特别是他们对其后代子女学习中国语言文化的需求和愿望日益迫切，海外华文教育也随之进入新的发展阶段，面临新的挑战。

巴西的华文教育，随着巴西华侨华人社会的发展而逐步展开。尽管中国人移民巴西已有200多年的历史，但有史可考的、真正意义上的华文教育始于20世纪50年代末期，由宗教人士发起。据相关文献记载，1957年中国籍天主教神父党世文被委任向巴西华侨传教，抵达巴西后却发现“华侨子弟没有接受中文教育，不懂中文”①，让其为中国传统文化可能在侨社中断绝感到忧虑。于是，他开始联络侨界热心人士筹办中文学校，在1958年初正式成立“圣保罗第一中文学校”。之后经过一系列的扩建、迁址、更名（1963年曾更名为“孔圣学校”）、改制甚至停办（1973年）等，该校发展成今天的“圣保罗华侨天主堂中文学校”（1975年由天主堂王若石神父主持，再度更名成立），半个多世纪为中国语言文化在巴西华侨华人社区的继承和弘扬做出了巨大的贡献。

由于历史及侨社结构的原因，直至20世纪末，巴西华文教育一直以老侨（广东、山东、浙江、江苏等省侨胞）及台湾地区移民为主导，台湾侨务委员会对巴西的华文教育给予了师资、教材等多方面的支持。其间，除了颇具影响力的华侨天主堂中文学校以外，各侨团和宗教组织也纷纷开办中文班，其中以中华会馆和华人基督教会的中文班为代表。后来因台湾移民逐渐减少、华侨子弟外出求学等各方面原因，很多中文班停办。从90年代中期以后，随着大陆新移民不断涌入巴西，侨社结构也发生了巨大的变化。加之很多华侨为了寻求身份合法化，大量华裔在巴西出生。据相关材料显示，

① 徐捷源：《巴西中文教育概况兼谈华人的双语现象》，载文化建设基金管理委员会（策划主办）、世界华文作家协会、南美华文作家协会编印《南美华人天地——三十年来南美华人生活文化学术研讨会文集》，台北出版，1999年10月，第107页。

2010 年巴西华裔儿童出生数达到最高峰，因此，目前多数华裔儿童处于学龄阶段。为了满足新侨子女学习汉语普通话及中华文化的需求，大陆人自己创办了多所华文学校，构成当前巴西华文教育的“主力军”。由此可见，巴西的华文教育随着侨社结构的改变而转变。据最新研究估计，截至 2019 年 12 月，巴西华侨华人总数逾 30 万，其中约 80% 集中在巴西东南部的圣保罗市——巴西的经济、金融、贸易中心①，因此，巴西的华文学校也多集中在这里。很多华侨华人为了子女能够学习中文、了解祖籍和祖国文化，特地搬迁至圣保罗工作生活。

一 巴西华文教育现状概况

2018 ~2019 年，中巴两国关系越来越密切，巴西的华文教育也呈现出顺应侨社结构、以需求为导向的特点，主要体现为大陆华校地位凸显，主要教授简体字和汉语拼音，学生主体由大陆新移民的第一代华裔构成，国务院侨办对巴西华文教育的支持力度进一步加强等方面。根据笔者调查，在圣保罗具有规模的华文学校当中，除了三所中国台湾地区华文学校之外，其他六所华校均是中国驻圣保罗总领事馆支持的圣保罗华助中心教育组成员学校，本报告以这六所华校作为巴西华文教育现状的研究主体（详见表 1）。

表 1 巴西圣保罗主要华文学校（含不同校区及分校）一览（截至 2019 年 12 月）*

序号	学校名称	成立时间	位置	办学主体	办学方式
1	圣保罗华侨天主堂教育集团				
	华侨天主堂中文学校	1957	Vila Olímpia	宗教团体	私立中文补习学校
	圣本笃学校	2007	São Bento	宗教团体	巴西正规私立学校中文部/中巴合作
	学琳幼稚园	2012	São Bento	宗教团体	私立中文幼稚园

① 张翔：《圣保罗华人基督教会中针对新华人移民开设的葡文课程领袖的话语身份构建》，硕士学位论文，澳门大学，2018，第 6 页。

续表

序号	学校名称	成立时间	位置	办学主体	办学方式
1	圣本笃学校工具街分校	2018	Centro	宗教团体	私立中文补习学校
1	慈幼学校	2017	Belenzinho	宗教团体	巴西正规私立学校中文部/中巴合作
2	**幼华学园**	1993	Aclimação	私人	私立中文补习学校
3	**启智华文学校**	2004	Luz	私人	私立中文补习学校
4	**育才学园**	2007	Liberdade	私人	私立中文补习学校
5	**德馨双语学校**	2009	Luz	私人	私立中文补习学校
5	德馨双语学校工具街分校	2009	Centro	私人	私立中文补习学校
6	**天天学园**	2010	Luz	私人	私立中文补习学校
6	天天学园军警学校校区	2014	Pari	私人	巴西正规私立学校中文部/中巴合作
6	天天学园雅典娜学校校区	2019	Ipiranga	私人	巴西正规私立学校中文部/中巴合作

注：＊该表6所华文学校的名称用加粗字体标识，分别是华侨天主堂中文学校、幼华学园、启智华文学校、育才学园、德馨双语学校及天天学园。含分校或不同校区的学校分别用非加粗字体列在总校下方。

资料来源：根据作者实地调查走访各个华文学校整理得到，并在国际移民学术研讨会做了相关报告，见张翔《关于巴西华裔将汉语作为继承语学习的研究初探》，第二届巴西华人移民研究国际研讨会，里约热内卢，2019年6月，第3页。

从表1可以看出，自20世纪50年代开创一直延续至今的圣保罗华侨天主堂中文学校，在历届校长的努力带领下，不断设立圣本笃学校、慈幼学校等分校，发展成以天主堂中文学校为总校、4所分校协同发展的圣保罗华侨天主堂教育集团。其中最为知名的是圣本笃学校中文部（即圣本笃学校）的设立，开创了华侨华人私立中文补习学校和巴西正规私立学校良好合作的典范，2009年被国务院侨务办公室评为“海外华文教育示范学校”。[①] 2018年，为了满足在圣保罗市中心经商的华侨华人子女就近入学的需求，尤其是

① 肖思佳：《巴西圣保罗圣本笃中文学校简介》，巴西侨网，2019年8月9日，www.bxqw.com/userlist/hpbd/blank-2022.html。

学前儿童入学需求，圣本笃学校在工具街新成立一所分校。

需要强调的是，巴西基础教育和中等教育阶段的半天制学习制度，为巴西华文学校的生存发展创造了空间。大多数华裔，尤其是大陆新移民的第一代华裔，由于其父母忙于生意而无暇顾及他们的学习，加上对于祖籍和祖国感情深厚，希望孩子在接受巴西正统教育的同时，学习汉语和中国文化，甚至期望他们的中文水平与国内同龄学生保持一致。因此，绝大多数的华裔学生都是半天在巴西学校，另外半天在华文学校。华文学校除了教授中文课程，还为学生提供数学（中文为教学语言）、葡文辅导及其他语言文化类课程。

巴西半天制的基础教育也为华文学校提供了与巴西正规私立学校开展教育合作的机会。华校在发展好本部的基础上，不断探索创新发展模式，积极寻找机会，在华侨华人聚居区的优质私立学校内设立中文部，让华裔尽可能在同一学校接受教育，不仅节省通勤时间，还会获得学费优惠。目前，圣保罗部分华文学校与当地私立学校合作，在私立学校内设立华文学校分校，学生在完成半天葡文制的学习后，直接进入华文学校分校学习中文及其他课程，如数学、中国文化等。这种合作模式不仅加强了巴西华裔的中葡文教育，也为中国语言文化在巴西学生中的传播起到了一定的作用，是中巴在教育领域的重要合作机制。

从办学模式来看，目前圣保罗的华文学校依然是私立中文补习学校的性质，分校的设立采用与当地学校合作的模式，即在巴西当地私立学校设立中文部，开设中文课程，供华裔学生就读。这种合作模式为巴西正规的私立学校带来了很多稳定的生源。表 1 中所列的 6 所华文学校及其不同校区和分校，除了圣保罗天主堂中文学校从 20 世纪 70 年代开始就只开设周末中文班，其他学校（含分校）均是周一到周五全日制，部分学校周六还开设音乐、舞蹈、武术等各种兴趣班。

各个学校的办学主体绝大部分都是私人，即早年来到巴西的华人华侨。他们经过数年的艰难打拼后，有了一定的资本积累，开始投身华文教育事业。尽管以圣保罗华侨天主堂中文学校为中心的教育集团延续了将中文教育作为天主堂宗教事业的一部分的传统，在经费上有一定团体的支持，从表面上来看是宗教团体办学，但从实质上来看，依然呈现私人办学的特点。

从成立时间来看，除了圣保罗华侨天主堂中文学校（1957 年成立）之外，相对较早成立的是幼华学园。该学校由中国台湾移民陈丽娇女士在 1993 年创办，是巴西第一所私人性质的华文学校，近 30 年来为巴西华裔持续不断地学习汉语和中国文化提供了机会。该校一直以来十分注重华侨华人子女的实际需求，教授简体字和汉语拼音。

除了圣保罗华侨天主堂中文学校和幼华学园，其他华文学校都成立于 2000 年以后，主要集中在 2010 年左右，这也和巴西侨社的人口结构相吻合。随着大陆新移民及其在巴西出生的子女数量增加，华文学校也纷纷成立。2018 ~ 2019 年，新成立的两所分校是圣本笃学校工具街分校和天天学园雅典娜学校校区。这主要是由于 25 街①依然是很多大陆新移民经商的主要区域，圣本笃学校工具街分校的设立方便父母接送子女上学。天天学园雅典娜校区位于 Ipiranga，是近年来华人集中居住的地方，该分校的设立进一步满足华裔子女的双语学习的需求，尤其是华文教育。

由此看出，华校所在位置主要体现以下两个特点：一是靠近华人聚居或工作的地方，比如慈幼学校，旁边就是很多华侨华人居住的“28 栋小区”②；德馨双语学校、启智华文学校、天天学园、育才学园，都是位于华人经商比较集中的区域，如 Luz，Liberdade，Centro 等等。二是靠近华裔就读的巴西学校附近，比如幼华学园，旁边就是很多华裔就读的 Etapa，Objetivo 等优质私立学校。

就各个华文学校目前就读的学生和教师数量来看，由于种种原因，笔者难以得到准确数据，但根据各校负责人报告以及笔者的调查统计，每个华校有 100 ~ 300 名学生，涵盖幼儿园到中学的教育。每个学校的中国教师数量在 20 人左右，主要由侨社内有志于从事华文教育的新老移民组成，近年来

---

① 作者译，葡萄牙语名为“Rua 25 de Março”，是巴西圣保罗州圣保罗市最大的小商品零售批发地。很多中国移民在此开设店铺，当地华人称其为“25 街”。

② 作者译，葡萄牙语名为“Comdomínio Edifício Projeto Viver”，位于圣保罗 Brás 区，华侨华人集中居住在该小区，因小区内有 28 栋楼，而被称为“28 栋小区”。

陆续有国侨办派来的中国教师支援巴西华文教育。比如，2018 年国侨办派来的 8 位教师，分别在圣本笃学校、慈幼学校、德馨双语学校三所学校任教，从事语文、数学及幼儿的教育教学工作。

目前各个华文学校广泛使用的教材来主要有两套：一是国内人民教育出版社出版的《语文》《数学》《英语》等专门针对国内学生使用的课本（简体中文版）；二是暨南大学出版社出版的主要针对海外华裔学生使用的《中文》（中英对照版），该套教材共 12 册。除此之外，还有一些少量使用的其他教材，比如华语教育出版社出版的主要供中文作为第二语言的学生使用的《当代中文》（中文简体和欧葡对照版），北京语言大学出版社出版的《新实用汉语课本》等等。

二　巴西华文教育现存的问题及分析

巴西华文教育经过 60 年的洗礼，蓬勃发展的同时仍存在一些问题以及有待改进之处。

（一）私人办学限制较多

巴西的华文教育主要以圣保罗的华文学校为平台展开，而这些华文学校都是私人办学，换言之，这些学校都是华侨华人自己开办的私人性质的中文补习学校（班）。从巴西政府层面来讲，中文没有被列入国家正规教育体系的语言学习当中，这样也就无法实现华裔子女在正规学校完成中国语言文化的系统学习，如此产生了一系列问题，具体如下。

第一，华文学校办学者的教育资质仍有待进一步提高。正如上文中已经提到的，华文学校的办学主体都是侨社内的华人移民，绝大部分都是在 2000 年左右抵达巴西。和很多移民巴西的其他侨胞一样，他们办学仍以经商为目标。部分负责人虽在国内接受过中、高等教育，但未必懂如何经营、管理一所学校。换句话说，很多创办者都是以商业化模式来经营管理学校，造成招生、聘请师资等方面的恶性竞争。但是，部分华文学校负责人已经认识到自身专业知识的不足，开始寻求持续教育的机会，有些甚至完成了巴西私立大学的教育学本科课程。

第二，办学经费有限，硬软件设施有待改善。由于是私人办学，经费来源单一，几乎没有政府或者其他部门的资助，因此在校舍条件、硬软件配置以及聘请高水平师资等方面投资力度相对较小。对于没有独立校舍的华文学校来说，每月还需支付高额的房租，经营困难。

第三，各华文学校之间的凝聚力低。商业办学的性质大大降低了各华文学校相互协作的力度，使得将华文学校统一战线、共同制定教学大纲标准的可能性几乎为零，不利于巴西华文教育良好、可持续地发展。

第四，师资力量薄弱。据笔者不完全统计，很多华文学校的教师都没有相对应学科的师范学历，缺乏专业教学经验。选择在华文学校任教的原因主要有两点：一是对于年轻老师来讲，为了照顾子女，凭借在国内完成的部分教育和在巴西积攒的一些教学经验来华文学校应聘做中文老师；二是对于年龄稍大的老师来讲，经过多年在巴西的辛苦打拼，在不回国的情况下，选择做一份稍轻闲的工作，再加上近几年巴西经济持续衰退，生意难做，很多老师不得不选择长期在华文学校任职，但薪资待遇普遍不高。除了在巴西侨社聘用的中国老师以外，近几年，随着国家侨务办公室对海外华文教育的大力支持，每年中国都会派遣一定数量的中小学优秀教师前往巴西华文学校任教。但由于派遣教师数量有限，不是每个巴西华文学校都有机会争取到名额。比如，2018 年国侨办选派湖南、贵州、河南、吉林等省的 8 名优秀教师来巴西任教，但由于各方面原因，只能派到圣保罗的三所华文学校。且外派教师的任期一般为两年，流动性强。对于华裔学生来讲，刚刚适应外派教师的授课风格，由于老师任期已到，又要面对新的老师，开始新一轮的适应期。

（二）“中文 + 葡文”双轨式教学不成熟

从圣保罗华文学校的办学方式来讲，主要是“中文 + 葡文”的双轨式教学模式，但又不是严格意义上的中葡双语教育。这种所谓的“中文 + 葡文”的办学方式其实也是适应侨社需求的一种体现。

以笔者调研的一所华文学校——圣保罗德馨双语学校为例，该校是近几年发展规模较大、发展势头较好的一所华文学校，也被国侨办评为“海外华文教育示范学校”。2009 年成立至今，该校总校区一直位于圣保罗华侨华人生活、工作比较集中的 Luz 区，方便家长接送子女上下学。学校总共有两座大楼，近 30 个教学班，其中一座大楼是中文部，另一座是葡文部。学生可选择半天或全天在学校就读，一般来讲，一年级以下，即幼儿部和学前班都是全天制，一年级以上至中学是半天制，即半天去巴西学校，半天在德馨双语学校学习中文、补习葡文。整体来说，学中文的学生实际中文年级低于实际的葡文年级，实际葡文年级低于理论年龄上的年级。比如，学生年龄 10 岁，应该读葡文 5 年级，但实际读葡文 3 年级，读中文小学 1 年级，造成了新华侨华人子女“葡文先行，中文紧跟”的现象。这主要跟华裔父母在孩子小时候作出的家庭语言政策相关。很大一部分华裔在巴西出生后，由于各种原因，会被送回国内由其他亲属照顾，直至成长到入读小学的年龄，才会返回巴西接受教育。这就在一定程度上造成了华裔子女在学龄期语言学习混乱、基础不扎实，结果导致中文相对落后，葡文学习也有困难。华文学校开设的葡文部，主要是帮助学生解决巴西学校布置的家庭作业，因为很多华裔，虽然口语交流没有问题，但葡文语言输入相对少，葡文阅读理解以及写作方面依然有很大的问题。加之父母教育水平和葡文水平都不高，难以辅导孩子完成作业，因此就把他们送入华文学校，除了学习中文以外，也进一步补习葡文。但是这种双轨制的学习模式，也给华裔新生代带来很大的学习压力。

这里需要指出的是，华侨华人对于子女的教育呈现出“钟摆式”的特点，即在“回中国学习”和“留在巴西学习”之间摇摆不定。在华文学校就读学前班的很大一部分华裔，年龄大都在 6 ~ 7 岁，都是处于摇摆的状态。一方面是由于巴西经济连年衰退，很多华侨华人失去信心，有举家回国的想法。因此一旦父母决定回国，孩子在巴西的教育就会停止。或者由于很多华侨华人不信任巴西的正规教育，认为中国的教育相对巴西来讲更具系统性、进阶性，想要送孩子回国接受教育。另一方面是考虑到在巴西已经奋斗多年，不忍前功尽弃，而且回国也很难找到合适的工作，因此继续留在巴西，子女也继续接受巴西的教育。对于国内有亲戚可以托管孩子上学的华侨来讲，考虑到长期与孩子分开，缺失父母的陪伴可能对孩子的成长造成负面影响，最终决定把孩子留在身边，继续就读巴西学校。

对于设立了分校的华文学校来讲，其办学采用“嫁接”的形式，也就是说，依托巴西当地学校，开设中文部，教授中文。比如华侨天主堂中文学校在巴西著名的私立天主教会学校开设中文部，设立“慈幼中文学校”。天主堂中文学校派出相关负责人、中文教师，同时负责吸引华裔生源来校就读中、葡文，慈幼天主教学校提供教学场地及设施。目前来看，这种“嫁接”的合作方式呈现出一定的优势，比如大大方便了华裔子女在巴西学校接受正规葡文教育的同时，还能足不出校学习汉语以及中国文化。但又有很多限制，比如，由于中巴文化差异以及利益冲突，导致很多情况下，中文部让步于自己依托的巴西学校。如此看来，这种合作模式适用于华文教育的过渡发展，但从长远来看，华文学校还是要继续探寻自力更生的发展道路。

（三）师资力量薄弱，教材适用性存在很大问题

毫无疑问，师资队伍建设是巴西华文教育稳步发展的重要方面。早期，巴西华文师资的主体是中国台湾老华侨义工。如今，华文学校教师主要由大陆新华侨构成。然而，大陆新华侨大多葡语水平不过关，并且很多并非中小学教育或者师范专业出身，由于刚到巴西找不到更合适的工作，做中文教师是权宜之计，相对稳定的教师岗位有利于他们积累资本用于之后经商。

为了提升教师专业水平，每年国家会提供 2 ~ 3 次教师培训的机会，但由于培训周期较短等各方面原因，难以在短期内提高师资水平。比如，2019 年中国华文教育基金会名师巡讲团来到巴西圣保罗开展为期一天的中文教师培训课程①，除了培训时间较短之外，培训内容主要针对的是对外汉语教

---

① 《圣保罗华助中心成功举办 2019 中国华文教育基金会名师巡讲团中文教师培训讲座》，巴西华人协会网站，2019 年 8 月 13 日，www. br - cn. com/societies/bxhrxh/news/20190813/134449. html。

学，而并非华裔的海外华文教育。加之培训教师对巴西文化不了解，对于巴西华裔的学习需求也知之甚少，这样的培训课程就容易沦为各个机构趋于表层的交流，而对巴西华文教育的发展难有实质性的帮助。

教材方面，总体来看，巴西华文教育的教材种类很多，不仅包含中国台湾出版的华文教材，还有大陆出版的教材以及市面上流通的一些中文教材，但很多教材的实用性和适用性还值得商榷。例如，很多华文学校选择使用中国大陆出版的人教版《语文》作为华裔学习中文的教材，但这套教材对于巴西的华裔来讲其适用性有待考量。虽然大部分的新华侨第一代华裔母语依然是汉语，但相对于国内同龄的学生，巴西华裔汉语的输入很少，尤其是在读写方面很难达到国内学生水平。因此，这套供国内学生使用的教材不管是从教学内容的实用性以及难易度，还是从教材编排的进度来讲，都不适应巴西华裔的华文教育。另外一套使用最多的教材是我国暨南大学华文学院出版的主要用于海外华裔子女学习的《中文》，但该教材过于笼统，主要使用对象是欧美的华裔，因此从文化角度来讲，这一套教材虽然使用了英语译文，但仍然没能立足巴西华文教育，实现华文教材和华文教学“本土化”。

（四）部分华裔中文学习兴趣不高

从学生主体及家长对于学习中文的态度来看，大部分华裔对于学习中文有很大的兴趣，他们想通过学习中文了解更多的博大精深的中华文化。或者很多华裔想通过学习中文，参加国内港澳台华侨子弟联考或者 HSK 汉语水平考试回中国接受高等教育。但仍存在一部分学生由于从小接受葡语教育，几乎完全“巴西化”，学习中文更多的是出于父母的意愿，因此学习兴趣不高。

三　有关巴西华文教育的对策和建议

巴西华文教育是中华民族语言文化教育在巴西的一种自然延伸，不仅是巴西侨社内语言的传授和继承，更重要的是通过文化的熏陶和薪火相传来维系巴西华侨华人与祖国的亲情，加强巴西华侨华人，尤其是新一代华裔的语言、民族认同感和自豪感。随着中国综合国力的进一步提升，在“一带一路”倡议的背景下，巴西的华文教育也迎来了更多的发展机遇和挑战。针对之前对巴西华文教育现状和问题的分析，对未来发展提出以下对策和建议。

（一）提高中文在巴西教育体系中的地位，推进华文学校正规化发展

截至 2019 年 12 月，圣保罗所有华文学校仍属于私人开办的非正规补习班。尽管有一些华文学校在寻求与巴西正规私立学校“嫁接”式的合作，但中文课程依然未能纳入巴西教育部门承认的正规教育当中，这就造成华文学校办学不正规、难以长期发展、学生学习压力增大等问题。为了改善这一困境，中国与巴西政府相关部门应当共同努力，同时呼吁巴西所有华侨华人社团的积极参与，尤其是那些在巴西政界中有一定影响力的侨领，共同促进这一目标的实现。华文学校办学形式的正规化，可以由中国驻巴西圣保罗总领事馆侨务领事牵头、圣保罗华助中心教育组整合，进一步统一华文教育的办学目标和形式，更为合理、有效地利用各种硬软件资源，规范教师招聘，推动巴西华文教育的可持续发展。

（二）加强华文教育的师资培训，进一步完善师资队伍

各华文学校要积极选派优秀教师回国参与华文教师培训，完成培训课程后与其他教师进行分享。除此之外，华文学校应鼓励教师进修，比如修读暨南大学华文学院推出的中国语言文化教育远程课程等。对于每年来巴西举办的中国华文教育基金会名师巡讲团，相关部门也应注意讲座的针对性和实用性，选派有海外华文教育经验的老师来分享教学心得。最后，国侨办也应进一步加大巴西华文教师的派遣力度，争取在圣保罗的每所华文学校派遣教师进行教学以及对当地师资进行培训。

（三）增强华文教育教材的实用性和适用性，开发“本土化”教材

圣保罗华助中心教育组可积极联系国内外华文教育的专家、一线教师，尽可能开发适用于巴西华裔的“本土化”华文教材。华文学校负责人及教师也应在了解学生背景和学习需求的基础上，合理选择现有的教材，教师也应在教学法以及教学进度、难易度上作出一定的调整。比如，针对将汉语作为第二语言的学生，教师可以选用相对简单的暨南大学版《中文》教材。教师在教学过程中，也应对传统的教学法作出改善，通过使用多媒体让课堂更生动，激发学生学习中文的兴趣。

（四）加强学校和家长的联系，增强家长正确采取家庭语言政策的意识

除了华文学校之外，家长的家庭语言政策对于实现成功开展华文教育有重要的意义。目前来看，大部分家长对于子女的华文教育虽然意愿很强，但由于知识能力所限，很难给予孩子正确的引导。因此，学校以及侨社相关部门也应积极开展针对家长的家庭语言政策的知识讲座，让家长更好地对子女进行引导，让华文教育能更好地开展。比如学生家长可以在平时的生活中更多地关注孩子的语言学习特点，在条件允许的情况下，记录孩子的某些语言使用情况，进而咨询语言学或教育学专业人士，更好地提高孩子的语言学习水平。

四　结语

海外华文教育是华侨华人传承中国文化的“留根工程”，对于凝聚海外侨胞、增强其中华民族认同，尤其对新一代华裔有着重要的意义。巴西海外华文教育随着中国移民的大规模增长而迅速发展，主要体现在华校在数量和规模上的扩张、父母对子女学习中文的意识加强等，但仍面临一些困境，如教材不适和师资短缺。因此，本报告通过对巴西华文教育现状进行研究，重

点分析巴西圣保罗华文学校在办学形式、办学性质、教学师资及教材适用性等方面的问题，进而提出针对性的对策和建议，如推进华文学校正规化发展、加强华文教育师资专业培训、开发“本土化”教材以及加强学生家长合理采用家庭语言政策等，来推动巴西华文教育的可持续发展。总之，中国和巴西在社会文化方面存在着巨大的差异，要想在巴西办好华文教育，还需要在跨文化的背景下进一步实现“本土化”办学，以巴西华侨华人为主力进一步推动中巴在教育领域的交流和合作。巴西的华文教育不仅是中国在世界推广华文教育的一部分，更将对未来中巴社会文化交流的主力军——新一代华裔的培养起到关键性的作用。

国际关系篇

International Relations Reports

A.11
“一带一路”在葡萄牙的进展、实施与影响

马绍壮　张晋铭*

摘　要： “一带一路”倡议引起国际社会的关注和探讨。本报告研究“一带一路”倡议在葡萄牙的进展和实施情况以及当地民众如何看待“一带一路”倡议的动机和彼此利益，并探究该倡议对中葡两国关系的影响。通过对葡萄牙民众进行访谈，本报告得出以下结论：首先，“一带一路”倡议和葡萄牙的发展目标有很好的对接之处，而且“一带一路”倡议在政策沟通、设施联通、贸易畅通、资金融通、民心相通方面均取得积极进展；其次，“一带一路”倡议在葡萄牙的实施

* 马绍壮，葡萄牙里斯本大学学院（ISCTE－IUL）副教授，博士生导师；张晋铭，里斯本大学学院（ISCTE－IUL）硕士研究生。

动机是以能源、知识和技术资源驱动为主导；再次，“一带一路”倡议在葡萄牙遭遇一些杂音，但总体上有利于促进当地经济和社会发展，呈现一种双赢的效应；最后，多数葡萄牙受访者对“一带一路”倡议持积极正面看法，认为该倡议目前取得互利共赢的合作效果。根据以上研究结果，本报告就中国政府和企业两个层面提出了相应的政策建议。

关键词： “一带一路”倡议　葡萄牙　中葡关系　葡语国家共同体

葡语国家共同体（Community of Portuguese Language Countries，Comunidade dos Países de Língua Portuguesa，简称 CPLP）成立于 1996 年 7 月，是一个多边贸易论坛，旨在促进葡萄牙语主权国家的贸易合作。该论坛由以葡萄牙为首的 9 个成员国组成，领土面积超过 1070 万平方公里①，其区域总面积超过美国、中国和印度，几乎是欧盟的两倍。2013 年，葡语成员国的总人口超过 2.62 亿人，相当于欧盟总人口的一半，美国人口的 80%，具有巨大的市场潜力。到 2050 年，现有葡语国家成员国的人口预计将超过 3.6 亿。葡语国家将成为世界第六大经济体，价值近 3 万亿美元。②“一带一路”倡议的提出将更好地协调葡语国家经济合作与“一带一路”倡议之间的发展目标，并将有助于建立一个包容性和平衡性的区域合作框架，为各国人民带来利益。中欧关系研究专家赖雪仪表示，“对于欧洲而言，‘一带一路’基础设施网络最终将连接欧洲和中国，这意味着欧洲可以获得来自外界的更多贸易、投资和合作机会”。而这些欧洲国家中“希腊、葡萄牙等南欧的欧盟成

① 邵峰：《中国与葡萄牙语国家的经贸往来及澳门的平台作用》，《商业经济与管理》2005 年第 2 期，第 25 页。

② “If It Were A Country，CPLP Would Be 6th Largest World Economy，Worth Almost US $3 Trillion,” Club of Mozambique，2016 年 10 月 29 日，https://clubofmozambique.com/business-post/country-cplp-6th-largest-world-economy-worth-almost-us3-trillion/。

员国对‘一带一路’倡议下的中国投资最为开放”。[①] 作为葡语国家共同体的主要成员，葡萄牙是葡语国家的唯一欧盟成员，在葡语国家中有宗主国般的影响。因此，不管是从地理位置还是国际组织的角度看，葡萄牙是连接陆上丝绸之路和海上丝绸之路的重要枢纽。在“一带一路”倡议提出后，中国和葡萄牙致力于扩大、深化和促进两国间的经贸合作，通过增加贸易、投资和建立伙伴关系，确保两国更广泛地参与合作与互动。中葡双方目前已经开展多方面、全方位的经贸合作，中葡两国领导人多次互访，签署备忘录和协议书，并制定了相关政策文件，为更加深入的合作奠定了良好的基础。

然而，在发展中葡经济贸易合作的同时，西方社会开始越来越多地关注“一带一路”倡议的发展动机及其发展对其他国家的影响。从已有的研究来看，关于“一带一路”倡议的动机言论有八种之多。[②] 对于如此多的动机言论，针对“一带一路”倡议在葡语国家的实施动机而言，主要有两种不同的观点：一是中国利用葡语国家资源建立新的“殖民主义”；二是中国通过帮助葡语国家的发展来解决自身经济问题。[③] 因此，我们认为有必要对“一带一路”倡议在葡萄牙的进展、实施和影响进行实证研究。

本报告试图回答以下研究问题：①“一带一路”倡议在葡萄牙的实施进展如何？②葡萄牙当地民众如何理解“一带一路”倡议的动机或利益？③葡萄牙在“一带一路”倡议合作中的动机或利益是什么？④中国和葡语国家是否为互利共赢的合作关系？本报告先对“一带一路”倡议在葡萄牙的进展、实施和影响进行回顾和梳理，之后通过实证研究方法，收集和分析数据，得出结论与政策启示。

① Lai Sueyi, “Understanding Europe's Interest in China's Belt and Road Initiative,” Carnegie Endowment for International Peace, 2017 年 5 月 10 日, http://cargegietsinghua.org/2017/05/10/understanding-europe-s-interest-in-china-s-belt-and-road-initiative-pub-69920.

② 贺方彬：《海外精英对“一带一路”倡议的认知及启示》，《当代世界与社会主义》2019 年第 4 期。

③ Hannah Feldshuh, “China Debates the Belt and Road,” The Diplomat, 2018 年 9 月 8 日, https://thediplomat.com/2018/09/china-debates-the-belt-and-road/。

一 "一带一路"倡议在葡萄牙的实施进展

(一)中葡两国政治互信、政策沟通

葡萄牙是连接陆上和海上丝绸之路的重要枢纽，与中国在经济、贸易、投资、能源和海洋等领域开展务实合作，为两国人民带来了实实在在的利益。[①] 习近平主席2018年12月访问葡萄牙期间，中国和葡萄牙签署了关于"一带一路"倡议框架下的合作谅解备忘录。2019年4月，葡萄牙总统德索萨应邀对中国进行国事访问，并出席第二届"一带一路"国际合作高峰论坛。德索萨总统表示，葡萄牙积极推动和参与"一带一路"建设，愿同中方深化经贸、人文等领域的交流与合作，共同维护自由贸易，推动两国关系迈上更高水平。此外，葡萄牙愿意发挥欧盟成员国和葡语国家共同体的作用，促进中欧和葡语国家关系的发展。[②] 在2019年两国建交40周年庆上，中国驻葡萄牙大使蔡润表示，中葡共建"一带一路"在政策沟通、设施联通、贸易畅通、资金融通、民心相通等方面均取得积极进展，给两国人民带来实实在在的利益。

在习近平主席访问葡萄牙期间，双方签署了17项谅解备忘录和议定书，其中包括发展中葡2030年科技合作伙伴关系的谅解备忘录、科技交流协议、蓝色经济协议和空间协议，包括在葡萄牙设立星海联合研究实验室作为中葡双方共同参与的科技研发机构。双方同意共同加强全面战略伙伴关系，致力于发展"一带一路"倡议与葡萄牙互联互通和投资战略之间的"协同效应"。以上的高层互访和合作协议充分体现了两国在政策沟通上的良好合作。

---

① 蔡润：《中国驻葡萄牙大使蔡润：中葡各领域合作全面推进》，《欧洲时报》2019年2月26日，http://www.oushinet.com/ouzhong/ouzhongnews/20190226/314660.html。

② "China Focus: BRI, Golden Opportunity for Portuguese - speaking Countries," 2019年4月24日，http://www.xinhuanet.com/english/2019-04/24/c_138005994.htm。

（二）商贸投资合作和民心相通

中国现已是葡萄牙在亚洲第一大贸易伙伴。2018 年，中葡双边贸易额达 52.4 亿欧元，同比增长 7.27%。根据葡萄牙对外投资贸易局（AICEP）（2019）的最新数据，中国目前对葡萄牙的进口额约为 23.5 亿欧元，较 2018 年增长 0.9%。据经济状况观察站（OEC）称，中国对葡萄牙的主要出口产品通常是电机，占其所有出口产品的 30% ~40%。2017 年，中国的运输和物流出口额占出口总额的 5.4%，价值超过 1.29 亿美元，主要商品为两轮车、飞机、直升机、航天器和自行车零部件。尤为显著的是，物流和运输业占到所有中国对葡萄牙出口产品的 41%，该比值创历史新高。其中，邮轮物流仍为主要的出口产品，占总出口产品的 35%。

据中国驻葡萄牙大使馆提供的信息，中国对葡投资已超过 90 亿欧元，葡萄牙目前已成为中国在欧洲投资的第五大目的地，主要投资领域和行业包括能源、电力、金融、保险、健康医疗。此外，葡萄牙对华投资也在稳步增长。葡萄牙是第一个同中国正式建立“蓝色伙伴关系”的欧盟国家，第一个本地重要金融机构发行银联卡的欧洲国家，并成为第一个发行人民币债券的欧元区国家。

自 2008 年金融危机以来，葡萄牙失业率和债务水平上升，经济呈现负增长态势。由于投资者对葡萄牙经济缺乏信心，国际投资量大幅下降。应国际货币基金组织等国际机构的要求，葡萄牙政府必须实施紧缩的财政政策。就在葡萄牙企业面临资金短缺时，中国成为为数不多的愿意对处于金融危机的葡萄牙进行投资的国家，诸多中国企业参与到对葡萄牙的投资项目中（详见表 1）。

表 1　2011 ~2017 年中国企业在葡萄牙的主要投资

时间（年）	葡萄牙企业	中国企业	交易金额（亿欧元）	股份（%）	行业
2011	EDP – Energias de Portugal	中国三峡集团	27	21	能源
2012	REN – Redes Energeticas Nacionais	中国国家电网公司	3.87	25	能源
2012	EDP Renovaveis Portugal	中国三峡集团	3.68	49	能源

续表

时间（年）	葡萄牙企业	中国企业	交易金额（亿欧元）	股份（%）	行业
2014	Caixa Seguros(Fidelidade, Multicare&Cares)	复星国际	10	80	保险
2014	Espirito Santo Saude(Luz Saude)	复星国际	4.6	96	健康医疗
2014	BESI – Banco Espirito Santo de Investimento	海通证券	3.79	100	金融
2016	BCP – Banco Comercial Portugues	复星国际	1.75	17	金融
2016	TAP – Transportes Aereos Portugueses	海南航空	0.3	23	航空
2017	EDPR(ENEOP Wind Assets)	中国三峡集团	2.48	49	能源

资料来源：Duarte L. Pereira, “Chinese Investment in Europe and Portugal: The Case of EDP” (Master Diss., NOVA School of Business and Economics, September 2017), pp. 1 – 53。

自2011年以来，数家国有企业如三峡集团、国家电网在葡萄牙投资控股。2011年，国家电网投资葡萄牙国家能源网公司（Redes Electricas Nacionais，REN），拥有其25%的股权；2015年，三峡集团投资27亿欧元，购买了葡萄牙能源公司（Energias de Portugal SA，EDP）21.35%的股权；2017年，三峡集团对葡萄牙电力公司的持股比率增加到23.3%[①]；2014年，上海复星集团以11亿欧元收购了葡萄牙最大的保险公司——忠诚保险（Fidelidade），随后又以4.5亿欧元收购了位于里斯本的私立医院集团——光明医院（Luz Hospital）。2014年至今，中国对葡萄牙的直接投资持续增长（见图1）。

2014年，中国对葡萄牙的直接投资为8.79亿欧元，2015年达到21.49亿欧元，2016年增长至38.99亿欧元，2017年跃至60.43亿欧元，2018年突破80亿欧元。

总体而言，中国在葡投资最初阶段主要是以国有企业的少数股权购买为策略，以防当地市场的敌对态度。此后，当地民众逐渐接受中国的对外直接投资，这可从逐年增加的公司收购数量反映出来。[②] 与此同时，葡萄牙自

① Philippe Le Corre, *China's Rise as a Geoeconomic Influencer: Four European Case Studies*, Mass: Carnegie Endowment for International Peace, 2018, p. 9.

② Duarte L. Pereira, “Chinese Investment in Europe and Portugal: The Case of EDP,” M. D. diss., NOVA School of Business and Economics, 2017.

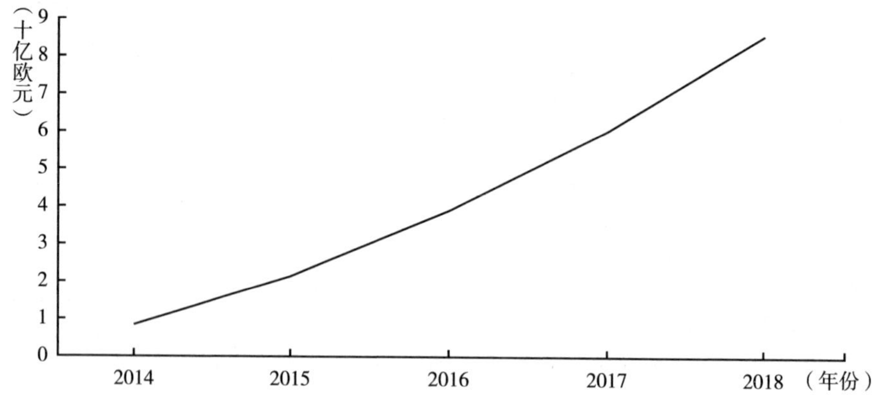

图1　2014～2018年中国在葡萄牙的直接投资

资料来源：葡萄牙对外投资贸易局（AICEP）。

2012年推出“黄金居留”投资项目，投资者只要投资50万欧元购买当地房产即可获得葡萄牙的合法居留资格，这一政策吸引众多中国投资者。据葡萄牙移民和边境服务局（SEF）的统计数据，截至2019年9月共有4396个家庭获批合法居留资格，占黄金居留投资者总数的55%，累计投资金额超过22亿欧元。

在民心相通上，中葡两国自明朝交往以来，已有500多年的历史。早在1513年，葡萄牙探险家乔治·阿尔瓦雷斯（Jorge Alvares）就与随行的五艘船只抵达广州珠江口，成为首个通过海路抵达中国的欧洲人。2017年，中国到葡萄牙的旅游人数达25万。目前，中国内地已有40多所高校开设了葡语专业，而葡萄牙也有20多所高校开设了中文课程，并设立5所孔子学院。葡萄牙的“中文热”和中国的“葡语热”深刻体现了两国的民心相通。

（三）中葡合作带来的欧盟及其他国家的支持与协作

“一带一路”在葡萄牙的建设现已超越中葡两国合作范畴，进一步拓展为面向包括葡语国家、欧盟国家的多方合作，为“一带一路”框架内的多边合作树立了典范。比如，以双方多年合作为基础，葡萄牙电力公司近年来与中国三峡集团共同开拓巴西的水电市场，并在英国、德国、意大利等国合作开发风电市场。此外，葡萄牙国家能源网公司与中国国家电网公司在葡萄牙境内共同合作的基础上，进一步在智利合作建设能源管道。除了上述国有企业，中国私营企业复星集团同葡萄牙忠诚保险公司联合开发秘鲁保险市场。事实上，中葡企业在摩洛哥、莫桑比克和安哥拉等非洲国家也已经开展了在基础设施、能源、交通、农业、卫生等各个领域的合作。

与此同时，葡萄牙具有优越的地理位置和稳定的社会政治环境，可以作为欧洲、美洲和非洲乃至亚洲市场之间的纽带。这些优势与"一带一路"倡议的目标完全一致。中葡两国政府间的高度政治互信，乐观的经济前景，稳定的政治环境和相对廉价的资产将继续吸引更多中国企业到葡萄牙投资与合作。

二 葡萄牙民众如何看待"一带一路"倡议的影响

本报告通过访谈了解葡萄牙民众对"一带一路"倡议的认识及其影响。本报告在 2019 年 6 ~ 7 月间对 7 位受访者进行了半结构式访谈。葡萄牙的受访者均是在办公室或咖啡厅接受了面对面访谈。我们通过对访谈内容进行分析，可进一步了解葡萄牙民众对"一带一路"倡议的看法。本报告中葡萄牙受访者的具体信息详见表 2。

表 2 葡萄牙受访者

受访者	P1	P2	P3	P4	P5	P6	P7
年龄	26	30	32	28	30	30	35
性别	女	女	女	男	女	男	男
行业	能源	贸易	能源	能源	能源	建筑	咨询
工龄	2	4	6	1	5	6	35
教育	本科	硕士	博士	硕士	本科	本科	硕士

大多数受访者是年龄在25～35岁的女性。从事行业包括能源、国际贸易和工程建筑。大部分受访者从事的工作与中国相关，包括参与其本国公司与中国公司的业务合作、采购中国商品或在中国人开办的公司工作。因此，大多数受访者了解“一带一路”倡议及其对所在国的影响。本报告对“一带一路”倡议对葡萄牙的影响、葡萄牙加入“一带一路”倡议的动机和利好、“一带一路”倡议面临的挑战等6个问题进行分类和调研（见表3）。

表3　调查问题及结果

类别	子类别	受访者	发生频率
Ⅰ本人工作与中国或中国企业的关系	非常相关	P1,P3,P4	3
	有些相关	P5,P7	2
	不相关	P2,P6	2
Ⅱ“一带一路”倡议对葡萄牙的影响	贸易与经济	P4,P7	2
	政治合作	P1	1
	基础设施项目建设	P1,P3	2
	中国的技术和金融支持	P1,P3,P4	3
	无影响或不了解	P2,P5,P6	3
Ⅲ葡萄牙加入“一带一路”倡议的动机和利好	贸易与经济发展	P1,P3,P4,P5	4
	基础设施建设	P2,P7,A9	3
	低息贷款	P1,P3	2
	葡萄牙无加入兴趣	P6	1
Ⅳ“一带一路”倡议涉足的主要行业及其对当地社区的积极影响	能源行业	P2,P3,P4,P5,P7	5
	贸易与经济	P1,P2,P3	3
	扩大国际市场	P2	1
	技术和金融支持	P1,P4	2
	银行业保险	P1,P2,P3,P4,P5,P7	6
	控制进入大西洋的门户	P6	1
Ⅴ“一带一路”倡议面临的挑战	债务可持续性	P1,P3,P4	3
	葡萄牙政治障碍/政治稳定性	P1,P4,P5	3
	重大基础设施项目风险	P2,P3,P4	3
	环境污染和人员聘用	P2	1
	语言与文化隔阂	P6,P7	2
	对中国政府的不信任	P6	1
Ⅵ“一带一路”倡议体现互利共赢	互利双赢	P1,P2,P3,P5,P7	5
	中国单赢	P4,P6	2

从表3我们可以看出，首先，超过一半的受访者认为“一带一路”倡议对葡萄牙有影响，这些影响主要体现为中国投资带来的金融支持，双方政府推动的贸易和经济合作以及一些基础设施项目的建设。其次，除了一位受访者认为葡萄牙无兴趣和动机加入“一带一路”项目外，其他受访者均认为“一带一路”倡议有助于葡萄牙的贸易与经济发展、基础设施建设以及获得低息贷款。在“一带一路”倡议涉及的具体行业方面，大多数受访者比较一致地认为银行保险业、能源行业以及贸易是主要行业。受访者认为在“一带一路”倡议面临的挑战方面主要包括债务的可持续性、葡萄牙的政治稳定性和重大基础设施项目风险。另外有个别受访者提到语言与文化隔阂以及对中国政府的不信任。最后，大部分受访者认为“一带一路”倡议是互利共赢的。

三　葡萄牙民众对“一带一路”的看法

（一）葡萄牙民众对“一带一路”倡议持积极正面看法

如前文所述，“一带一路”倡议在葡萄牙得到有效和广泛的实施，体现了该倡议与葡语国家发展合作重点的高度契合性和目标对接。中葡在政策沟通、资金融通、民心相通等方面均取得积极进展，中国企业已经在能源、银行、保险和健康等重要行业中占有重要地位。这跟葡萄牙作为发达国家，有较为完善的基础设施这一现实国情分不开。

研究结果显示，大部分受访者认为“一带一路”倡议确实会影响他们所在国家的投资和贸易，甚至影响他们公司的业务。主要影响包括中国的技术和财政援助、基础设施项目开发、共同利益和政治协调。值得注意的是几乎所有受访者都了解“一带一路”对贸易和商业的影响并对这种影响持积极正面的看法。

（二）“一带一路”倡议在葡萄牙的动机或利益

葡萄牙受访者认为金融业是“一带一路”倡议的主要吸引力。对于像葡萄牙这样的发达国家，吸引中国投资的主要行业可能是医疗、保险和银行业这类知识和专业服务行业；此外，中国企业为葡萄牙创造了就业机会，并与其他经济部门建立了联系。

“一带一路”作为一项全球倡议，其主要发展目标是通过开发新兴发展中国家市场来扩大市场范围，以解决中国的制造业过剩、国内需求不足的问题。市场驱动方面，中国的建筑企业、设备制造商和其他在中国建筑业繁荣中蓬勃发展的企业必须在其他地方寻找机会。“一带一路”倡议为这些公司在葡语国家寻找市场和出路，“一带一路”可为葡语国家如安哥拉的基础设施建设带来持续的经济增长，从而有助于应对对中国商品和服务不断增长的需求。

资源驱动方面是通过对葡语国家进行直接投资，从而确保资源供应，特别是确保中国的能源供应。中国如今是世界上最大的能源消费国和最大的石油净进口国。除了自然资源，中国企业在葡萄牙的金融银行保险等专业服务领域的投资体现了中国企业获取知识和专业技术的需求。

（三）“一带一路”倡议促进中葡利益共享和经济发展

受访者认为葡萄牙加入“一带一路”的动机和利益集中在贸易和经济发展、基础设施建设和低息贷款领域。对于葡萄牙受访者来说，多数认为“一带一路”倡议会促进利益共享和经济发展，特别是在作为欧盟成员国的葡萄牙出现经济增长趋缓的大背景下尤为明显。

对于葡语国家而言，不同的国家在“一带一路”倡议中有不同的动机和利益。像葡萄牙这样的发达国家，其动机主要是大规模投资和多层次、全面化的合作。由于欧洲债务危机，葡萄牙国内经济面临困境，来自“一带一路”的投资无疑是葡萄牙政府稳定经济并寻求另一个发展机会的契机。“一带一路”倡议坚持深化政治对话，鼓励欧洲和亚洲之间的可持续设施联通，特别是通过发展直接的自由和公平的贸易，在共同利益领域加强人民之间的合作和理解，实现和谐与平衡。中国和葡萄牙重申有兴趣促进在非洲、拉丁美洲等地区与第三国的合作。这很好地体现了葡萄牙政府将与“一带一路”相关的基础设施项目带到葡萄牙的愿望，明确提及与非洲和拉丁美洲的合作不仅有利于葡萄牙，也有利于其他葡语国家。[①] 例如，在“一带一路”倡议推动下，中国与非洲伙伴关系进入了新发展时期。如今，越来越多的中国企业积极参与非洲葡语国家的农业和轻工业发展，通过参与工业园区和基础设施建设，帮助他们实现多元化的经济发展。

（四）“一带一路”倡议下中葡互利双赢合作的长期性

“一带一路”倡议下的中国和葡萄牙是否为互利共赢的合作关系是本报告中最为关键的一个问题，该问题能使我们更深刻地了解受访者对中国与葡萄牙在“一带一路”倡议下合作关系的看法。结果显示，大部分的受访者都持积极观点，认为中葡合作存在着共同利益。受访者多数认为，这种合作不仅为两国带来切实收益，使未来两国更为深入的经贸合作成为可能，而这对葡萄牙的长远发展是至关重要的。

这一结果与法国一个智库报告一致。该报告的调查显示62%的葡萄牙人对中国持正面积极的看法，而负面的只有20%。[②] 因此我们认为，“一带一路”现阶段在葡语国家关系中被当地大多数人认为是一种双赢合作，但也有人对这种双赢合作的长期性持怀疑态度。

（五）中国企业在葡萄牙面临不同的挑战与风险

从本报告的访谈结果可以看出，中国企业在葡萄牙面临不同的挑战与风险。葡萄牙受访者认为中国企业在葡萄牙面临的挑战包括社会价值观、语言文化和政治制度差异，以及重大基础设施项目的风险。比如该国普遍存在的

---

① “Portugal's Place in China's Belt and Road Initiative,” Macau Magazine（2019），https：//www. macaomagazine. net/politics/portugal% E2% 80% 99s – place – china% E2% 80% 99s – belt – and – road – initiative.

② Philippe Le Corre, *China's Rise as a Geoeconomic Influencer: Our European Case Studies*, Mass: Carnegie Endowment for International Peace, 2018, p. 12.

过境延误、过关手续烦琐以及对外直接投资限制。同时，大型基础设施项目通常都存在潜在的社会风险和政治腐败问题。因此，中国企业需要识别这些风险和问题，并制定适当的保障措施，以尽量减少其带来的负面影响。

四 政策启示

（一）针对葡萄牙的具体国情实施相应策略

本研究表明，葡萄牙部分民众并不完全了解“一带一路”倡议，甚至存在较为明显的抵制态度。这一方面可能因为葡萄牙作为欧盟国家受到欧盟制度上的制约，同时也更容易受到其他欧洲国家的影响。另一方面，葡萄牙作为葡语国家中的发达国家，有比较成熟透明的政治社会制度，所以各种不同的观点比较容易得到体现和表达。实事求是地说，本研究访谈中出现的对“一带一路”倡议不信任或者阴谋论的观点在欧美媒体中普遍存在。相对于发展中国家，发达国家民众对“一带一路”倡议似乎存在更多的质疑。这也是“一带一路”倡议在欧洲发达国家推行中需要直面解决的问题。

为此，中国政府应该从三方面加强“一带一路”倡议在包括葡萄牙在内的发达国家的建设工作。一是强化与发达国家政府的目标对接和政治沟通协调，同时应该开展与发达国家主要政党包括在野党的交流，避免或减少“一带一路”倡议成为这些国家政党竞争中的政治工具。二是中国政府应该鼓励中国企业特别是民营企业拓展在葡萄牙的合作领域和行业，并与当地企业合作共赢，共享发展成果。三是中国政府应该开展多层次的民间交流与互动，通过教育文化等软性平台让葡萄牙的普通民众更好地了解中国及“一带一路”倡议。

（二）加强中国跨国公司的组织能力建设

“一带一路”倡议给中国企业“走出去”提供了前所未有的机遇，越来越多的中国企业在“一带一路”倡议下发展农业、轻工业，建设基础设施和工业园区，逐渐实现经济发展的多元化和国际化，并形成跨国公司。不同国家的营商环境、法制和文化背景等诸多问题要求中国公司提升国际业务能力和水平，打造跨国公司的组织能力，以推动“一带一路”倡议全球发展目标顺利执行与落地。具体而言，本研究显示中国跨国公司组织能力建设需要从以下三方面进行：第一，在遵守当地法律的基础上要尽可能地雇用和使用当地员工。很多时候，由于语言和文化差异，中国公司为了“方便”管理，更倾向于雇用或外派中国员工。这不但招致很多诸如“中国投资没有为当地创造就业”等负面评论，而且就长期发展来说也不利于跨国公司的组织能力建设和成长。第二，中国公司应该重视社会文化差异，学习和尊重当地的社会文化来做好企业的经营管理。本次访谈中，有葡萄牙受访者提到有些非洲葡语国家不喜欢中国公司而更喜欢欧洲公司，是因为欧洲公司给他们提供咖啡和点心。因此，中国公司应该以学习的心态去了解和总结当地社会文化对企业经营的影响。第三，中国公司应重视与当地社会、社区发展友善的关系，关注环境保护、可持续发展和企业社会责任等国际社会关注的公众议题，建立积极良好的企业形象。

A.12
博索纳罗外交政策下的中国与巴西关系发展

〔巴〕施若杰*

摘　要： 本报告旨在分析巴西总统博索纳罗领导下的外交政策，以及在这种新政治背景下巴西与中国的关系前景。报告通过概述巴西现政府的外交政策，阐明组成现政府的三个主要力量，即其保守派的民众、军事部门和经济部门，以及它们是如何影响该国外交政策的，在此基础上重点分析中巴关系。本报告指出，尽管博索纳罗在意识理念上紧跟美国总统特朗普，但中巴两国之间的关系仍有广泛发展的空间。

关键词： 巴西　博索纳罗　外交政策　中巴关系

自2013年6月以来，巴西的社会动荡和政治激进问题不断深化，成千上万的巴西人走上街头，反对国家的政治势力。而离开街头以后，这些抗议示威行动仍每日在社交网络上继续上演。正当此时，世界上许多地方都密切关注着巴西的情况，尽管多数巴西人自己为国家感到自豪，但这种短暂的积极情绪，却逐渐被人群中日益增长的消极情绪所替代，尤其是城市的中产阶级。暴力琐碎化、经济危机以及政治腐败，导致巴西的社会问题日益恶化，让人们变得越来越焦虑和惶恐。

---

* 〔巴西〕施若杰（José Medeiros da Silva），圣保罗大学政治学博士、浙江外国语学院学者。本报告由吴澜翻译。

一场对涉及重大腐败的政界和商界人士的逮捕行动，进一步加深了政治危机，并加速了劳工党政府的倒台。劳工党政府上台始于2003年，路易斯·伊纳西奥·卢拉·达席尔瓦（Luiz Inácio Lula da Silva）总统就职，倒台于2016年，时任总统迪尔玛·罗塞夫（Dilma Rousseff）遭到弹劾。米歇尔·特梅尔（Michel Temer）自罗塞夫首个总统任期便担任其副手，其上任也未能缓解社会的不满。在这种政治环境下，2018年10月，雅伊尔·梅西亚斯·博索纳罗（Jair Messias Bolsonaro）当选巴西总统。他凭借其保守派的自由党形象，让众多人感到眼前一亮，并击败了一度在选举中占据上风的传统政党。

博索纳罗是在一种对抗性的政治环境下当选的，其当选并不在于化解目前仍存在于巴西政治中的两极分化矛盾，且恰恰是这种两极分化促成了他的当选，特别是与左翼人士之间的分化。就这样，其政府的主要政治主张在于有效打击犯罪活动并恢复经济增长，如此他不仅能够保持自己保守派力量的凝聚力，还能从其他大众领域获得更多的民意支持，特别是能够直接从改革中受益的商业领域获得支持。

博索纳罗是道德上的保守派、经济上的自由派和务实的行动派，他将新议程搬上国家治理的舞台，无论是道德习俗方面的问题还是外交政策问题。其保守派的民意基础在互联网上十分活跃，并且和“反全球化运动”关系十分密切。从这方面而言，其外交政策也逐渐成为一种和支持者互动的手段。这就解释了为什么政府要在这方面采取改革，比如采取亲美举措并显示出对拉丁美洲左翼运动更加激进对抗的态度。

一方面，其保守派基础造成了国内外一定程度的紧张局势，另一方面，其自由和务实的政府形象则相当于一种平衡，一定程度缓和了那些可能会造成社会环境恶化和国家分裂举措所造成的负面影响。

一　博索纳罗的外交政策

博索纳罗在竞选中多次表明，如果当选，巴西的外交战略将会有所改变。他还表示，将会重组被称为“伊塔玛拉地”的巴西外交部，该部门负责巴西在双边、区域和多边的各级外交政策和国际关系。2018 年 10 月 28 日，他在第二轮竞选中胜出，当选总统。在胜出后第一场演讲中，他强调了自己的改革目标：“我们会共同让巴西外交摆脱近年来所遭受的意识形态偏见。巴西不会再故步自封、对发达国家避之不及，我们会通过和一些国家建立双边关系，增加巴西产品经济和技术价值。我们会重新赢得国际对巴西的尊重。”①

现在他已当选总统，并开始从决策和形式上着手改革巴西外交政策。改革的执行者是外交部部长埃内斯托·阿劳若（Ernesto de Araújo），他说：“博索纳罗当选为总统，不是为了接受巴西的现状，不做任何改变。他当选，不是单纯接受巴西现有的外交政策，不是机械地举起‘实用主义’旗帜。巴西的外交政策必须改革，这是人民赋予博索纳罗神圣的使命之一。”②

（一）博索纳罗的外交理念

巴西保守派崛起以及后来博索纳罗当选总统，其重要智囊——哲学家奥拉沃·德·卡瓦略（Olavo de Carvalho）功不可没。自 2009 年以来，奥拉沃一直定期在互联网上教授哲学课程，参与课程的许多学生如今都在政治和其他各个专业领域举足轻重，如新政府第一届部长级团队组建之时，他便负责指派教育部部长（后来由他本人替任）和外交部部长人选。

博索纳罗的保守派民众支持者在互联网上有很强的影响力，对于他们而言，奥拉沃教授是一个不可或缺的榜样。仅在 YouTube 上，他就有超过 80 万的粉丝，而在 Instagram 上粉丝则接近 100 万，更不用说在其他社交平台

---

① “Íntegra: discurso de Jair Bolsonaro após vitória eleitoral,” Portal G1，2018 年 10 月 28 日，https://g1.globo.com/politica/eleicoes/2018/noticia/2018/10/28/integra-discurso-de-jair-bolsonaro-apos-vitoria-eleitoral.ghtml。

② Ernesto de Araújo，“Bolsonaro não foi eleito para deixar o país igual,” 巴西外交部网站，2019 年 1 月 7 日，http://www.itamaraty.gov.br/pt-BR/discursos-artigos-e-entrevistas-categoria/ministro-das-relacoes-exteriores-artigos/19917-opiniao-bolsonaro-nao-foi-eleito-para-deixar-pais-igual-diz-chanceler-bloomberg-7-de-janeiro-de-2019。

上了（如 Facebook，Twitter 等）。他的政治哲学思想对数百位右翼知识分子和数字媒体从业者产生了重大的影响，其中很多人都是他的学生。他对于全球化和拉丁美洲的种种社会主义运动所作的批评能够在巴西政府的外交政策中占据主导地位，并非偶然。这些言论的背后有着结构化的知识支撑，有着明确的目标、有效的沟通策略和高效的社会动员策略，一开始只是在一些小群体之间共享，但随着互联网的发展，它们便像野火一般遍及所有社会阶层。

多年以来，圣保罗论坛一直是奥拉沃教授思想中反复出现的议题，他认为该论坛就如同拉丁美洲社会主义运动的一个战略合作论坛。的确，圣保罗论坛在促进政党和政治运动之间的交流与互动方面扮演了十分关键的角色，这个论坛的构想最初是由路易斯·伊纳西奥·卢拉·达席尔瓦和菲德尔·卡斯特罗（Fidel Castro）在哈瓦那的一次对话中提出来的。论坛的第一次会议于 1990 年 7 月 2 ~4 日在圣保罗市举行，这便是其名字的由来。这次会议由劳工党召集举行，目的在于讨论关于南美大陆左翼组织及其策略问题。圣保罗论坛在推动区域一体化方面的作用也十分重要，区域一体化正是左翼政党在该地区的立足之本。但是论坛如今已经变得越来越空洞，实际上对拉美左翼组织的领导人已经没有什么影响。

拉丁美洲最新出现的一个左翼组织和思想团体叫作普埃布拉集团，于 2018 年 7 月 14 日在墨西哥普埃布拉市创立。该集团聚集了超过 12 个国家的重要政治领导人，以及政治界和学术界的几位名人，其主要目标之一是阻碍右翼保守派及新右翼保守派的发展。值得注意的是，这个新保守派组织和博索纳罗的选举有关。它和阿根廷、智利及哥伦比亚等国的右翼政治组织的兴起不同，对于左翼力量的打击行动的核心，不仅限于经济行动。在巴西，保守派组织的力量通常都来自对道德和宗教价值观的捍卫，以及对圣保罗论坛上倡导的社会主义的打击。这个组织和其他国家的组织之所以存在差别，是因为其他国家和巴西不同，它们的右翼保守派并没有像奥拉沃教授这样的思想家，能够将政治斗争带到经济领域之外。

正因如此，奥拉沃便成为理解巴西新外交政策之所以要在意识形态领域采取行动的关键人物。长期以来，他只身和劳工党、社会主义和拉丁美洲的左翼运动进行了艰难的思想斗争。尽管曾受到学术界和左派政党的嘲讽和忽视，但是他培养了一批新生代分析师和数字媒体的活跃分子，正是这些人对博索纳罗的成功当选发挥了决定性的作用。巴西外交部长埃内斯托·阿劳若在2019年1月2日的就职演讲上就指出："在博索纳罗就任总统之后，或许（奥拉沃）就是巴西目前转型的原因。"①

奥拉沃的思想还对博索纳罗总统的子女产生了重要的影响，特别是对现任众议院外交及国防委员会主席的联邦议员爱德华多·博索纳罗（Eduardo Bolsonaro），还有国际事务顾问菲利佩·加西亚·马丁斯·佩雷拉（Felipe Garcia Martins Pereira）等人产生了影响。奥拉沃还和巴西新任驻美国大使内斯特·福斯特（Nestor Forster）建立了学术友谊。2019年3月，博索纳罗首次访问美国时，奥拉沃就是巴西驻华盛顿大使馆晚宴中的座上宾。

（二）博索纳罗的外交支撑

巴西的新外交政策可以说是这样一个"三脚架"：第一个"支脚"是在意识形态领域，一方面要紧靠右翼民粹主义国家，另一方面，要继续和拉丁美洲中如古巴、委内瑞拉等国抗争，对抗左翼政治运动和社会主义拥护者；第二个"支脚"是调整巴西的地缘政治，和唐纳德·特朗普（Donald Trump）政府下的美国建立更紧密的关系；第三个"支脚"则与务实的经济问题有关。为了让巴西外交政策的"三脚架"得以实施，博索纳罗总统最大的挑战就是找到这三条外交主线、三种政治力量之间的交汇点，这三种力量就是保守派民众、经济部门和军人政府，它们实际上指引、引导着博索纳罗政府，乃至决定其生死存亡。

① "Discurso do ministro Ernesto Araújo durante cerim? nia de Posse no Ministério das Relações Exteriores-Brasília, 2 de janeiro de 2019," 巴西外交部网站，2019年1月3日，http://www.itamaraty.gov.br/pt-BR/discursos-artigos-e-entrevistas-categoria/ministro-das-relacoes-exteriores-discursos/19907-discurso-do-ministro-ernesto-araujo-durante-cerimonia-de-posse-no-ministerio-das-relacoes-exteriores-brasilia-2-de-janeiro-de-2019。

从前在巴西，选民的诉求几乎不会影响国家外交政策的制定，直到2018年博索纳罗当选总统，这种情况才有所改变。也正是因为如此，如今国际行动的每一步同时也是一种对其保守派民众基础的“负责”。在他们看来，外交政策不仅是国家或政府的政策，而且是一个与全球化和社会主义斗争的重要武器。博索纳罗很清楚他选举获胜的原因，也非常清楚保守派的真实期望，也正是这些期望将他推到了巴西政治舞台的中心。也因此，他意识到选民的要求不容忽视，因为他要始终依靠这种支持才能实现其政治计划的成功。

然而，无论其“反全球化”或“反社会主义”的政策如何，经济部门这一支脚决定了巴西在国际舞台上必须要采取更加务实的举措。巴西两个经济部门起决定性作用，一个是由农业部部长特雷莎·克里斯蒂娜（Teresa Cristina）负责的农贸部门；另一个是由经济部长保罗·古德斯（Paulo Guedes）负责的经济财政部门。这其中，农业部部长的作用尤为重要，她维持着巴西商贸环境的健康与平稳。一个鲜活的例子，就是她在2019年6月23日联合国粮食及农业组织（FAO）总干事的选举中支持中国候选人屈东玉当选。这表明尽管政府内部存在着一些不同的意见，但其决策结构还是很合理的。值得注意的是，近几年，农贸已经成为一个主要的经济部门，在维持巴西商业平衡方面扮演着极为重要的角色。而在这方面，中国已经逐渐成为一个举足轻重的合作伙伴。

值得注意的是，目前巴西最关键的挑战在于促进国家发展，以克服长期的政治和经济危机。这是缓解各种社会问题的根本之策，如一定程度上缓解困扰大多数巴西人日常生活的暴力和失业问题。这也有助于解释为何政治问题更为敏感，但经济问题却优先于地缘政治问题。但这并不意味着巴西不再讨论国际政治议程上其他议题，但就目前而言，经济议题才是首要任务。

如果说经济政策是最务实的，那么和特朗普政府下的美国站在统一战线则毫无疑问是巴西外交政策中最敏感的地方之一。一方面，这是因为博索纳罗认为和美国联盟能够加强在意识形态上的一致，又或者能够加强巴西的科学技术发展能力。另一方面，美国也势必会利用这意料之外的机会来加强它的影响力，获取更多的利益。从长期的地缘政治角度来看，和美国联盟可能会影响巴西自身的发展，这取决于这个联盟发展的规模。在这一点上，尽管博索纳罗政府有自己的想法和表态，暗处还是会面临十分强势的抵抗，尤其是在军事领域。

当然，这三条外交主线均对新的外交政策有着特殊的期望和要求，例如对军事部门而言，关键是保证此次地缘政治行动不会引发安全问题、侵害国家主权、限制巴西国际参与的自主性。对于经济部门而言，挑战在于确保这次地缘政治上的重新定位，抑或是意识形态方面的行动，都不会给巴西的对外贸易和经济复苏带来困难。此外，考虑到博索纳罗的保守派基础，他很可能会将其外交政策描述为一种捍卫道德价值观的工具，并用于抵制其支持者所称的“全球化”和“社会主义”等威胁。

值得注意的是，博索纳罗采取了与以往政府不同的战略，他将权力划分给多个政党，以在国会中获得更加坚实的支持。在这种新模式下，尽管各方面的磋商都和国会相关，但是并不需要通过政党来进行，利益相关的部门可以直接参与。也是因为这样，即便博索纳罗在议会中没有那么坚实的基础，但政府由这三种力量组成，他便得以行使其权力。

博索纳罗总统在这三个板块的构建上功不可没，这三者确实有利于目前政府的持续发展。在这种格局下，只有他能够将这些必要的政治条件都结合起来，缓解国内的紧张局势，并找到一个能够让这三个要素凝聚起来的平衡点，从而确保政权稳定。对于博索纳罗而言，他有一个很大的有利条件就在于，这三种力量都意识到了要想实现利益的最大化，就必须保证政府取得成就。对总统而言，这一点对于其政府日后能否有良好的表现很关键，对于巩固长期政权也至关重要。值得注意的是，这三种力量群体之间的利益差异却成为政府内部的一系列制度和砝码，这有利于政府在面对复杂问题时作出理性的决策，既能为这些群体带来好处，也有利于加强总统的政治势力。

近期的一些事件，比如巴西驻以色列大使馆从特拉维夫迁移到耶路撒冷一事，就很好地说明了这三种力量之间制衡的作用。当时博索纳罗总统在保守派的支持下宣布大使馆的迁移，但是其他两个群体却开始考虑这一决定的后果。军方认为从安全角度来说，巴西可能因此成为激进伊斯兰教组织恐怖袭击的目标，而经济部门特别是农业贸易部门，关注的则是在阿拉伯地区的贸易损失。所以最终为了打破这种僵局，博索纳罗采取了这种方案：取消迁移使馆，在耶路撒冷设立贸易代表处。还有中国的例子，最初的一些误解最后也被合作所替代，通过务实互利的合作，两国加深了彼此之间的关系。

（三）博索纳罗的外交重心

1. 对古巴、委内瑞拉和拉美的反社会主义打击

在保守派的民众基础中，特别是在那些活跃在社交网络的群体中间，普遍存在着这样一种认识：博索纳罗成为总统的主要使命之一，就是让巴西摆脱社会主义的威胁，即来自古巴、委内瑞拉和那些通过圣保罗论坛发声的拉丁美洲中的左翼政治组织的威胁。作为巴西新外交政策的第一个支脚，博索纳罗在 2019 年 9 月 24 日于纽约举行的联合国第 74 届大会开幕式上向全世界表明，在拉丁美洲进行的反社会主义打击以及对该大洲中支持社会主义制度的国家的打击中，如古巴和委内瑞拉，将会成为其国际行动的重要轴心，这和美国在拉丁美洲所采取的行动路线是一致的。

博索纳罗在联合国大会发表的讲话使得其竞选活动中展示的政府计划变得更加激进。有了这个计划，他势必会通过数字媒体来维持他保守派民众基础的积极性和凝聚力。博索纳罗作为总统，他的这种处理方式意味着巴西在对外政策上的一次重大转变。因为在那之前，巴西一直倾向于采取对话或者中立的态度，而从不采取对立的态度。

这种变化的一个标志性案例是巴西于 2019 年 11 月 7 日投票反对关于联合国谴责并呼吁美国终止对古巴的经济禁运政策。这是这项决议第 28 次投票，其中有 187 个国家赞成谴责禁运。只有三个国家反对（美国、以色列和巴西），美国的两个盟国（乌克兰和哥伦比亚）选择弃权。这是巴西 27 年来第一次对该决议投反对票。

巴西外交这种越发明确的转向，也给南美一体化政策带来了清晰的变化。比如，2019 年 4 月 15 日，巴西正式宣布退出南美国家联盟。南美国家联盟建立的主要目的是在不受美国干预的情况下促进南美地区的一体化。该

联盟的创立实际意味着对美洲国家组织作用的消解，而现在，这一消解过程却完全被打断了。同样的情况也出现在拉丁美洲和加勒比国家共同体上。

如今，为了取代南美国家联盟，南美进步论坛正在逐步建立起来，阿根廷、巴西、智利、厄瓜多尔、圭亚那、巴拉圭和秘鲁已加入该论坛。南美国家联盟作用的逐渐衰弱，实际上意味着美洲国家组织势力的抬头，随之而来的就是美国中心地位的回归。

2. 和美国特朗普政府的战略亲近

三脚架中的第二个支脚，也就是对美国特朗普政府的战略亲近。在此要区分两个概念，一个是从具有十分敏感含义的地缘政治方面而言，另一个则是从“文明”的视角来看的。为什么是靠近特朗普政府下的美国，而不单纯只是美国呢？因为在巴西外交部部长阿劳若看来，美国总统不仅仅为他自己的国家行事，而且还挽救了西方的文明。因此对于巴西而言，没有什么比加入这场拯救巴西、拯救西方价值观的斗争来得更伟大。

制定巴西外交政策的战略家们正在试图通过新外交政策“三脚架”中的一个“支脚”，将巴西引向特朗普推动下的文明之战。这种立场的弱点就在于，与其说它是一个国家政策，它更像是一种对当下世界局势的解读。因此，它总是依赖于掌权政府的一时之见。

很明显，美国当前也有相应的外交政策，并且将会尽可能发挥博索纳罗和特朗普之间这种相互欣赏所能带来的最大利益，利用这个时机来巩固美国在南美洲的地位，维护自己在全球的永久利益。此外，巴西也会在其中得到一定的好处，比如，美国已宣布，支持巴西成为 OECD 的正式成员，并有可能成为“特选盟友”（最大的非北约盟友），这意味着巴西能够在国际秩序转型过程中拥有更大的自主性。

二　博索纳罗政府下的中巴关系

博索纳罗的当选给外交、政治、学术、新闻和商业界都带来了许多担忧和不确定性。主要表现在三个方面：一是博索纳罗曾经在 2017 年 10 月发表过声明，并在竞选活动中反复提起，“中国并不是在巴西购物，而是在购买巴西”；二则更为敏感，作为联邦代表和总统候选人，他曾于2018年3月前往中国台北；三是在意识形态上，他明确倾向于特朗普并且乐于促成巴西和美国之间的战略接近。

对于前两点，里约热内卢军事学院的教授塞维里诺·卡布拉尔（Severino Cabral）早在博索纳罗竞选胜出之前就指出：“中国和巴西伙伴关系渊源深远，并且已经签订了长期谅解备忘录和协议。因此，巴西不会因为中国的变化感到担忧，同样中国也不应该对我们历史进程这种自然发生的事情感到忧虑。”这位教授还说：“总统作为政治家的立场是一件事，日常的姿态又是另一件事。”① 不难发现，塞韦里诺的这些言论被逐步验证。他的看法建立在对巴西选举活动的精准认知上，也就是说，在竞选时候选人经常会发表不恰当言论，但在当选后往往会更好地调整自己的言论。

因此，在此类问题上，只要对巴西选举活动有深入的了解，就足以消除人们一开始对于博索纳罗政府能否维持中巴关系的过分悲观。不过这些悲观情绪也有积极方面，它们反映了两国之间的认识还不够深入。从这个意义上来说，必须努力建立起有效的共识，两国才能够摆脱恐惧和偏见，更好地了解彼此。

实际上，中巴两国的关系充满着希望。原因有三点：首先，中巴之间的关系十分稳固，自1974年8月建交以来，两国关系经历时间和困难的考验，历久弥新；其次，在45年的友好往来中，秉承真诚相待、相互尊重和追求合作的原则，两国关系益发坚固，这种经过努力和用心经营的关系对两国发展大有裨益；最后，巴西新政府对中国将采取实用主义态度。

我们可以看到，现实印证了这些预测。博索纳罗在当选总统之后，向中国发出了一系列积极的信号，例如，在当选的一周之后，即2018年11月5日，他便在家中接待了时任中国驻巴西大使李金章，出席的还有古德斯，他

① “Brasil/Eleições: Académico chinês admite que China está ‘apreensiva’ com ascensão de Bolsonaro”, Agência Lusa, 2018年10月24日, https://www.dn.pt/lusa/brasileleicoes-academico-chines-admite-que-china-esta-apreensiva-com-ascensao-de-bolsonaro-10078869.html。

在当时已经被任命为经济部长。这一举动向中国领导人和企业传达了一个明确的信息，即在他任职期间，两国关系不会发生太大的改变。就职典礼之后不久，在他和全国人民代表大会常务委员会副委员长吉炳轩的一次特殊见面中，他还对习近平主席的“热烈祝贺和良好祝愿”表示感谢，强调“两国之间的合作前景肯定会越来越好”。

1. 博索纳罗上台后的多边外交关系

由于博索纳罗竞选时期极富争议性的言论，引发了外界对巴西外交、经贸新政策的猜测。一些评论认为，博索纳罗正在颠覆巴西过去十多年来的外交政策，以及对于全球化和多边主义的态度。然而，事实证明，博索纳罗上任后并没有实行单边主义，更未关上自由贸易的大门，反而在众多事件上充分表明新政府保持和巩固多边主义的立场。

金砖国家合作是巴西奉行多边主义外交传统、参与多边合作机制的一个重要体现。在 2019 年 6 月日本大阪 G20 峰会期间，金砖国家领导人进行了非正式会晤，之后博索纳罗总统与习近平主席进行了双边会谈，谈及巴西的农业贸易，明确表示期望巴西能够向中国出口更多高附加值的产品。在随后举行的金砖国家领导人会晤中，五国重申了多边主义的重要性，强调金砖国家团结合作的战略价值。此次会谈对于维护新兴市场国家和发展中国家利益的意义不言而喻。

2019 年 11 月，金砖国家峰会在巴西利亚的圆满落幕，更是对多边主义重要性的重申，此次峰会上巴西新政府做出积极承诺，共同捍卫多边主义，促进贸易和投资自由化，足以体现新政府对“南南合作”尤其是金砖国家合作一贯的重视。博索纳罗向习近平表示，巴中经济具有很强的互补性，希望扩大双边贸易，推动更多的巴西农产品进入中国，也欢迎中国企业到巴投资，在基础设施建设和能源领域加强合作。这无疑表明巴西总统向中国领导人伸出了橄榄枝，寻求更广阔的合作。此次峰会向外界传递了一个清晰而明确的信号：推动金砖合作机制的进程在巴西并未受阻。这是因为巴西的当务之急是实现国内经济复苏，而与金砖国家的合作无疑是帮助其走出政治经济危机的强大助力。

2. 博索纳罗上台后中巴双边关系

自2019年1月1日博索纳罗就职以来，中巴关系持续平稳发展，两国政府高层之间卓有成效的对话也日益消除不确定性，两国合作伙伴关系正常发展。与此同时，一系列的积极举措也为两国之间关系的提升开拓了新的前景。

中巴合作路上的一个重要前哨站，是副总统汉密尔顿·穆朗（Hamilton Mourão）于2019年5月的访华。在这次访问中，他还和中国国家副主席王岐山共同主持举办了中国—巴西高层协调与合作委员会第五次会议。该委员会创立于2004年，由巴西副总统和中国国家副主席主持，是两国之间对话合作最高规格的正式论坛。第五次会议的召开是两国致力于加强双边关系的重要证明。在此时机下，中国和巴西协定，将共同寻求改进委员会之策，使其更具活力、更有作为。

尽管博索纳罗对中国采取了一系列积极举动，但仍有一些分析师或投资者对他的态度表示怀疑，但博索纳罗于2019年10月24~25日到北京的国事访问无疑展示了中巴关系的成熟、活力和常态化发展。博索纳罗总统抵达中国后，便参观了长城，在那里他签署了留言簿，并在上面写道“友谊与繁荣”，以这两个词概括了中巴伙伴关系对于巴西的意义。此次访问中，博索纳罗总统同中国国务院副总理胡春华一道出席了中国—巴西经贸合作论坛开幕式。

要指明的是，此次访问并不是为了进行贸易，而是要重申支持两国关系、加强两国政治关系的原则。两国共同发表的《联合声明》第二项中阐明了这一点：“习近平主席和博索纳罗总统对中巴建交45周年及伙伴关系框架内取得的重要成果表示祝贺，强调继续在平等、尊重、互利的基础上加强和深化中巴全面战略伙伴关系。双方重申，在涉及彼此核心利益问题上相互尊重。”①

① 《中华人民共和国和巴西联邦共和国联合声明》，中央人民政府网站，2019年10月25日，http://www.gov.cn/xinwen/2019-10/25/content_5444954.htm。

此次国事访问的另外一个重要方面是两位国家领导人能够直接表达他们对于这种伙伴关系未来发展方向的看法。习近平主席借此强调了这种关系在迅速变化的全球形式之下的战略重要性。他表示：“双方要把握正确方向。要坚持双方互为发展机遇，坚持把同对方关系摆在本国外交优先位置，坚持推进中巴全面战略伙伴关系不断向前发展。要发挥高层交往的战略引领作用，理解并支持彼此核心利益，不断加深政治互信，做以诚相交的好朋友、相互支持的好伙伴。”他还强调：“双方都应坚定捍卫多边主义，反对贸易保护主义和单边主义，促进世界经济实现平衡、包容和可持续发展，形成更公平公正的国际秩序。”①

博索纳罗强调巴西对外开放，欢迎中国。他还宣布巴西对中国实行免签，和美国、加拿大、澳大利亚和日本遵循相同的程序。这对两国关系是一个非常积极的信号。两国领导人之间的一系列会晤都传递出积极信号，随之发生的其他事件进一步印证这一趋势，例如巴西对于联合国粮食及农业组织总干事的中国候选人屈东玉的支持；7 月 25 日巴西利亚举行的第三次中巴外长级全面战略对话，该会议由中国国务委员兼外交部部长王毅和巴西外交部部长阿劳若共同主持。

3. 巴美关系对中国的间接影响

如前面所提到的，博索纳罗上台后的中巴关系走向不确定。新政府在意识形态方面和特朗普之间的联系，以及在战略上是否决定和美国站在同一战线，都是非常敏感的问题。它被视作是一场涉及广泛的地缘政治游戏，其中牵涉到美国对于经济和社会方面都日益崛起的中国所采取的行动。美国在拉美大陆的一举一动不容忽视，特别是在遏制中国崛起的战略部署上。这就是为什么特朗普如在 2020 年连任总统，可能会让巴西在中美有关问题上的立场更为敏感。尽管这一因素很复杂，但我们不应该有所恐惧。因为像中国和巴西这样的发展中大国，无论是从短期还是长远来看，都有着广泛的共同利

① 《习近平举行仪式欢迎巴西总统访华并同其举行会谈》，央视网新闻频道，2019 年 10 月 25 日，http：//news. cctv. com/2019/10/25/ARTIWDiZyoVosHWUJSyjG2e9191025. shtml。

益。从长远来看，两国的战略利益是没有冲突的。除此以外，还应当指出，两国都有一个共同的观点，即和平的国际环境对两国实现物质繁荣与民众福祉有着至关重要的作用。

有这样的客观条件，可以说中巴关系未来有着广阔的发展前景，因为两国的深层利益和持久利益是一致的，甚至对巴西和美国之间的密切关系也不应过分担忧。在此要注意的一个相关问题是，如果我们注意到中国外交政策的实质，我们就会发现这些政策都立足于寻求不同国家之间的共同点，而不是助长冲突或划分势力范围。

我们还需明确一点，当前我们正处于全球互动与融合的新阶段，合作才是各国繁荣、人民富裕的关键因素。当下的局势和第二次世界大战后的世界政治格局完全不同，当时，其他国家都受到两个主要霸权国家（美国和苏联）的压制。

当然，在当下这个新格局中，每个国家都会尝试利用自己的力量和关系来争取环境利益和战略的最大化。例如美国就在利用当前新的机会窗口，以进一步加强自己在整个西方大陆的地缘战略优势。毫无疑问，它还将利用多种权利手段，以在当前这场反对改变国际秩序的斗争中，争取和尽可能多的国家结盟。但同时，即使偶有风波，巴西作为一个成熟的国家，也能够坚持自己的道路。

在这里，我们还需要考虑到，巴西不仅对于南美大陆，对世界也是一个具有战略潜力的国家。尽管由于紧张的地区政治争端和国家争端，巴西经历了长期的政治和经济危机，但不影响其地缘政治上的潜力。在这场单极化向多极化发展的过程中，巴西最大的挑战在于找到一种平衡，以便抓住新的机会，这对于促进国内发展、克服当前内外部限制都至关重要。

在这个地缘政治十分紧张的国际局势下，巴西的立场由于其经济和社会状况、地理位置和其他一系列薄弱点，而变得十分敏感。另外，我们还需理性考虑美国的势力，不仅是在美洲大陆，更是其在全球的势力。以当前的状况为例，美国随时都可以对巴西采取任何形式的经济及社会报复。所以当前政府也需考虑这一点，在敏感问题面前谨慎选择自己的立场，例如在“一带一路”倡议方面，甚至在华为第五代移动网络（5G）方面，都需要考虑清楚。

尽管有种种限制，但经济实用主义，特别是巴西方面的经济实用主义和中国方面的战略行动，必须克服这种种限制，在尊重差异和特殊性的基础上进一步推进两国之间的伙伴关系。毫无疑问，这种伙伴关系会愈加牢固和繁荣。

三 结语

巴西正处于一个转型的过程，表现为社会动荡加剧，政治局势更加激进化。因此，我们不应该将博索纳罗的当选视作一种偶然，它是在巴西这种令人不安的政治环境下，在暴力琐碎化下的社会中出现的。除此之外，博索纳罗的胜利离不开保守派民众的支持，后者通过社交网络来表达和捍卫他们认为重要的道德和宗教价值观。因此，在这种新的巴西社会环境中，博索纳罗的力量不容小觑。总体来看，博索纳罗政府上台对中巴关系的影响可以从以下两个方面来考量。

第一，巴西国际政策风向的转变，毫无疑问，给中国及巴美关系带来诸多不确定性。新政府鲜明的西方价值观下的外交立场，意味着巴西正在与美国构建更为紧密的伙伴关系，而中巴在政治层面合作的紧迫性上升，中巴全面战略伙伴关系建设面临着更加深层次的挑战，未来仍存在诸多应予重视的障碍与挑战。

当然，巴西对中国在其外交战略中地位的认知仍处于不断调整之中，而调整的幅度主要取决于两国共同利益的深化。展望未来，中巴两国应更加达成有效共识，注重合作的良性发展，深入挖掘合作潜力，夯实互惠互利、优势互补的合作基础。这需要两国通过金砖国家、中葡论坛等合作平台，在多边框架下实现更广泛的合作。通过“一带一路”倡议，推动两国之间在政策沟通、设施改善、文化交流等方面加强合作。

第二，博索纳罗上台带来的巴西政治格局和外交政策方面的变化，不会从根本上改变中巴合作关系。事实表明，中巴关系依旧在相互尊重和追求共同利益的基础上正常进行。推动务实合作、获取“经济红利”仍是巴西新政府外交政策的重要目标。从经济发展来看，中巴经贸层面的合作对于巴西的重要性，无论是过去还是未来都是不可或缺的。若要发展繁荣经济，巴西必须搭上中国经济快速发展的“便车”。全面战略伙伴关系符合两国的根本利益，巩固和发展这一深层次合作关系的方向不会改变。

总而言之，在复杂多变的世界局势下，一些杂音和冲动不会改变中巴友好关系，双方应该用对话和真诚的方式去处理它们。金砖国家的合作进程已经清楚表明，中巴伙伴关系已经超越了简单的双边关系，具有全球意义。在当前的地缘政治背景下，金砖国家等国际组织所面临的挑战在于寻求自身的新活力，并将其转变为重申多边主义的有力武器，从而加强和优化国际化环境，各国在这种环境中寻求互利共赢，在和平、繁荣和全人类共同利益面前，各种分歧终将得到解决。

A.13
葡语国家参与“一带一路”现状研究

万东方*

摘　要： 自“一带一路”倡议提出以来，葡语国家积极支持和响应，以多种形式参与“一带一路”建设。截至2019年底，“一带一路”合作项目在多个葡语国家落地开花，取得丰硕成果。然而在葡语国家参与“一带一路”建设的过程中，中国与葡语国家的合作还有待进一步拓展与深化。因此，本报告从葡语国家参与“一带一路”的现状入手，通过分析中国与葡语国家合作过程中产生的问题，探索双边合作发展新空间，从而提出可行性建议和对策，以深入推进中国和葡语国家“一带一路”建设，促进中国和葡语国家全方位合作，使“一带一路”建设具有长久的生命力。

关键词： 葡语国家　“一带一路”　合作与发展

“一带一路”倡议自提出以来受到100多个国家和地区的积极支持和响应，其中包括了葡萄牙、巴西、安哥拉、莫桑比克、几内亚比绍、佛得角、东帝汶、圣多美和普林西比等8个葡语国家。在“一带一路”倡议的积极推动下，截至2019年12月，“一带一路”合作项目在多个葡语国家落地开花，取得丰硕成果：多个葡语国家先后与中国签署了共建“一带一路”合作文件，葡萄牙、巴西等国家率先加入亚洲基础设施投资银行（以下简称

* 万东方，广东外语外贸大学国际商务英语学院讲师，华南师范大学博士生。

“亚投行”），葡语国家与中国在经贸、能源、基础设施建设、文化、教育等领域深化务实合作，实现了共同发展。

一　葡语国家参与“一带一路”倡议的现状

（一）葡语国家签署“一带一路”倡议合作框架概况

“一带一路”倡议提出以来受到了国际社会的高度重视，葡语国家积极响应“一带一路”倡议，并以多种方式参与其中（见表1）。

表1　葡语国家与中国签订“一带一路”合作文件情况

国家	“一带一路”合作文件	签订日期
葡萄牙	以创始成员国身份加入亚投行	2015年3月
	《关于共同推进建设“一带一路”的谅解备忘录》	2018年12月
巴西	以创始成员国身份加入亚投行	2015年3月
	《“一带一路”新闻交流合作协议》	2018年7月
莫桑比克	《共建“一带一路”政府间谅解备忘录》	2018年9月
	《共建“一带一路”合作规划》	2019年5月
安哥拉	《共建“一带一路”政府间谅解备忘录》	2018年9月
东帝汶	加入亚投行	2017年3月
	《“一带一路”合作谅解备忘录》	2017年5月
	《“一带一路”能源合作伙伴关系合作原则与务实行动》	2019年4月
佛得角	《共建“一带一路”政府间谅解备忘录》	2018年9月
	《“一带一路”能源合作伙伴关系合作原则与务实行动》	2019年5月

从表1可以看出，截至2019年底，葡语国家与中国共签署了“一带一路”合作框架文件9份，其中政府间谅解备忘录5份，其他“一带一路”相关协议4份，另有葡萄牙、巴西、东帝汶先后加入了亚投行。几内亚比绍、圣多美和普林西比尚未签署“一带一路”合作框架文件，但这两个国家领导人均在多个场合表达了与中国加强“一带一路”合作的意愿。

政府间“一带一路”合作协议的签署，将有利于凝聚国际合作共识，筑牢国际互信基础，有力推动葡语国家与中国“一带一路”合作更加深入。

（二）葡语国家参与“一带一路”倡议概况

葡语国家与中国有着坚实的合作基础、广阔的合作空间、美好的合作前景。自2013年“一带一路”倡议提出以来，葡语国家与中国在各领域开展务实合作，一大批合作项目已落地生根并开花结果，有力地改善了民生，推动了经济社会发展，促进了人文交流。

葡萄牙是积极参与“一带一路”倡议的葡语国家之一。2015年3月，葡萄牙以创始国成员身份加入亚投行。2018年12月，中葡两国签署了“一带一路”合作文件，葡萄牙也因此成为第一个签署该协议的南欧国家。目前，中葡两国高层往来密切，政治互信不断加强，经贸合作不断深化，在经贸投资、能源、基础设施、金融、保险、海洋、旅游、文化、教育、科技、健康等多个领域全面展开务实合作。在金融领域，2019年5月，葡萄牙成功发行人民币债券（主权熊猫债），成为首个发行人民币债券的欧元区国家。投资方面，两国合作更是成绩瞩目。近年来，葡萄牙加大推进企业私有化力度，以开放和欢迎态度引进外国企业投资持股。在“一带一路”合作背景下，中国企业积极参与葡萄牙投资，其中中国长江三峡集团收购葡电力公司23.3%股权，中国国家电网公司收购葡电网公司25%股权，二者均成为被收购方单一最大股东。中国石化集团收购葡石油和天然气公司旗下巴西分公司30%股份。香港北控水务集团收购法国威立雅水务公司旗下葡萄牙水务公司100%股权。复星集团收购葡储蓄总行附属保险公司80%股份、葡电网3.9%股份和圣灵集团医疗服务子公司EES 96%股份。海通国际控股公司收购葡新银行旗下圣灵投资银行。[①] 2019年，中国与葡萄牙进出口总额为66.43亿美元，同比增长10.43%。其中，对葡出口43.25亿美元，同比增

① 《中国同葡萄牙的关系》，中华人民共和国外交部网站，2019年12月31日，https://www.fmprc.gov.cn/web/gjhdq_676201/gj_676203/oz_678770/1206_679570/sbgx_679574/。

长 14.77%；自葡进口 23.17 亿美元，同比增长 3.14%。

巴西与中国同为“金砖国家”的重要成员，也是南北半球各自最大的发展中国家，两国有着广泛的合作基础。2015 年 3 月，巴西以创始成员国的身份加入亚投行。2018 年 7 月，中国和巴西签署“一带一路”新闻交流合作协议，双方将在密切友好往来、开展联合采访、举行研讨交流、举办记者培训和组织新闻评奖等方面加强交流与合作，共享“一带一路”发展新机遇。① 尽管中巴尚未签署“一带一路”倡议政府间谅解备忘录，但中巴两国合作广泛，发展前景广阔，具体表现在：政治上，两国政府间高层保持密切交往，对话合作机制日趋完善，政治互信不断深化，在重大国际事务和地区热点问题上保持良好沟通与协调；经济上，中巴两国发挥相互间的互补优势，在能源、矿业、金融、科技、农林、医药等领域互利合作成果丰硕，双边贸易额屡创新高。目前，中国已成为巴西最大贸易伙伴、最大出口目的国、最大进口来源国和主要投资来源国，巴西是中国在拉美地区最大贸易伙伴。数据显示，2003 年至 2019 年 3 月，中国在巴西的投资额累计达 713 亿美元，超过美国的 583 亿美元，成为巴西最大投资来源国。② 目前，在巴西的中资企业超过 200 家，涵盖能源、基建、制造、农业、金融等领域。③ 近年来，中国企业已先后承建巴西多个重大项目，例如：南极科考站项目、美丽山水电送出 ±800 千伏特高压直流输电工程项目、圣路易斯港项目等。2019 年，中国与巴西进出口贸易额达 1146.80 亿美元，同比增长 3.49%，其中，对巴出口 354.76 亿美元，同比增长 5.18%；自巴进口 792.03 亿美元，同比增长 2.76%。

莫桑比克与中国有着传统友好关系，是中国在非洲的重要合作伙伴。在“一带一路”倡议合作框架下，两国经贸关系正处于历史上最紧密的时期，

---

① 《中国和巴西签署“一带一路”新闻交流合作协议》，新华网，2017 年 7 月 3 日，http：//www.xinhuanet.com//world/2018-07/03/c_1123074436.htm。

② 《中国成为巴西最大投资来源国》，新华网，2019 年 4 月 28 日，http：//www.xinhuanet.com/fortune/2019-04/28/c_1124427384.htm。

③ 《综述：中国巴西政商精英热议两国合作成果看好未来前景》，新华网，2019 年 2 月 28 日，http：//m.xinhuanet.com/2019-02/28/c_1210070258.htm。

2017 年中国取代阿联酋和南非，成为莫桑比克最大的外国投资来源国，累计直接投资存量达 8.7 亿美元。在基础设施建设方面，2016 年中国石油集团与莫桑比克国家石油公司签署了《中国石油天然气集团公司与莫桑比克国家石油公司合作框架协议》，双方将全面推动在油气勘探开发、生产、天然气加工和销售领域的合作；2018 年，由中国进出口银行贷款融资、中国路桥工程公司承建的马普托大桥及连接线项目正式通车；2019 年，由中国进出口银行贷款融资、中国港湾公司承建的莫桑比克贝拉渔码头修复项目正式移交给当地政府。2019 年，作为中莫两国产能合作的 13 大重点项目之一，由中非发展基金投资、中铁二十局带资管理的莫桑比克万宝农业园迎来大丰收，这不仅是中国在非洲最大的水稻种植项目，而且被莫桑比克政府视为对外农业合作的一个典范。2019 年，中国与莫桑比克进出口贸易额为 26.68 亿美元，同比增长 6.06%。其中，对莫出口 19.56 亿美元，同比增长 4.94%；自莫进口 7.11 亿美元，同比增长 9.28%。

2018 年中非合作论坛北京峰会上，安哥拉同中国签署了共建“一带一路”政府间谅解备忘录。中安两国间合作密切，双方经贸往来频繁。中国是安哥拉第一大出口国，也是安哥拉最大的进口国。在“一带一路”建设方面，中国企业先后承建了安哥拉卡库洛卡巴萨水电站、奎托机场、奎托供水工程、本格拉铁路、卡奇温戈－希尼亚马公路等多项重大项目。截至 2019 年，奎托机场、奎托供水工程、本格拉铁路等项目已经完工并通过验收，顺利交付安哥拉政府。其中奎托机场是安哥拉政府的重点工程之一，也是安哥拉比耶高原的重要空中交通枢纽，项目总造价 4500 万美元，全部采用中国标准设计。本格拉铁路横贯安哥拉全境，全长 1344 公里，由中铁二十局集团公司总承包，全部采用中国铁路建设标准。在铁路建设期间，中国企业还为安哥拉当地培养各类技术人员 5000 多名，并开办了安哥拉国内的第一所铁路职业技能培训学校。2019 年，中安双边贸易额达 253.65 亿美元，在中国与葡语国家进出口贸易总额中排名第二，仅次于中国与巴西进出口贸易总额。其中，向安出口 20.57 亿美元，同比下降 7.95%；自安进口 233.08 亿美元，同比下降 8.67%。

东帝汶于2017年3月加入亚投行，2017年5月签署“一带一路”合作谅解备忘录。据中国海关统计，2017年，双边贸易额达1.34亿美元，中国成为东帝汶第二大贸易伙伴（列印尼之后）。此后，两国进一步开展多领域合作：2017年7月，中东签署经济技术合作协定，双方将在医疗和教育等领域开展合作；2018年11月，由中铁国际集团承建的东帝汶苏艾高速公路一期项目竣工通车，该公路是东帝汶恢复独立以来最大的交通基础设施建设项目，也是东帝汶第一条高速公路；2019年，两国签署《中国援东帝汶数字电视项目实施协议》，由中国帮助东帝汶建设一个地面数字电视传输系统示范项目，项目建成后，东帝汶首都帝力及其周边地区超过20万居民可收看数十套高清数字节目，其中包括中国出品的优质电视节目。2019年，中国与东帝汶进出口贸易额为1.68亿美元，同比增长23.68%。其中，对东出口1.44亿美元，同比增长8%；自东进口0.24亿美元，同比增长717.18%。

2018年9月，佛得角与中国签署了共建“一带一路”政府间谅解备忘录；2019年5月，两国建立“一带一路”能源合作伙伴关系。虽然两份协议均为近两年签署，但在“一带一路”倡议提出不久，中国与佛得角就在多个领域加强了合作。2015年，佛得角大学与广东外语外贸大学合作建立孔子学院。同年，佛得角普拉亚的旅游综合项目得到了澳门投资，并于2016年正式开建。该项目由澳门励骏集团投资，是佛得角迄今最大的外资项目，设计功能包括酒店、游艇俱乐部、会议中心和赌场等设施，预计投资额达2.5亿美元（约相当于佛得角GDP的15%）。2017年，佛得角等12个岛屿国家参加了在中国福建举行的中国—小岛屿国家海洋部长圆桌会议，参会方将在蓝色经济、海洋环境保护、岛屿管理与可持续发展、防灾减灾、海洋技术应用等方面加强合作，共同推进全球海洋可持续发展。2019年，中国与佛得角进出口贸易额为6344.53万美元，同比下降18.9%。其中，对佛出口6341.67亿美元，同比下降18.64%；自佛进口2.86万美元，同比下降90.14%。

几内亚比绍目前尚未签订“一带一路”倡议合作文件，但中国是几内亚比绍第五大贸易伙伴，双边经贸合作以发展援助为重点。基础设施建设方面，中国援助几内亚比绍建设的医院、学校、体育场、政府大楼、议会大厦、司法大楼、总统府办公设施等已成为该国地标。2018 年，中国与几内亚比绍签订了西非沿海公路比绍至萨芬路段项目，该项目是西非沿海公路的重要组成部分，是几内亚比绍引入中国技术标准的第一个道路项目，也是目前几内亚比绍国内的最高技术标准。在粮食安全和医疗卫生方面，中国政府援助几内亚比绍政府医疗和农业等技术项目，有效推动了几内亚比绍医疗卫生事业发展，为该国实现粮食安全、自主培养人才和提高技术管理水平做出了积极贡献，深受几内亚比绍国内各界欢迎。2019 年，中国向几内亚比绍先后援助了紧急粮食、农业机械、政府办公设备等物资。2019 年，中国与几内亚比绍进出口贸易额为 4032.59 万美元，同比增长 7.67%。其中，对几出口 3192.36 万美元，同比增长 7.08%；自几进口 840.23 万美元，同比增长 10%。

圣多美和普林西比于 2016 年 12 月和中国重新恢复外交关系，目前两国合作主要集中在经贸、牧业、基础设施建设等领域。复交后，中方即派遣专家组，帮助圣普方完成疟疾防治、农牧业和电力技术援助项目以及道路整修和社区排水等项目。2017 年，两国建立经贸联委会机制并举行首次经贸联委会会议。同年，两国签署《中国旅游团赴圣多美和普林西比旅游实施方案的谅解备忘录》，圣多美和普林西比成为中国公民组团出境旅游目的地。圣多美和普林西比总理特罗瓦达在参加 2018 中非合作论坛北京峰会时表示，圣多美和普林西比致力于与中国建立紧密关系，愿深化双方经济社会领域互利合作，助力本国发展。2019 年，中国与圣多美和普林西比进出口贸易额为 893.54 万美元，同比增长 22.43%。其中，对圣普出口 892.17 万美元，同比增长 23.08%；自圣普进口 1.36 万美元，同比下降 72.76%。

二　葡语国家参与“一带一路”建设中存在的主要问题

在“一带一路”倡议的推动下，中国与葡语国家在多个领域的合作取得了有效进展，有力地促进中国与葡语国家双边关系、多边关系朝着更加稳健的方向发展。在取得成绩的同时，也应该注意到，中国与葡语国家“一带一路”合作还有比较大的提升空间，主要表现在以下几个方面。

（一）中国与葡语国家“一带一路”合作机制有待完善

一是双边还停留在浅层次合作项目阶段，没有形成完善的合作机制。在“一带一路”合作框架下，中国与葡语国家在经贸、能源、基础设施、金融、文化、教育、科技等各领域已展开合作，但大部分领域的合作还停留在浅层次发展阶段，有待进一步深化。此外，大部分合作还没有形成完善和成熟的项目发展、融资保障、贸易畅通、安全保障等合作机制，不利于合作项目的深入推进。例如，葡萄牙于2019年成功发行20亿人民币债券，是首个发行人民币债券的欧元区国家。这是中葡两国在金融领域开展的一次重大合作，也是人民币进军欧盟市场的一次很好的尝试。以此次合作为契机，进一步深入推进两国金融合作，乃至形成完善的中国与葡语国家间金融合作机制，是目前“一带一路”合作的重点与难点。

二是合作项目示范效应尚未完全显现，需要进一步彰显合作成果。由于政策实施和经济增长带动的时滞性等原因，“一带一路”项目合作品牌效应仍处于“潜力型”阶段，合作成果还没有完全显现，标志性、示范性项目的引领性作用还没有得到全面发挥，未来还有大幅增长空间。例如，由中铁二十局承建的安哥拉本格拉铁路，是安哥拉建国以来修建的线路最长、速度最快、规模最大的现代化铁路，全部采用中国标准、中国技术、中国装备。在2019年通车运营后，本格拉铁路不仅为安哥拉经济发展注入活力，也带动了周边国家如赞比亚、坦桑尼亚、刚果（金）的经济发展，将成为贯穿非洲南部国家发展的连接线，带动大西洋沿岸内陆国家的经济发展。该线路在建成运营后，如何挖掘和释放本格拉铁路的潜力，发挥其品牌性、示范性效应，为推动中安两国、中国与葡语国家、中国与非洲国家的“一带一路”合作贡献力量，是接下来要深入研究的课题。

（二）中国和葡语国家的“一带一路”合作有待进一步拓宽

一是合作领域和合作项目需要进一步拓宽。如前文所述，目前，中国和葡语国家“一带一路”合作领域主要集中在经贸、基础设施建设、农业、能源等方面，而在金融、教育、科技、海洋、人文交流等领域的合作则比较少。合作项目也主要集中在投资、进出口、建筑、食品等传统领域。这与“一带一路”倡议提出的实现“政策沟通、设施联通、贸易畅通、资金融通、民心相通”的愿景相比，还有不小差距。

二是合作渠道和沟通方式需要进一步拓宽。目前，中国与葡语国家的合作以双边合作为主，多边合作为辅；以政府间沟通为主，地方和民间交流较少；传统的、单向的贸易与投资合作较多，跨境电子商务等贸易新业态、新模式合作较少。传统的合作渠道和沟通方式已无法满足中国与葡语国家“一带一路”合作深入开展的要求。

（三）民间力量参与“一带一路”建设的力度有待进一步加大

一是参与“一带一路”建设的民营企业数量少、力量弱。目前，中国与葡语国家“一带一路”合作项目主要由大型中央（国家）企业集中承接，如中国国家电网公司与中国长江三峡集团分别收购葡萄牙电网公司与电力公司的股份，中国路桥工程公司承建莫桑比克马普托大桥，中铁国际集团承建东帝汶苏艾高速公路一期工程。相比而言，民营企业在资金、人才、技术及防范化解风险能力等方面不占优势，参与国际竞争意愿不高、风险大。例如，由民营企业襄阳万宝粮油公司投资的莫桑比克万宝项目始建于2011年，2013年由中非发展基金与万宝粮油共同投资1.18亿美元，申请国开行贷款7900万美元，计划扩大规模到20万亩。然而在2014年，万宝粮油公司在国内爆发债务危机，导致万宝项目资金链断裂，万宝项目几近破产，最后于2015年10月，由中非发展基金接手管理项目。

二是中国民间组织与葡语国家的交往少，无法形成规模效应。目前中国与葡语国家的合作以官方合作为主，缺少民间交往。中国与葡语国家民间的经贸往来、教育交流、体育文化交往、旅游人数等不仅远远少于美国、英国、日本等发达国家，也少于阿联酋、斯里兰卡等发展中国家。此外，除葡萄牙和巴西外，中国民间组织和机构对其他葡语国家的研究较少，中国普通民众对其他葡语国家的认知就更加有限。因此，为了使“一带一路”建设具有长久的生命力，就必须发挥民间力量参与中葡“一带一路”建设的活力，使市场真正发挥作用，促进中葡间公共外交、经贸、人文等领域全方位交流和合作。

三　深化中国与葡语国家“一带一路”全方位合作的举措

为深入推进中国与葡语国家“一带一路”全方位多层次合作，本报告从以下四个方面提出建议和对策，促进中国与葡语国家“一带一路”内涵式发展，实现共同繁荣。

（一）苦练内功，深化中国与葡语国家“一带一路”合作

一是加强“一带一路”合作机制建设，助力“一带一路”建设高质量发展。在关系全球治理变革和世界政治经济格局调整的重大合作倡议中，国际完善的机制能推动组织机构实体化、政策磋商常态化、项目建设规范化，有效降低制度性交易成本、稳定各方预期，从而保证合作倡议持久深入推进。[①] 目前，中国与葡语国家“一带一路”合作正处于重要战略期，在前期合作项目已经取得一定成功经验的基础上，应该秉持开放性、渐进性理念和正确义利观，紧紧围绕基础设施建设和产能合作等重点领域完善项目发展机制、健全融资保障机制、构建贸易畅通机制、强化安全保障机制，以进一步

① 《深化推动“一带一路”高质量发展的四大机制建设》，央广网，2018 年 11 月 25 日，http：//news. cnr. cn/native/gd/20190425/t20190425_ 524590996. shtml。

提升凝聚力和影响力，推动中国与葡语国家共建“一带一路”高质量发展。

二是充分发挥现有合作项目的示范引领作用。要高标准、高起点地建设好、运营好、维护好现有“一带一路”合作项目，树立形象、建立模式、取信于人。同时要创新宣传方法手段，用当地社会、民众喜爱的方式讲好中国和葡语国家“一带一路”合作的故事，让当地社会、民众了解、认可中国企业在东道国履行企业社会责任、促进当地经济社会发展所做的种种努力，在当地居民中树立企业和国家的良好形象，为推进中国与葡语国家深化合作奠定良好的基础。

（二）久久为功，拓宽中国与葡语国家“一带一路”合作

一是推动“一带一路”倡议与葡语国家发展战略对接，寻求共建“一带一路”的合适切入点，深耕全方位合作。葡语国家结合本国的发展现状和地理优势，制定了本国的发展战略，例如葡萄牙政府从2019年开始实施2030年投资计划战略，重点发展结构性基础设施，促进经济增长；巴西提出了“投资伙伴计划”，旨在吸引更多外资到巴西投资建设；东帝汶充分发挥连接亚洲、澳大利亚和南太平洋岛国的优势，积极实施国家发展战略，推进经济多元化，加大基础设施建设；佛得角政府出台了《2017—2021年可持续发展战略计划》，将充分发挥佛得角在地理位置及地缘经济上的优势，积极响应并融入全球经济体系等。在此背景下，将“一带一路”倡议与葡语国家发展战略对接，发挥各自优势和专长，将合作领域由经贸、基础设施建设、能源等方面拓宽到法律、金融、保险、科技、海洋、旅游、健康等领域，将合作项目拓展到数字经济、人工智能、纳米技术、量子计算机等前沿领域，共同打造新技术、新产业、新业态、新模式的发展新路径。

二是拓宽中国与葡语国家多边、多元、多层次“一带一路”合作。在维护好、巩固好、发展好中国与葡语国家双边合作的同时，着力推进多边、多元、多层次合作机制建设，拓宽“一带一路”合作。如发挥G20峰会、APEC峰会、金砖国家领导人会议等现有的多边合作机制作用，推动包括葡语国家在内的多方参与“一带一路”建设；发挥“一带一路”国际合作高

峰论坛、中非合作论坛、中国—葡语国家经贸合作论坛、中国进出口商品交易会、中国进口博览会等全球性、区域性国际论坛、博览会、洽谈会的多元合作模式，以及国家之间、地区之间、城市之间、机构之间的多层次友好往来和交流互助，有效整合资源，动员各方的积极性，为推动“一带一路”建设、推进经济全球化健康发展、构建人类命运共同体贡献力量。

（三）因势利导，促进民间力量参与“一带一路”建设

随着经济全球化的日益深化以及中国企业的发展壮大，越来越多的中国企业开始进军国际市场。伴随着中国与葡语国家合作的升温，国内众多企业也纷纷将视线投入葡语国家。除央（国）企积极参与“一带一路”建设外，政府可因势利导，引导民营企业积极参与国际竞争和全球资源配置，发挥自身机制灵活、形式多样、市场敏锐度高等特点，努力成为推动中国与葡语国家“一带一路”建设高质量发展的生力军。

“国之交在于民相亲，民相亲在于心相通。”人民的深厚友谊是国家间关系发展的力量源泉。各国间的关系发展既需要政府间关系的“硬”支撑，也离不开人民友好的“软”助力。中国政府可引导民间机构和组织开展与葡语国家之间的民间外交活动，促进中国与葡语国家更多民众到对方国家投资、旅游、留学；同时，发挥新时代统一战线作用，团结葡语国家乃至全世界最广大的社会政治力量，尤其是在葡语国家的华侨、华人、华商，充分利用其在当地政治、经济、文化等领域的资源和影响力，推动中国与葡语国家之间的民间交往和感情交流，共同巩固、维护和发展得之不易的“一带一路”建设成果，使“一带一路”建设具有长久的生命力。

（四）适逢其时，澳门发挥纽带作用，架起中国与葡语国家合作桥梁

澳门与葡语国家保持着悠久紧密的历史文化联系，拥有相近的行政和法律体系，澳门又以中文与葡文为官方和正式语言，在连接中国与葡语国家上具有得天独厚的优势。而作为特别行政区，澳门具有独特的“一国两制”

政治优势和自由经济制度优势，发挥着“21 世纪海上丝绸之路”的支点作用。在中国与葡语国家共建“一带一路”的大背景下，澳门可充分挖掘自身优势，最大力度发挥与葡语国家合作与沟通的枢纽和桥头堡作用，助力中国与葡语国家合作行稳致远。

具体来说，一是发挥澳门“一国两制”的制度优势，推进中国与葡语国家政治交流。建立中国与葡语国家多边政治交流与合作机制，如通过举办中国与葡语国家高级别政治峰会（举办地和秘书处设在澳门）等方式，深化中国与葡语国家政治交流与合作，打造中国与葡语国家命运共同体。二是发挥澳门独特区位优势，深化中国与葡语国家经贸交流与合作。一方面继续强化澳门“一平台、三中心”① 的作用；另一方面鼓励中国与葡语国家企业在澳门设立业务总部，通过澳门将中国的产品和服务延伸到葡语国家经济圈乃至更多的国家和地区，同时将葡语国家的产品和服务输送到中国内地。三是发挥澳门人文优势，深化中国与葡语国家人文交流与合作。如加强与内地政府、高校、企业合作，推进中葡双语人才体系建设；加快发展文化产业和文化旅游，持续推进中国与葡语国家文化交流中心、世界旅游休闲中心建设；设立来华留学奖学金，吸引更多的葡语国家乃至“一带一路”合作国家、地区学生申请到澳门留学，使“一带一路”倡议惠及更多群体，促进民心相通等。

四　结语

自“一带一路”倡议提出以来，8 个葡语国家积极参与“一带一路”建设，其中 6 个国家与中国签署了 9 份“一带一路”合作框架协议，3 个国家先后加入亚投行；与中国在经贸、基础设施建设、能源等多个领域的合作取得喜人成绩。与此同时，葡语国家参与“一带一路”建设在合作机制、

① “一平台”即中国与葡语国家经贸合作服务平台，“三中心”是指在“一平台”框架下建立的中葡中小企业商贸服务中心、葡语国家食品集散中心和中葡经贸合作会展中心。

合作领域、合作力度等方面还有很大提升空间。

随着“一带一路”建设的深入推进，在政府、企业、民间等多股力量的共同努力下，充分发挥澳门在中国与葡语国家合作中的纽带作用，中国与葡语国家“一带一路”合作将更加深入，合作领域更加广阔，合作成果惠及更多民众，产生更广阔的辐射效应，为推动建立一个政治互信、经济融合、文化包容的利益共同体、命运共同体和责任共同体而不懈努力。

A.14

“一带一路”视阈下的中国—安哥拉关系发展解析

〔葡〕路易斯·菲利佩·佩斯塔纳 *

摘　要： 自2002年起，中国和安哥拉的关系迈入了历史性的阶段。安哥拉内战的结束，为中国进入待开发的安哥拉石油市场铺平了道路，安哥拉政府则利用两国之间的伙伴关系来助力国家重建。“一带一路”建设的推进更是为中安两国带来了重大机遇，对中国而言，继续加强与安哥拉的合作，有利于顺利地拓展全球战略。共建“一带一路”也为安哥拉摆脱桑托斯政府的腐败、强化对外政策提供了契机。本报告将梳理中安两国关系的发展历程，重点分析“一带一路”倡议对中安两国关系带来的机遇与挑战。

关键词： 安哥拉　“一带一路”倡议　外交政策　中安关系

中国改革开放下的实用主义格局，催生了中国对非洲大陆各国更具参与性的外交政策，这也让非洲国家更加相信第三条发展路径的存在。安哥拉由于其丰富的自然资源，成为各国必争之地。对于安哥拉政府而言，与中国建立正式关系，是一个摆脱对苏联依赖的机会。20世纪80年代，受内外部各种因素影响，安哥拉的经济形势十分严峻。安哥拉内部，政府权力过于集中

* 〔葡萄牙〕路易斯·菲利佩·佩斯塔纳（Luís Filipe Pestana），北京师范大学葡萄牙语教师。本报告由吴澜翻译。

在若泽·爱德华多·多斯·桑托斯（José Eduardo dos Santos）[①] 身上，他的决策使得城市中的精英和广大的农村人口之间的差距不断扩大，与此同时，面对内战中被削弱的经济，他所主张实施的农业集体化更让国内经济雪上加霜。除此之外，安哥拉外部环境也十分不利。1981 年安哥拉申请加入经济互助委员会（COMECON）[②] 遭到拒绝，让安哥拉和苏联之间的关系彻底冷却下来，从此，安哥拉寻求与中国发展关系，逐步降低对苏联的依赖。[③] 中国与安哥拉于 1983 年建交，随后的 20 年里，两国关系却鲜有进展。2002 年之后，安哥拉内战结束，中国和安哥拉之间的关系才开始迈入新的阶段。两国根据各自发展需求，逐步扩大合作范围。安哥拉丰富的自然资源，尤其是石油资源吸引中国与其合作，同时，中国对安哥拉基础设施项目的投资，可以满足安哥拉的战后重建和经济自主发展的需求。在这种相互依存的关系之下，中安两国关系快速发展。如今，安哥拉已经成为中国的主要石油进口国之一。

安哥拉结束内战后的十几年间，中国和安哥拉之间的关系迅速发展，两国于 2010 年建立战略伙伴关系，两国高层互访日益频繁，经贸合作不断深化。若昂·洛伦索（João Lourenço）总统上台更是为两国关系发展带来一系列变化。与此同时，习近平主席提出的“一带一路”倡议，提供了一个更加开放的全球合作平台，各个国家之间相互依存，积极发展经济合作，共同打造政治互信、经济融合、文化包容的利益共同体。这也使得中国和安哥拉的关系发展迈入新的阶段。

“一带一路”倡议提出至今已有七年，合作共赢格局开始成型，吸引了众多国家的积极参与。2019 年召开的第二届“一带一路”国际合作高峰论坛吸引了包括葡萄牙和莫桑比克在内的 36 位国家元首和政府

---

① 桑托斯担任安哥拉的两任总统长达 38 年，任期分别为：第一任（1979 ~ 1992），第二任（1992 ~ 2017）。

② 经济互助委员会是由苏联于 1949 年组织建立的由社会主义国家组成的政治经济合作组织，总部设在莫斯科，该委员会于 1991 年解散。

③ Luís Filipe Pestana，“O Consenso de Beijing em África：um modelo para Angola?” M. D. diss.，Universidade Católica Portuguesa，2013，p. 184.

首脑出席，[①] 还有 150 名来自不同国家的代表参会。目前，全球已有 143 个国家和中国签订了共建“一带一路”合作文件。[②]

“一带一路”倡议之所以能够得到国际社会的积极响应和参与，在于它所发出的积极信号，首先就是共建“一带一路”为全球贸易带来的新机遇。根据估计，受益于“一带一路”建设，欧洲贸易额将增长 6%，亚洲将增长 3%。[③] 同样地，对于非洲而言，加入“一带一路”倡议也会从中获益。目前，非洲的 55 个国家中有 40 多个以及非洲联盟加入了“一带一路”合作。[④] 中国在非洲的投资重点在于铁路、公路和机场等基础设施建设。其中最具代表性的建设之一是肯尼亚境内的蒙内铁路，[⑤] 为肯尼亚开通了一个快速、可靠、持续的入港路线，原来需要花费 10 多个小时的路程，现在只需要花费大约 5 小时，路线开通后一年，已载运 140 万人次，人均里程达到 480 公里，[⑥] 蒙内铁路项目将使肯尼亚 GDP 增长 1.5% 左右，这条路线可以运载约 1400 万吨货物。[⑦]

在共建“一带一路”的背景下，安哥拉作为中国在非洲的主要伙伴之一，已与中国签订了共建“一带一路”合作文件。与此同时，若昂·洛伦索总统上台后，致力于推动实现国家经济和金融往来的多样化。接下来将从共建“一带一路”的视角出发，探索洛伦索执政下的中安关系发展新路径。

---

① Shannon Tiezzi, “Who Is (and Who Isn't) Attending China's 2nd Belt and Road Forum?” *The Diplomat*, April 27, 2019.

② Michael Lelyveld, “China's Investment in Belt and Road Initiative Cools,” *Radio Free Asia*, January 17.

③ Alicia García-Herrero, and Xu Jianwei “Countries' Perceptions of China's Belt and Road Initiative: A Big Data Analysis,” *Bruegel*, 2019.

④ Adbi L. Dahir “These are the African countries not signed to China's Belt and Road Project,” *Quartz Africa*, September 30, 2019.

⑤ 蒙巴萨 – 内罗毕标轨铁路（“蒙内铁路”）全长约 480 公里，东起肯尼亚东部港口蒙巴萨，西至首都内罗毕，这条肯尼亚独立以来的首条新铁路由中国企业承建，全线采用中国标准。

⑥ 《背景资料：习近平新时代的中国特色社会主义思想》，新华网，2018 年 3 月 27 日。

⑦ 《肯尼亚的现代火车在 2 周年前夕运送 300 万乘客》，新华网，2019 年 6 月 2 日。

一　洛伦索外交政策下的中安关系发展

2017 年是历史性的一年，执政长达 38 年的桑托斯决定不再连任总统。2017 年 9 月，若昂·洛伦索就任安哥拉总统。任职以来，洛伦索积极推进多项改革方案，首先是打击腐败，反腐败政策在安哥拉民众中引起了积极的反响。[①]

安哥拉与外部合作关系的一个重要因素就是石油，石油占安哥拉对外贸易的 95%，占国内生产总值的 40%。[②] 石油是全球经济发展所需的关键能源，石油出口也逐渐成为安哥拉的一张国际名片。根据安哥拉政府的最新数据，鉴于安哥拉海上油田的特征，到 2023 年年底，安哥拉石油产量将下降 36%。换言之，石油将很快到达开采峰值，这意味着在不久的将来安哥拉不得不中断石油开采。2016 ~ 2017 年，石油日产量下降到平均每日 16.32 亿桶。即便如此，洛伦索政府认为，提高石油市场的吸引力不仅是吸引中国投资的一种举措，更是国家的优先战略之一。2017 年 10 月，安哥拉总统会见了雪佛龙、道达尔、英国石油公司、埃尼、埃克森美孚和挪威国家石油公司的代表，讨论了石油行业的未来发展。安哥拉前总统桑托斯的女儿伊萨贝尔·多斯·桑托斯（Isabel dos Santos）被撤除安哥拉国家石油公司首席执行官一职，由此一来，石油公司可以开采天然气，并将利润的控制权移交给国家财务部。[③]

安哥拉打击腐败和改革石油行业的举措，可以从两个方面来诠释。一方

---

① Rebecca Engebretsen, “President Lourenço's Anti-corruption Drive Changes the Rules in Angola,” African Arguments, 2018 年 10 月 10 日, https://africanarguments.org/2018/10/10/lourcnco - corruption - drive - changes - rules - angola/.

② Alex Vines, “Lourenço's First Year: Angola's Transitional Politics,” Africa Center for Strategic Studies, 2018 年 9 月 20 日, https://africanarguments.org/2018/10/10/lourenco - corruption - drive - changes - rules - angola/.

③ Alex Vines, “Lourenço's First Year: Angola's Transitional Politics,” Africa Center for Strategic Studies, 2018 年 9 月 20 日, https://africanarguments.org/2018/10/10/lourenco - corruption - drive - changes - rules - angola/.

面，是针对桑托斯家族及其产业的打击，这也是政府反腐败计划中的一部分，虽然腐败问题在安哥拉根深蒂固，而针对桑托斯家族的行动只是冰山一角。但为了实现洛伦索总统的反腐目标，政府还计划对安哥拉国家石油公司的账户进行外部审计，以了解数十年来公司资金的去向。审计过程和结果如果可以公开透明，会增强包括中国在内的其他国家对安哥拉政府的信心，从而有利于吸引外部投资，更大程度地扩大资金来源。

另一方面，是改善安哥拉政府的形象。安哥拉仍然是世界上最腐败的国家之一，在“透明国际”（即国际透明组织）[①] 列出的 180 个国家中，安哥拉排在第 165 位。安哥拉国内的腐败现象会对吸引外国投资造成十分消极的影响，也可能增加国家之间的竞争，从而影响中国与安哥拉的合作。

应当指出，安哥拉的国家发展仍然处于转型当中，安哥拉除了与基础设施建设相关的需求外，国家快速增长的人口以及日益加剧的贫富差距也迫使其进行改革。2018～2020 年，安哥拉国内人口将增长约 3.1%，而经济增长仅为 2.8%。[②] 此外，失业率是安哥拉人口和经济问题的重要反映。据安哥拉国家统计局数据显示，在 2000 万劳动人口中，20% 为失业人口，在 15～19 岁的年轻人中，这一比例高达 46%。[③]

安哥拉石油行业面临的问题也尤为突出。2018 年上半年，由于对海上油田的投资较少，石油产量比 2017 年下降了 9%。此外，外部国际环境可能会给行业的发展带来更大的困难，中美贸易战有可能导致中国工业发展放缓，从而影响对安哥拉的石油采购。[④] 安哥拉的石油出口中约有 65% 会输往中国，2018 年，价值 237 亿美元的石油出口到中国，约合 3.36 亿桶。值得注意的是，这些石油绝大部分都是通过中国的授信额度支付的，只有一小部

---

① Corruption Perceptions Index 2018, Angola Transparency International, 2019.

② Angola Economic Outlook, Abidjan: African Development Bank Group, 2019.

③ Raquel Loureiro, "Crescimento da população dificulta desenvolvimento de Angola," Deutsche Welle, 2018 年 7 月 11 日, https://www.dw.com/pt-002/crescimento-da-popula%C3%A7%C3%A3o-dificulta-desenvolvimento-de-angola/a-44606015.

④ Angola Economic Outlook, Abidjan: African Development Bank Group, 2019.

分通过有效能源销售输出。[①]

将这些数据和人口增长、失业率的数据进行比对，可以看出，中国在基础设施方面的贡献并不足以解决安哥拉自身的问题。从这个角度来看，安哥拉积极参与“一带一路”倡议，中国和安哥拉之间的发展最终很有可能集中在改善安哥拉生活条件等方面的合作。因此，第一产业有望发展成为两国合作的基础，并从中发掘两国关系发展的新可能。

二　安哥拉参与“一带一路”面临的挑战

诸多积极的迹象表明安哥拉已经并将持续从共建“一带一路”中受益，石油依然是安哥拉外交关系的基本组成部分。伊莎贝尔·多斯·桑托斯从安哥拉国家石油公司董事会中被剔除，是新政府在为必要的改革铺路，以便在未来几年重振石油行业。卡洛斯·萨图尼诺（Carlos Saturnino）被选为新一任首席执行官，其主要任务就是领导公司重组，提高公司的稳健性。重组过程中将出售非石油产业，如农业、酒店业、保险业、电信业和银行业等，这些都是安哥拉国家石油公司涉足的产业，必须在未来三年之内将其转手。尽管这些改革有助于提升公司的竞争力，并在拉动经济增长方面起到关键的作用，但主要还是依靠当前的油价形势推动了这一系列的变化。

安哥拉一直以来过度依赖其石油生产，因此无法提出有效的经济改革策略来应对金融危机。根据詹森的说法，这种种的限制让政府的决策变得更为复杂，并破坏了国家 2018～2022 年的财务灵活性。[②] 让人印象深刻的是，2004～2014 年安哥拉经济以每年 9.1% 的速度增长。但政府并没有抓住机会进行必要的改革，促使经济多样化发展来应对石油行业波动带来的危

① José Cassanda, “Dois em cada três barris de petróleo angolano são encaminhados para a China,” Expansão, 2019 年 5 月 23 日, http://expansao.co.ao/artigo/113158/dois-em-cada-tr-s-barris-de-petroleo-angolano-sao-encaminhados-para-a-china?seccao=exp_merc.

② Soren K. Jensen, *Angola's Infrastructure Ambitions through Booms and Busts-Policy, Governance and Reform* (Londres: Chatham House, 2018).

机。詹森表示，正因如此安哥拉陷入货币贬值、通货膨胀和公共债务上升的危机。①

安哥拉参与“一带一路”建设，还需要应对许多外部挑战。例如，自2016年以来，开赛地区的危机迫使刚果（金）难民不断前往安哥拉避难，预计未来这一数字将上升至5万。② 这有可能导致安哥拉和刚果（金）出现新的危机。③ 对于中国而言，安哥拉和刚果（金）之间紧张的局势并不适合“一带一路”建设在该地区的顺利开展，尤其是中国希望利用安哥拉港口（即洛比托港）来运送刚果的矿产资源。④

“一带一路”建设不仅需要各个国家的积极参与，而且应当重视发挥各类国际和区域组织的作用。安哥拉除了在非洲联盟内部发挥着重要的作用外，还是南部非洲发展共同体和中非国家经济共同体的成员。但是，有迹象表明安哥拉在这些区域组织中的融合程度较低。根据非洲开发银行、非洲联盟委员会和非洲经济委员会统计的非洲一体化指数，安哥拉和区域合作伙伴的关系较为疏远，这可能会让“一带一路”的实施变得很困难。还应当指出的是，“一带一路”的愿景还包括改善货物及人员流动环境。然而，安哥拉在这方面还有很长的路要走，目前尚未批准南部非洲发展共同体和中非国家经济共同体的法律机制，而这些机制将有利于促进人员流动，特别是劳动力流动。南部非洲发展共同体中，只有7%的公民持有安哥拉免签护照，而中非国家经济共同体所有成员国都未获得安哥拉免签护照批准。安哥拉在一

① 安哥拉仍然是儿童死亡率最高的国家之一，贫富差距不断扩大。世界银行于2017年将其地位改为中低收入国家。

② 2016年8月，政府军和叛军之间的冲突升级，已经影响了380万人，其中包括230万名儿童（联合国儿童基金会，2019年），*Conflict in the Kasai*，*Democratic Republic of Congo*，Nova Iorque：United Nations Children's Fund（UNICEF），2019。

③ Alex Vines，“The DRC Will Be the First Foreign Policy Priority for Angola' s New President，”Chatham House，2017年8月21日，https：//www. chathamhouse. org/expert/comment/drc - will - be - first - foreign - policy - priority - angola - s - new - president。

④ “Porto de Lobito，em Angola，recebe segundo carregamento de minério da RD do Congo，”Macauhub，2018年9月24日，https：//macauhub. com. mo/pt/2018/09/24/pt - porto - do - lobito - em - angola - recebe - segundo - carregamento - de - minerio - da - rd - do - congo/。

体化方面表现出的缺陷在对外贸易活动中同样存在。对于安哥拉而言，其区域合作伙伴并不是主要的出口国，2011～2013年，安哥拉对南部非洲发展共同体和中非国家经济共同体的出口分别仅占其国内生产总值的2%和0.39%。在安哥拉的进口中，仅有1.5%来自南部非洲发展共同体，0.31%来自中非国家经济共同体。①

根据非洲一体化指数，安哥拉在除外贸的其他领域同其区域伙伴的关系也较为疏远。早在2013年，在中非国家经济共同体中安哥拉的通胀率最高，在南部非洲发展共同体中通胀率位列第二高，仅次于津巴布韦。② 近年来，这一情况持续恶化，到了2019年9月，通胀率达到GDP的16.8%。③

面对上述困境，洛伦索政府通过国际货币基金组织、世界银行等金融组织，积极实施金融改革计划，决心控制通货膨胀，改善税制。这不仅可以稳定安哥拉的经济，寻找石油领域之外的其他财富来源，促进区域伙伴关系的融合，还可以，借此向中国发出积极信号，表明安哥拉已经做好参与“一带一路”建设的准备。中国不仅是支持安哥拉国家发展的重要政治伙伴，也是安哥拉的主要经济合作伙伴，中国占其出口总额的40%以上。④ 中国一直以来寻求以务实的合作方式和其他国家建立关系，安哥拉则希望参与“一带一路”建设，与包括中国在内的其他国家实现互利共赢、共同发展。

四　建议

从上述分析中，我们可以总结出两国政府想要实现的三个目标：一是安

---

① Africa Regional Integration Index：Angola，Adis Ababa：Africa Regional Integration Index，2019，https：//www. integrate－africa. org/rankings/country－profiles/angola/.

② Africa Regional Integration Index：Angola，Adis Ababa：Africa Regional Integration Index，2019，https：//www. integrate－africa. org/rankings/country－profiles/angola/.

③ Angola-Economic Indicators，Trading Economics，2019，https：//tradingeconomics. com/angola/indicators.

④ Angola-Economic Indicators，Trading Economics，2019，https：//tradingeconomics. com/angola/indicators.

哥拉政府想要打破原有的家族企业垄断经济市场的局面，并通过改善产业结构失衡，推动经济稳定发展，最终通过经济的提升对社会产生积极影响。二是中国正在积极探索中安合作的新方式，“安哥拉模式”的合作虽然在一定时期内既满足了安哥拉政府对资金的迫切需要，又保证和扩大了中国从安哥拉的石油进口，但安哥拉政府为了改善资源输出型经济，调整产业结构失衡问题，已经逐步停止使用资源还贷的方式，不再单纯地依赖石油、钻石等矿产资源的出口，从而推动安哥拉经济的多元化转型。为了实现这一目标，安哥拉政府希望得到中国的支持和帮助，在安哥拉政府看来，中国不是对其自然资源感兴趣的投机者，而是可以长期交往、互利互惠的合作伙伴。三是将中安双边合作同中非多边合作以及“一带一路”合作倡议结合起来，进一步促进两国在平等互利的基础上共同发展。

为了实现以上目标，安哥拉首先必须改善国内外政治和军事格局，正确处理和刚果（金）的政治和经济关系，努力解决区域冲突，保持国内外政局稳定。此外，安哥拉还应有效融入南部非洲发展共同体和中非国家经济共同体等区域组织之中，拉近同区域合作伙伴的关系。安哥拉融入区域组织不仅能够促进资本、人员和知识的自由流动，还可以在一定程度上帮助中国参与非洲市场，有助于实现“一带一路”的全球化发展愿景。

其次，中安应坚持互惠互利的合作方式，回击西方国家对中安石油合作的污蔑。石油作为国家经济发展的重要资源，掌控石油产地一直以来都是大国发展所追求的战略目标。随着中国和安哥拉石油交易量的逐年上升，西方国家察觉到安哥拉的石油出口正在从欧美转向中国，一些西方国家和媒体便开始诽谤中国，企图破坏中安的石油合作。西方国家在安哥拉开发石油，采取掠夺式经营，片面追求利润最大化。而中国从一开始就奉行平等互利的原则，实行互惠共赢的合作方式。“一带一路”倡议提出以来，安哥拉积极响应，政府积极推动安哥拉发展战略与“一带一路”倡议对接，进一步带动两国在能源、矿产资源、农业、渔业等领域的合作，这些具体合作举措为安哥拉的发展带来了更多的机遇。

最后，中安两国应以葡萄牙语为纽带，深化人文交流。语言互通是实现中安两国政策沟通、设施联通、贸易畅通、资金融通、民心相通的基础和前提条件，因此，消除语言障碍、大力培养中葡双语人才十分必要。葡萄牙语教育在中国内地发展近60年，目前已有40余所高校开设葡萄牙语专业，但葡萄牙语教学仍主要围绕欧洲葡语和巴西葡语开展。展望未来，双方应加强教育的双边合作力度，增派留学生，加强人员交往。同时，通过孔子学院或孔子课堂在安哥拉推广汉语教学，传播中国文化。通过双方的共同努力，培养出能够满足共建“一带一路”和国家发展需要的中、葡语国际化人才，从而在相互理解中加深交流，在相互合作中共同崛起。

附　　录

Appendices

A.15 中国与葡语国家合作统计数据（2016 ~2019）

丁　浩*

一　概况

表 1　中国与葡语国家基本信息与经济指标（2018 年）

国家	国土面积(万平方公里)	人口(百万人)	首都	收入水平	GDP(百亿美元)	GDP 年增长率(%)	人均 GDP(美元)	失业率(%)	通货膨胀率(%)	外汇储备(亿美元)
中国	960	1393	北京	中高等收入国家	1361	6. 57	9770	4. 42	2. 93	30920

* 丁浩，管理学博士，广东外语外贸大学商学院副院长、副教授、硕士生导师，葡语国家研究所所长。

续表

国家	国土面积(万平方公里)	人口(百万人)	首都	收入水平	GDP(百亿美元)	GDP年增长率(%)	人均GDP(美元)	失业率(%)	通货膨胀率(%)	外汇储备(亿美元)
安哥拉	124.67	30.81	罗安达	中低等收入国家	10.58	-2.13	3434	7.25	34.84	154.10
巴西	835.81	209	巴西利亚	中高等收入国家	187	1.12	8947	12.54	3.03	3719.34
佛得角	0.4	0.54	普拉亚	中低等收入国家	0.20	5.08	3704	12.28	1.53	6.06
几内亚比绍	2.81	1.87	比绍	低收入国家	0.15	3.80	802	4.06	-0.42	3.33
莫桑比克	78.64	29.50	马普托	低收入国家	1.47	3.43	498	3.17	2.12	30.78
葡萄牙	9.16	10.28	里斯本	高收入经合组织国家	24.07	2.44	23414	6.86	1.58	91.59
圣多美和普林西比	0.1	0.21	圣多美	中低等收入国家	0.04	2.66	1905	13.32	4.69	0.44
东帝汶	1.49	1.27	帝力	中低等收入国家	0.26	2.81	2047	3.00	0.93	6.74

注：GDP为现价美元数据，外汇储备中不含黄金。标识为“中国”的数据为中国内地数据，不包括中国香港、中国澳门和中国台湾，下同。

资料来源：根据世界银行数据整理。

表2　中国与葡语国家营商环境得分与排名（2018～2019）

国家	DB得分	DB得分变化	排名	排名变化
中国	77.9	+4.3	31	↑15
安哥拉	41.3	-2.6	177	↓4
巴西	59.1	-0.9	124	↓15
佛得角	55.0	-1.0	137	↓6
几内亚比绍	43.2	+0.4	174	↑1
莫桑比克	55.0	-0.5	138	↓3
葡萄牙	76.5	0.0	39	↓5
圣多美和普林西比	45.0	-0.1	170	0
东帝汶	39.4	-2.2	181	↓3

资料来源：世界银行《2020世界营商环境报告》。共190个经济体。

表 3　中国与部分葡语国家经济复杂性指数（ECI）排名（2017 年）

国家	ECI	ECI 排名	ECI 排名变化
中国	0.691	33	↓7
安哥拉	-1.318	117	↓8
巴西	0.608	37	↑15
莫桑比克	-1.249	114	↓8
葡萄牙	0.259	48	↓9

资料来源：根据 MIT 发布的 OEC 数据整理，共 125 个经济体。

表 4　中国与葡语国家国际收支情况（2018 年）

单位：百万美元

国家	货物出口	货物进口	货物贸易余额	服务出口	服务进口	服务贸易余额	贸易余额	收益	经常项目余额
中国	2417443	2022272	395171	233567	525816	-292249	102921	-53830	49092
安哥拉	40758	15798	24960	631	10090	-9458	15502	-8099	7403
巴西	239537	186490	53047	35440	71174	-35734	17313	-58853	-41540
佛得角	273	960	-686	707	385	322	-364	270	-94
几内亚比绍	339	293	46	41	166	-125	-79	25	-54
莫桑比克	5196	6169	-973	779	4349	-3570	-4543	42	-4501
葡萄牙	67343	85308	-17965	38795	18975	19821	1856	-896	959
圣多美和普林西比	16	133	-117	82	64	18	-99	24	-75
东帝汶	25	613	-589	97	447	-349	-938	747	-191

国家	资本项目余额	直接投资	资产组合投资	金融衍生品	其他投资	金融项目余额	资本和金融项目余额	误差与遗漏	储备与相关项目
中国	-569	107020	106698	-6153	-76997	130567	129998	-160213	18877
安哥拉	3	-6462	3653	-51	-5901	-8762	-8759	-160	-1515
巴西	440	76138	-6861	-2754	-21174	45350	45790	-1312	2937
佛得角	15	86	-43	0	118	161	176	-69	13
几内亚比绍	42	21	4	0	31	56	98	-10	34

续表

国家	资本项目余额	直接投资	资产组合投资	金融衍生品	其他投资	金融项目余额	资本和金融项目余额	误差与遗漏	储备与相关项目
莫桑比克	164	2692	2	0	1412	4106	4271	5	-226
葡萄牙	2397	6016	-10875	-731	6933	1344	3741	556	5254
圣多美和普林西比	27	21	0	0	27	49	76	-21	-20
东帝汶	52	48	181	0	8	237	288	33	130

注：收益包括主要收益（primary income）和次要收益（secondary income）。
资料来源：根据 IMF 数据计算整理。

二　外交

表 5　中国与葡语国家外交关系一览（截至 2019 年 12 月）

双边国家	建交时间	伙伴关系	伙伴关系建立时间
中国与安哥拉	1983.1.12	战略伙伴关系	2010
中国与巴西	1974.8.15	全面战略伙伴关系 战略伙伴关系	2012 1993
中国与佛得角	1976.4.25	—	—
中国与几内亚比绍	1974.3.15 建交，1990.5.31 断交，1998.4.23 复交	—	—
中国与莫桑比克	1975.6.25	全面战略合作伙伴关系	2016
中国与葡萄牙	1979.2.8	全面战略伙伴关系	2005
中国与圣多美和普林西比	1975.7.12 建交，1997.7.11 断交，2016.12.26 复交	全面合作伙伴关系	2017
中国与东帝汶	2002.5.20	全面合作伙伴关系	2014

资料来源：中国外交部。

三 贸易

表 6 中国与葡语国家进出口商品总值（2019 年）

单位：万美元，%

国家	2019 年						2018 年
	进出口额	出口额	进口额	同比增长（%）			进出口额
				进出口	出口	进口	
安哥拉	2536581	205750	2330830	-8.61	-7.95	-8.67	2775523
巴西	11468056	3547699	7920357	3.49	5.18	2.76	11080797
佛得角	6345	6342	3	-18.90	-18.64	-90.14	7823
几内亚比绍	4033	3192	840	7.67	7.08	10.00	3745
莫桑比克	266855	195683	71172	6.06	4.94	9.28	251603
葡萄牙	664338	432549	231789	10.43	14.77	3.14	601607
圣多美和普林西比	894	892	1	22.43	23.08	-72.76	730
东帝汶	16814	14358	2456	23.68	8.00	717.18	13595
葡语国家合计	14963914	4406465	10557449	1.55	5.30	0.06	14735424

资料来源：中国海关总署统计数据。

表 7 葡语国家服务贸易情况（2018 年）

单位：亿美元，%

国家	服务进出口额	服务出口额	服务进口额	服务净出口额	占葡语国家服务进出口总额比重
安哥拉	107	6	101	-95	6
巴西	1020	340	680	-340	58
佛得角	11	7	4	3	1
几内亚比绍	2	0	2	-1	0
莫桑比克	48	7	42	-35	3
葡萄牙	559	377	183	194	32
圣多美和普林西比	2	1	1	0	0
东帝汶	7	2	5	-2	0
葡语国家合计	1756	741	1016	-275	100

资料来源：联合国贸发会议（UNCTAD）数据。

四 投资

表 8 中国对葡语国家直接投资流量、存量（2016～2018 年）

单位：万美元

国家	中国对外直接投资流量			中国对外直接投资存量		
	2016	2017	2018	2016	2017	2018
安哥拉	16449	63755	27034	163321	226016	229919
巴西	12477	42627	42772	296251	320554	381245
佛得角	5	—	—	1523	1463	1463
几内亚比绍	61	623	257	7016	7639	6521
莫桑比克	4425	11747	54563	78226	87291	141017
葡萄牙	1137	104	1171	8774	11023	10593
圣多美和普林西比	—	—	—	38	38	38
东帝汶	5533	1952	-1032	14794	17417	16668
葡语国家合计	40087	120808	124765	569943	671441	787464

资料来源：《2018 年度中国对外直接投资统计公报》。

表 9 葡语国家对中国直接投资流量（2016～2018 年）

单位：万美元

国别	2016	2017	2018
安哥拉	359	120	—
巴西	4667	4228	3119
几内亚比绍	—	103	—
莫桑比克	—	1473	—
葡萄牙	1042	1499	40

资料来源：历年《中国统计年鉴》。

五 合作

表 10 中国对葡语国家承包工程和劳务合作统计情况（2018 年）

国家	对外承包工程					对外劳务合作				累计派出各类劳务人员数量（人）	年末在外各类劳务人员数量（人）
	新签合同份数（份）	新签合同额（万美元）	完成营业额（万美元）	派出人数（人）	年末在外人数（人）	新签劳务人员合同工资总额（万美元）	劳务人员实际收入总额（万美元）	派出人数（人）	年末在外人数（人）		
安哥拉	61	222991	454319	4188	14897	8197	5403	5189	12325	9377	27222
巴西	122	258278	260900	135	492			1	157	136	649
佛得角	4	318	2744	79	393		109		4	79	397
几内亚比绍	2	2394	287	15	350		1	1	1	16	351
莫桑比克	64	332142	80422	551	2329	241	94	189	824	740	3153
葡萄牙	11	13584	25610	2	1	6	32	20	11	22	12
圣多美和普林西比	8	15744	552	5						5	
东帝汶	5	6651	35290	488	900	12	5	5	7	493	907
葡语国家合计	277	852102	860124	5463	19362	8456	5644	5405	13329	10868	32691

资料来源：《中国商务年鉴 2019》。

六　社会

表 11　中国与葡语国家多维贫困指数及其构成（2019 年）

国家	多维贫困指数（MPI）	数据年份	多维贫困发生率（%）	多维赤贫发生率（%）	不同维度对总体贫困的贡献率（%）			收入贫困线以下人口比重（%）	
					健康	教育	生活水平	国家贫困线	PPP 日均 1.9 美元线
中国	0.016	2014	17.1	0.3	35.2	39.2	25.5	3.1	0.7
安哥拉	0.282	2015/2016	15.5	32.5	21.2	32.1	46.8	36.6	30.1
巴西	0.016	2015	6.2	0.9	49.8	22.9	27.3	26.5	4.8
几内亚比绍	0.372	2014	19.2	40.4	21.3	33.9	44.7	69.3	67.1
莫桑比克	0.411	2011	13.6	49.1	17.2	32.5	50.3	46.1	62.4
圣多美和普林西比	0.092	2014	19.4	4.4	18.6	37.4	44.0	66.2	32.3
东帝汶	0.210	2016	26.1	16.3	27.8	24.2	48.0	41.8	30.7

注：多维贫困指数（MPI）仅针对发展中国家，因此葡萄牙未被纳入。另，缺少佛得角数据。

资料来源：联合国开发署、牛津大学贫困与人类发展研究中心（OPHI）《2019 全球多维贫困指数（MPI）》。

A.16 中国与葡语国家合作大事记（2019年）

吴 楠 张靖莹*

2019年1月

1月9日 反洗钱监测分析中心与东帝汶金融情报中心签署合作谅解备忘录。

1月17日 中国向圣多美和普林西比的主要医院捐赠了价值超过13万欧元的医疗仪器、药品及消耗品。

1月19日 中国援莫桑比克第21批医疗队圆满结束任期回国。

1月22日 广西大学与葡萄牙埃武拉大学对进一步落实建设孔子学院、建成特色孔院及优秀孔院达成了一致的共识，并签署了合作谅解备忘录。

1月25日 葡萄牙商业银行与中国银联合作在欧洲首发银联卡。

1月28日 中国驻圣多美和普林西比使馆在圣多美可可艺术中心举办招待会，圣普总理热苏斯出席并致辞。

1月29日 巴西足协与厦门金达威体育文化传媒有限公司在位于里约热内卢的巴西足协总部举行战略合作签约仪式，正式启动巴西对华足球战略合作项目。

1月30日 葡萄牙首批出口中国的猪肉集装箱起运仪式在距首都里斯本150公里的雷根古什－迪蒙萨拉什市举行。

---

* 吴楠，广东外语外贸大学西方语言文化学院葡萄牙语专业学生；张靖莹，广东外语外贸大学西方语言文化学院葡萄牙语专业学生。

2019年2月

2月1日 国机集团所属中国机械设备工程股份有限公司捐赠安哥拉“长城综合学校”仪式在安哥拉索约市举行。

中海石油气电与莫桑比克项目签署长期液化天然气购销协议。

2月8日 佛得角政府在佛首都普拉亚举行中国援佛得角紧急粮食援助交接仪式。

2月9日 中国澳门与葡萄牙结成5对姐妹学校。

2月18日 中国驻葡萄牙大使馆在里斯本举行招待会，庆祝中葡建交40周年。

中国长江三峡集团有限公司董事长、党组书记雷鸣山在三峡集团总部与葡萄牙电力公司首席执行官安东尼奥·梅西亚一行举行座谈会。

2月20日 中国驻佛得角大使杜小丛和佛得角外交部部长塔瓦雷斯分别代表两国政府签署《中国援佛得角粮食援助项目政府间交接证书》。

2019年3月

3月4日 “2019年葡萄牙文化节”在故宫博物院正式启动。

3月5日 中国援东帝汶数字电视项目实施协议签字仪式在东外交与合作部隆重举行。中国驻东大使肖建国与东传媒国务秘书阿卡拉分别代表两国政府签署上述协议并致辞。

3月20~23日 中国对外友好协会副会长林怡率团访问安哥拉。

3月21~22日 中国民航代表团和莫桑比克民航代表团在莫桑比克首都马普托举行双边航空会谈。

3月22日 全国首批葡萄牙输华猪肉产品登陆天津。

3月24日 由于非洲东南部受热带气旋“伊代”袭击，中国救援队赴莫桑比克开展国际救援，提供紧急人道主义援助。

3月25日　司法部部长傅政华在京同应邀来访的安哥拉司法和人权部长德凯罗斯举行工作会谈，并共同签署了《中华人民共和国司法部与安哥拉共和国司法和人权部合作谅解备忘录》。

上海市市长应勇会见圣多美和普林西比总理若热·博姆·热苏斯一行。

3月26日　司法部党组书记、副部长袁曙宏在京会见安哥拉司法和人权部长德凯罗斯率领的访华代表团。

中国政府援几内亚比绍农机设备交接仪式在几比首都比绍举行。

3月27日　国务院总理李克强在海南博鳌会见来华出席博鳌亚洲论坛2019年年会的圣多美和普林西比总理热苏斯。

3月30日　《中华人民共和国政府和安哥拉共和国政府关于简化签证手续的协定》生效实施。

2019年4月

4月11日　中国国际文化传播中心莫桑比克基地在马普托通过莫桑比克文化和旅游部向莫桑比克救灾管理局（INGC）捐赠100吨粮食。

4月15日　巴西正式宣布退出南美国家联盟（Unasul）。

4月17日　武汉格罗夫氢能汽车有限公司与巴西米纳斯吉拉斯州政府正式签下有效期为三年的关于巴西氢能汽车产业发展合作谅解备忘录。

4月23日　中土集团和东帝汶石油天然气公司签署东帝汶比亚佐港口项目商务合同。

4月24日　国家主席习近平在人民大会堂会见莫桑比克总统纽西。

安哥拉共和国特使科洛斯到访中促会国际光热工作委员会。

中交集团党委常委、中国交建副总裁文岗在北京会见了来华参加第二届“一带一路”国际合作高峰论坛的莫桑比克交通和通信部部长卡洛斯·梅斯基塔。

中国路桥与莫桑比克交通与通讯部签署相关项目的谅解备忘录。

4月25日　中国人保财险同葡萄牙最大的保险公司忠诚保险有限公司

签署了“一带一路”保险合作谅解备忘录。

4 月 26 日 由澳门特别行政区政府旅游局和中国—葡语国家经贸合作论坛（澳门）常设秘书处合办的“葡语国家旅游产品推介会”举行。

4 月 29 日 国家主席习近平在北京人民大会堂同葡萄牙总统德索萨举行会谈。

国务院总理李克强在钓鱼台国宾馆会见葡萄牙总统德索萨。

中国—莫桑比克首次渔业会谈在马普托举行。

“中巴媒体智库对话会”在巴西圣保罗召开，与会者围绕共建“一带一路”、金砖国家合作以及中巴合作现状和前景等展开了深入探讨。

4 月 30 日 中共中央政治局委员、上海市委书记李强会见葡萄牙总统，深化上海与葡萄牙各地全方位交流合作。

2019年5月

5 月 7 日 文化和旅游部部长雒树刚在京会见了来华访问的佛得角旅游与交通部部长兼海洋经济部部长若泽·贡萨尔维斯，就进一步加强中佛旅游交往进行商谈，达成多项共识。

5 月 9 日 由中国驻巴西使馆和巴西基础设施部共同主办、巴西中资企业协会协办的“中国—巴西基础设施合作对话会”在巴西首都巴西利亚举行。

佛得角圣文森特岛海洋经济特区规划推介会在北京举行。

5 月 11 ~ 19 日 澳门行政长官崔世安率澳门特区政府代表团访问葡萄牙，出席澳葡联合委员会第六次会议。双方签署了《中华人民共和国澳门特别行政区政府与葡萄牙共和国政府关于促进文凭与学位自动认可的谅解备忘录》。

5 月 13 日 中寰集团与巴伊亚州政府签署了《中巴钢铁综合一体化项目合作谅解备忘录》。

5 月 15 ~ 17 日 中国能建党委常委、副总经理于刚赴莫桑比克进行市场开发调研，推进并见证了相关项目协议签署。

5 月 16 日　由广东外语外贸大学和社会科学文献出版社联合策划出版的国内首部葡语国家黄皮书——《中国与葡语国家合作发展报告（2019）》在广州正式发布。

5 月 17 日　“2019 感知中国·大美青海”民族文化艺术展走进葡萄牙。

5 月 18 日　由葡萄牙文化部和科英布拉大学联合举办的中国明代瓷器展在科英布拉市圣克拉拉修道院开幕。

5 月 19～24 日　巴西副总统莫朗对中国进行正式访问。

5 月 19～27 日　应安哥拉最高法院院长费雷拉的邀请，最高人民法院副院长、二级大法官李少平率团访问安哥拉，这是最高人民法院代表团首次派团访问该国。

5 月 21 日　户思社副会长在会见来访的葡萄牙文化交流协会主席若泽·佩德罗。

由中信建设投资兴建的铝合金型材厂投产仪式在罗安达—本戈经济特区（ZEE）举行。这是中资企业对安最大的投资项目之一。

5 月 22 日　中国—巴西企业家委员会十五周年圆桌会议在京召开。

5 月 24 日　国家主席习近平在北京人民大会堂会见巴西副总统莫朗。

中国与葡语国家足球教育文化交流会举行。

5 月 25～27 日　佛得角卫生和社会保障部部长多罗萨里奥赴中国澳门出席传统医药国际合作论坛。

5 月 26～28 日　海关总署署长倪岳峰访问葡萄牙，与葡萄牙财政部国务秘书安东尼奥·曼德斯共同签署了《中华人民共和国海关总署与葡萄牙共和国税务与海关局关于加强合作的谅解备忘录》。

5 月 27 日　中国与东帝汶签署《中华人民共和国和东帝汶民主共和国关于中国派遣医疗队赴东帝汶工作的议定书》。

5 月 28 日　中国工程机械工业协会在北京亦庄办公楼组织召开了“中国—巴西工程机械标准比对及中国标准应用和推广研究”讨论会。

5 月 29 日　敦煌网与巴西国家服务联盟（CNS）签署谅解备忘录。

5 月 31 日　“中国—葡语国家中央银行及金融家会议”在澳门举行。

2019年6月

6月1日　小米公司在巴西的首家门店与圣保罗市的伊比拉普埃拉商场开业。

6月3日　中车四方股份公司出口巴西圣保罗城轨车辆下线。

6月5日　由中国企业承包建设的安哥拉罗安达省电气化及入户连接项目中的贝卢蒙特变电站移交仪式在罗安达省卡夸科市举行。

6月6~8日　中共中央政治局委员、全国人大常委会副委员长王晨率全国人大代表团访问圣多美和普林西比。圣普总统卡瓦略、总理热苏斯在首都圣多美分别会见中共中央政治局委员、全国人大常委会副委员长王晨。

6月8日　支付宝与葡萄牙 Pagaqui 签署合作协议，助力葡萄牙移动支付公司实现手机扫描二维码支付。

6月11日　葡萄牙科英布拉大学成立中国与葡语国家研究院。中国驻葡萄牙大使蔡润、科英布拉大学校长阿米卡尔·法尔康、莫桑比克前总统若阿金·希萨诺和科英布拉大学中国研究中心主任鲁伊·马科斯为研究院共同揭牌。

“釉彩国度——葡萄牙瓷板画 500 年”展在故宫博物院永寿宫拉开帷幕。

6月12日　中国作家协会和葡萄牙文化部在中国现代文学馆联合主办第二届中国—葡萄牙文学论坛。

葡萄牙国家芭蕾舞团《十五名舞者与不断变化的节奏》举行中国首演。

中国气象局与莫桑比克气象部门签署风云气象卫星应用合作协议。

6月14日　中葡首届中医药国际学术会议在葡萄牙科英布拉大学开幕。

首届中国—巴西食品土畜研讨会在里约热内卢成功举办。

6月18日　第三届中国—巴西高级别科技创新对话在巴西利亚召开。

6月19日　数字健康和数据分析公司 Holmusk 与强生（中国）投资有限公司分部杨森（中国）研发中心签署谅解备忘录，携手探索开发针对中国的数字精神健康战略。

6月22～25日 由市委副书记、市长应勇率领的上海市代表团访问葡萄牙。访问期间，应勇会见了葡萄牙科技和高等教育部部长埃托尔、葡萄牙科技基金会主席佩雷拉，考察与沪上科研机构合作的葡萄牙企业，并见证上海与葡萄牙签署科技合作备忘录。

6月25日 中国辽宁—葡萄牙经贸交流推介会在葡萄牙里斯本举行。

首届“中国巴西文化旅游研讨会”在里约热内卢举行。

6月26日 湖南省委副书记、省长许达哲在长沙会见了来湘出席中非经贸博览会的佛得角副总理科雷亚一行。

6月27～28日 中国民用航空局副局长李健率中国民航代表团访问巴西，与巴西民航局签署了通用航空领域的合作谅解备忘录。

6月27～29日 安哥拉和佛得角参展首届中国—非洲经贸博览会。

6月29日～7月2日 中铁二十局董事长、党委书记邓勇在安哥拉开展系列活动。

2019年7月

7月3日 “澳门平台对接中葡——部分省市和企业推介会”在葡萄牙里斯本举行。

7月4日 “中国与葡语国家电影展”在澳门文化中心开幕。

7月5日 中国援东帝汶粮食加工和仓储设施项目开工仪式正式举行。

7月8日 第14届中国与葡语国家企业经贸合作洽谈会在圣多美和普林西比开幕。

7月8～9日 圣多美和普林西比贸易投资促进局，中国国际贸易促进委员会以及澳门贸易投资促进局共同举办的“中国与葡语国家企业经贸合作洽谈会—圣多美—2019”圆满举行。洽谈会期间，签署了6份协议和备忘录，内容包括政府与政府间的合作，商协会间的商贸及法律服务，企业捐赠，企业间的金融服务合作等。

7月9日 中国电建签署莫桑比克CTTM燃煤电厂EPC总承包合同。

7月10日 圣多美和普林西比大学孔子学院举行揭牌仪式。这是圣普第一所孔子学院，由圣普大学和湖北大学合作建立。

7月11日 莫桑比克在马普托举办中国—莫桑比克友好合作研讨会。

7月12日 中国—葡萄牙科技合作联委会第9次会议在葡萄牙首都里斯本召开。

7月13日 中国民航大学与巴西航空理工学院签署合作备忘录。

7月15日 中国第29批援赤道几内亚医疗队获该国最高荣誉奖——“国家独立勋章”。

7月23日 中国国务委员兼外交部部长王毅在北京会见安哥拉总统特使、外交部部长奥古斯托。

7月25日 国务委员兼外交部部长王毅与巴西外长阿劳若在巴西利亚举行两国外长级全面战略对话。

中国政府援几内亚比绍政府办公设备等物资交接仪式在几内亚比绍政府部长会议大厅举行。

7月26日 中国巴西建交45周年研讨会在巴西里约热内卢市举行。

2019年8月

8月1日 名创优品（MINISO）巴西ERP－SAP系统正式上线，自建物流仓也同步投入使用，标志其在巴西市场正式跨入高速发展阶段。

8月2日 由中国企业承建的非洲本格拉铁路迎来了首列跨境四国往返运输的“非洲之傲”旅游列车。这是安哥拉有史以来修建的线路最长、速度最快、规模最大的现代化铁路，全部采用中国标准、中国技术、中国装备，也是中国企业本世纪海外一次性建成最长的铁路。

国务委员兼外交部部长王毅在泰国曼谷会见东帝汶外长巴博。

8月5日 标普全球月度调查显示，安哥拉7月份超过巴西和俄罗斯，成为中国独立炼油厂最大的原油供应国，中国从该国的进口量达184

万吨。

山东外贸职业学院副院长高成和莫桑比克旅游酒店联合会执行董事马特乌斯·马加塞拉·滕贝分别代表双方签署了《中华人民共和国山东外贸职业学院与莫桑比克旅游酒店联合会合作谅解备忘录》。

8月11日 国家发展改革委副主任罗文同志出席“2019年几内亚比绍行政立法能力建设研讨班”结业典礼。

8月12日 首届中国巴西电影电视展在里约热内卢开幕。

8月15日 巴西众议院举行庆祝巴中建交45周年暨“中国移民日”活动。

8月16日 第28次“基础四国”气候变化部长级会议在巴西圣保罗举行。会上，中国、印度、巴西、南非就气候变化多边进程中的重大问题交换意见、协调立场，并发布联合声明。

宁波舟山港集团与巴西淡水河谷公司在舟山鼠浪湖矿石中转码头共同签署谅解备忘录。

8月17日 中国国际文化传播中心领导与莫桑比克文化与旅游部长会谈，成立莫桑比克海外中心。

8月21日 莫桑比克旅游投资洽谈会在无锡举行。

8月22日 中国人民对外友好协会和巴西驻华使馆22日在京共同举办庆祝中巴建交45周年招待会。

8月23日 由国家电网有限公司投资、建设和运营的巴西美丽山送出二期特高压直流输电工程成功完成系统调试、额定功率运行试验与关键的1.33倍过负荷试验，系统运行平稳，设备状态正常，取得实质性突破。

8月26～30日 中国非洲研究院研究员、非洲研究室主任李智彪赴安哥拉调研。

2019年9月

9月1日 中核集团董事长王寿君与巴西国家电力公司、巴西核电公司共同签署了合作谅解备忘录，就中巴双方建设安哥拉3号核电站及未来新建核电项目合作达成重要共识。

9月3日 驻东帝汶大使肖建国赴东帝汶足球协会，代表使馆向协会赠送一批足球、球衣等体育用品。

9月4日 由中国华文教育基金会主办，重庆市侨务办公室、重庆市暨华中学承办，葡萄牙里斯本中文学校协办的“2019中国文化海外行—经纬葡萄牙营”举行闭营仪式。

中国驻安哥拉大使龚韬和安哥拉外交部国际合作国务秘书洛佩斯在安哥拉首都罗安达分别代表两国政府签署《中华人民共和国政府和安哥拉共和国政府关于中国派遣医疗队赴安哥拉工作的议定书》。

9月5~8日 国务委员兼国防部长魏凤和访问巴西，并应邀出席巴独立197周年庆典活动。

9月6日 中国最大零售商阿里巴巴旗下的电商平台全球速卖通（Ali Express）在巴西库里蒂巴开设首家快闪店。

9月8~16日 农业农村部农药检定所周普国所长率团赴巴西进行访问。双方同意共同拟定并适时签署《中国农业农村部农药检定所和巴西农业畜牧业和食品供应部动植物健康和检查局关于农药管理技术合作的谅解备忘录》。

9月9日 塞沙尔—青岛商务对话会在葡萄牙举行。青岛市与葡萄牙贸易投资促进局签署了经济合作伙伴关系备忘录，共同推动会青岛与葡萄牙的合作与交流。

9月10日 巴西驻中国大使馆在北京举办国庆招待会，庆祝巴西独立197周年。中国外交部副部长郑泽光出席了招待会。

由浙江省文化和旅游厅主办的——“美丽中国 · 诗画浙江”文化旅游展开幕式在葡萄牙里斯本举行。

9月15日 巴西中国和平统一促进会（“巴西和统会”）在里约热内卢举行中华人民共和国成立70周年庆祝活动。

9月16日 中国国际商会双边合作部在北京希尔顿酒店举办第三届安哥拉共和国矿产行业推介会。

贵州艺术团亮相莫桑比克，献礼新中国成立 70 周年。

9 月 18 ~ 21 日 应佛得角争取民主运动邀请，中央政策研究室分管日常工作的副主任江金权率中共代表团访问佛得角。

9 月 20 日 驻巴西使馆举行庆祝中华人民共和国成立七十周年旅巴侨界座谈会，杨万明大使出席并讲话。

“第二届中国国际进口博览会暨展期供需对接会”在莫桑比克首都马普托成功举办。

9 月 24 日 中国海军第三十二批护航编队抵达莫桑比克共和国首都马普托市，开始对其进行为期 5 天的友好访问。

9 月 25 日 佛得角卫生和社会保障部长多罗萨里奥赴中国澳门出席传统医药国际合作论坛。

澳门中乐团音乐会在葡萄牙“中国文化节”上演。

9 月 26 日 中国能建和中国能建国际公司组成联合体，与莫桑比克电力公司签署赤木拉—东多输变电项目 EPC 合同。这是中国能建在莫桑比克电力市场上签订的第一单。

第二届中国与葡语国家艺术年展在澳门开幕。

9 月 27 日 腾讯博物馆“数字巴西国家博物馆”上线，700 件展品线上“开展”。

9 月 29 日 安哥拉罗安达华商联合会在罗安达圣保罗市场举行庆祝中华人民共和国成立 70 周年国庆节联欢会。

2019年10月

10 月 3 日 第五届中国电影展在圣保罗市文化中心开幕。

中铁二十局集团承建的全长 1344 公里的安哥拉本格拉铁路正式移交给安哥拉政府，标志着中国铁建践行“一带一路”倡议，落地非洲及中非合作取得又一重大成果。

10 月 6 日 中国海军戚继光舰抵达东帝汶进行为期 4 天的友好访问，

这是戚继光舰首次、也是中国海军舰艇第三次访问东帝汶。

10 月 10～24 日 为期 15 天的圣多美和普林西比民主共和国中高级警官研修班在海南省人民警察高级培训学校举办。

10 月 10 日 国务院总理李克强在澳门会见来华出席中国—葡语国家经贸合作协议方式论坛的几内亚比绍总理巴西罗·贾。

10 月 12 日 第十一届“中国—葡语国家文化周”举行启动仪式。

10 月 14 日 海南省国际旅游岛推介会 14 日在葡萄牙首都里斯本举行。

10 月 16 日 中国建材工程与昆腾能源就安哥拉光伏储能一体化电站 EPC 项目签署协议。该项目建成后，将成为安哥拉首个光储一体化项目，也将是非洲地区最大的光储一体化项目。

10 月 17 日 国家电网有限公司（巴西）社会责任报告发布会在里约热内卢举行。这是国家电网首次在巴西发布国别社会责任报告。

中国能源建设附属公司中国葛洲坝集团股份有限公司附属公司中国葛洲坝集团国际工程有限公司与莫桑比克国家水资源管理局和国家供水卫生管理局签订莫桑比克梅加卢玛大坝及彭巴市供水扩建项目 EPC 合同框架协议。

中国与联合国儿童基金会签署在南南合作援助基金项下向莫桑比克提供人道主义援助的协议。

“第九届江苏—澳门·葡语国家工商峰会暨江苏—澳门—佛得角合作论坛”举行。

10 月 18 日 东方美人顾问有限公司董事长姗桃丝爵士、葡萄牙中国经贸旅游协会肖进主席与慢云集团三方签订葡萄牙波尔图大熊猫竹林文化酒店项目战略合作备忘录。

10 月 18～20 日 国家国际发展合作署副署长邓波清访问东帝汶，会见东帝汶外交与合作部部长巴博、传媒国务秘书阿卡拉，同东帝汶财政部工作会谈，与在东帝汶中资企业座谈。

10 月 18 日 由中国铁建二十局集团承建的安哥拉奎托的若阿金·卡潘古机场举行竣工典礼。

10 月 19 日 中国质量认证中心与巴西 INMETRO 认证机构 PCN 签署谅

解备忘录。

10 月 20 日 中国爱乐乐团在葡萄牙里斯本大学举办交响音乐会。

10 月 22 日 中国内地瀛和律师机构最近与 FC 律师楼签署了合作协议，筹备成立“澳门及葡语国家法律服务中心”，共同拓展葡语国家市场。

10 月 23 日 葡萄牙电信运营商 NOS 公司宣布，与中国通信巨头华为作在葡萄牙北部马托西纽什市建成该国首个 5G 网络。

农业农村部部长韩长赋在京会见巴西农牧业和食品供给部部长特雷莎·克里斯蒂娜，就加强中巴农业合作深入交换意见。

10 月 24 ~ 26 日 应中国国家主席习近平邀请，巴西联邦共和国总统雅伊尔·梅西亚斯·博索纳罗对中国进行国事访问。

10 月 24 日 中国巴西足球交流中心在北京成立。

淡水河谷携手清华大学中国经济思想与实践研究院、中国—巴西企业家委员会与巴西国际关系研究中心，在北京举办了“中国与巴西经济发展战略对话会”。

“中国电影周”在莫桑比克首都马普托拉开帷幕。

10 月 25 日 国务院总理李克强在人民大会堂会见来华进行国事访问的巴西总统博索纳罗。

巴西总统波索纳罗宣布对中国游客给予免签待遇。

中国和巴西两国发表《中华人民共和国和巴西联邦共和国联合声明》。

中国—巴西经贸合作论坛在北京举行。中国国务院副总理胡春华与巴西总统博索纳罗共同出席开幕式并致辞。

中国海关总署署长倪岳峰与巴西联邦共和国联邦税务总局海关署副署长科巴利在北京正式签署了《中华人民共和国海关总署和巴西联邦共和国经济部联邦税务总局关于中国海关企业信用管理制度与巴西海关“经认证的经营者”制度互认的安排》。

中信建设董事长陈晓佳与巴西钾肥公司董事长斯坦（Stan）在中国—巴西经贸合作论坛上签署巴西奥塔济斯钾肥项目谅解备忘录。

国家自然科学基金委员会主任李静海院士与巴西高等教育人员促进会

（CAPES）主席科雷亚教授在中巴两国元首的见证下在人民大会堂正式签署《中国国家自然科学基金委员会与巴西高等教育人员促进会谅解备忘录》。

10 月 26 日　中国第五批援安哥拉医疗队携带医疗器材、药品、宣传册到中铁国际集团安哥拉分公司总部会议室，为中国和安哥拉员工们提供义诊。

10 月 28 日　徐工巴西工业园通过江苏省商务厅和财政厅的联合确认，成为中国首个以工程机械为主的境外经贸合作区。

“逐梦巴西 · 中巴足球嘉年华”活动在巴西里约热内卢的博塔弗戈足球俱乐部举办。

2019 金砖国家治国理政研讨会在巴西里约热内卢举行。

莫桑比克总统纽西出席了中国港湾承建的贝拉渔码头开港仪式。

10 月 29 日　《习近平谈治国理政》第一卷、第二卷葡文巴西版首发式在巴西最大城市圣保罗开拓者宫举行。

以“中国—葡语国家蓝色伙伴关系：加强贸易投资促进产能合作”为主题的 2019 年度葡语国家联合研究年会在北京对外经济贸易大学举行。

2019年11月

11 月 2 日　由中国电建承建的莫桑比克纳卡拉配水中心项目举行隆重的落成典礼，莫桑比克共和国总统菲利佩 · 纽西为项目揭牌。

11 月 3 日　4K 电影《大阅兵 · 2019》葡语版登陆安哥拉，引发热烈反响。

11 月 5 日　由广东省汕头市政府和佛得角共和国政府代表团联合主办的“中国汕头—佛得角共和国双边推介洽谈会”在上海举行。

11 月 6 ~ 7 日　在巴西政府举行的两轮盐下石油区块招标中，中国石油连续参股中标布兹奥斯（Buzios）大型在产项目和阿拉姆（Aram）区块项目。

11 月 6 ~ 8 日　中欧水资源交流平台第七次年度高层对话会在葡萄牙吉

马良斯召开，对话会以“水利创新”为主题，围绕河湖保护等议题分享治水经验，共商互惠合作。

11 月 7 日　“中葡文化交流源远流长文化展”在葡萄牙首都里斯本澳门科技文化中心开幕。

“繁荣的私营经济与发展的安哥拉社会相结合”投资论坛在沪举行。

“2019 年葡语国家法官研修班”在广东省高级人民法院中国与葡萄牙语国家司法交流合作基地启动。

11 月 8 日　中国驻莫桑比克大使馆举办大使奖学金颁奖典礼，大使苏健和蒙德拉内大学校长吉朗博为该国孔院的 12 名学生颁发年度“中国大使奖学金”。

11 月 10～11 日　中国宋庆龄基金会主席王家瑞率代表团访问葡萄牙。

11 月 11～14 日　中国发展研究基金会与巴西公民和社会行动部在巴西首都巴西利亚共同主办第二届“中国—巴西儿童早期发展对话研讨会”。

11 月 11 日　由中国中央广播电视总台制作的两部葡萄牙语版专题片《习近平喜欢的典故》和《我们走在大路上》在巴西旗手传媒集团电视新闻频道和艺术频道黄金时段及新媒体平台开播上线。这两部专题片是首次在巴西播出。

由中国中铁四局建筑公司承建的安哥拉首座现代化水厂——姆班扎刚果城市供水系统强化项目供水设备开始运营，标志着该项目正式通水。

中国中央广播电视总台与拉丁美洲最大的传媒集团——巴西环球传媒集团签署合作备忘录。

11 月 13 日　巴西淡水河谷公司与中国工商银行就全球融资安排签署合作谅解备忘录。

中华人民共和国驻巴西大使杨万明和巴西基础设施部部长弗雷塔斯分别代表两国交通运输主管部门签署了《中华人民共和国交通运输部与巴西联邦共和国基础设施部合作谅解备忘录》。

中央广播电视总台与巴西国家传媒公司在巴西利亚签署合作协议。

11 月 13～14 日　金砖国家领导人第十一次会晤在巴西首都巴西利亚举

行。应巴西总统博索纳罗邀请，习近平主席出席会晤并发表重要讲话。

11 月 14 日　深圳市市长陈如桂会见了葡萄牙波尔图市市长鲁伊·莫雷拉一行。

由中建承建的莫桑比克 N6 公路项目迎来通车仪式。莫桑比克总统纽西，中国驻莫桑比克大使苏健，中建莫桑比克公司总经理黄昌标等人出席。

11 月 15 日　中国（四川）葡萄牙中医药文化推介交流会在里斯本举行。推介会上，四川省中西医结合医院与葡萄牙世界中医药健康产业基金会签订合作备忘录；西南医科大学附属中医医院与葡萄牙米尼奥大学签署人才培养和联合教育合作备忘录，与医道针灸中医中心签署建立中葡中医中心合作备忘录；葡萄牙传统医学研究院、四川省中西医结合医院及成都市健康服务业商会签署战略合作备忘录。

11 月 16 ~ 19 日　万里共婵娟·浙江交响乐团赴葡萄牙、西班牙巡演传播良渚文化。

11 月 18 日　“中国与葡语国家热带木材投资贸易暨全球林产品绿色供应链合作研修班”在澳门举行开班仪式。

11 月 20 日　2019 年葡语国家法官研修班举行结业典礼，最高人民法院政治部主任马世忠出席活动并致辞。

11 月 22 日　由中国商务部主办，商务部贸易发展局承办，中国机械国际合作股份有限公司、葡萄牙汽车协会、葡中工商会等共同协办的中国汽车、摩托车及零配件（葡萄牙）品牌展在葡萄牙首都里斯本开幕。

葡萄牙波尔图国际学校孔子课堂正式揭幕成立，这是在葡萄牙开办的第二个孔子课堂。

11 月 25 日　联合国教科文组织正式批准将 5 月 5 日定为世界葡萄牙语日。

11 月 26 日　中铁二十局董事长、党委书记邓勇，葡萄牙前内政部长、现联合国秘书长商业顾问乔治·保罗，在广东省珠海市横琴新区与新区商务局局长张戈进行会谈。三方就“一带一路”葡萄牙里斯本中葡临港产城合作欧洲基地项目，和“一带一路”中国与葡语系国家和地区产城合作中国基地（澳门横琴）项目相关业务进行深入讨论。邓勇与乔治·保罗现场签署了投资意向函。

11 月 28 ~ 29 日 中国国家知识产权局局长申长雨率团赴葡萄牙进行工作访问，与葡萄牙司法部国务秘书安娜贝拉·佩德罗索以及该部下属的葡萄牙工业产权局局长安娜·马加里达·班德伊拉分别举行会谈，就深化中葡知识产权领域的交流与合作达成重要共识。

11 月 30 日 中国—巴西中医药国际合作基地义诊举行。

中国—葡萄牙传统医药论坛在南昌召开。论坛以“传承创新、产业融合、协同发展”为主题，旨在促进传统医药的创新研发，推动传统医药国际合作。

2019年12月

12 月 2 日 中国银行“一带一路”国际金融研修班在葡萄牙启动。

12 月 2 ~ 3 日 中国—巴西铌科学与技术合作四十年国际研讨会暨庆祝大会在北京成功召开。

12 月 3 日 中国常驻联合国代表张军大使会见安哥拉常驻代表费雷拉大使。

12 月 3 ~ 4 日 中国商务部副部长王炳南率团访问东帝汶，会见东立法改革与议会事务部长兼代理经济事务协调部长和代理旅游贸工部长菲得利斯，考察东国家电网项目并与驻东中资企业座谈。

12 月 4 日 由我国自主集成的世界最大吨位级 FPSO（海上浮式生产储卸油装置）P70 在青岛成功交付巴西业主，创造了国际超大型 FPSO 交付的新速度。

12 月 7 日 巴西中华书法艺术研究院在巴西圣保罗成立。

12 月 8 日 葡萄牙东方概念中国文化协会及东方概念艺术团举行乔迁庆祝典礼及汇报演出，中国驻葡萄牙大使馆文化参赞李季、领侨处主任诸葛蔡延，澳门驻里斯本经济贸易办事处主任柯天莲，葡萄牙中华总商会会长蔡文显等旅葡华社各侨团负责人等一百余人到现场观看演出。

12 月 9 日 全国人大常委会委员长栗战书在人民大会堂同圣多美和普

林西比国民议会议长内韦斯举行会谈。

中国驻圣多美和普林西比使馆举办2019年援外培训班学员座谈会。驻圣普大使王卫和圣普内阁和议会事务部部长卡斯特罗出席并致辞，驻圣普使馆经商参赞高金宝、培训班学员代表等60余人出席座谈会。

12月11日 丽水文化旅游推荐会在葡萄牙里斯本举行。推荐会集中推荐展示了丽水的好山好水好风光和投资旅游项目，进一步加深中葡两国文化交流，促进城市间合作共赢。

中国驻葡萄牙大使馆举行庆祝澳门回归祖国20周年招待会暨图片展开幕式。

12月13日 由中国交通建设集团有限公司（中国交建）和中铁二十局集团有限公司组成的联合体中标巴西萨尔瓦多—伊塔帕里卡跨海大桥项目，总投资22亿美元。

12月14日 福建省委常委、宣传部部长梁建勇在福州会见了葡萄牙共产党中央书记处书记亚历山大·阿劳若一行。

12月15日 葡萄牙波尔图地铁公司日前宣布，中国中车唐山机车车辆公司在葡萄牙波尔图地铁列车投标项目中中标。

12月18日 中国驻莫桑比克、安哥拉使馆举办庆祝澳门回归20周年招待会。

中国（上海）自由贸易试验区国别（地区）中心东帝汶国家馆开馆授牌仪式在上海外高桥举行。东帝汶国家馆成为第二届进博会后首个落户上海自贸区国别（地区）中心的国家馆。

巴西和中国落实豆粕出口协定。该卫生指导方针的落实将使得巴西公司得以对中国出口豆粕，并最终与中国大豆加工商进行竞争。

12月19日 国家主席习近平在澳门特别行政区行政长官崔世安陪同下，来到中国与葡语国家商贸合作服务平台综合体考察。

12月20日 中国电建参建的莫桑比克LM88公路项目举行通车仪式。

中国在太原卫星发射中心用长征四号乙运载火箭，成功将中巴地球资源04A卫星发射升空。

A.17 葡语国家“孔子学院”和“孔子课堂”一览表（截至2019年12月）

张　翔*

一　巴西“孔子学院”

名称	承办机构	合作机构	设立时间
圣保罗州立大学孔子学院	圣保罗州立大学	湖北大学	2008/07/24
巴西利亚大学孔子学院	巴西利亚大学	大连外国语大学	2008/09/26
里约热内卢天主教大学孔子学院	里约热内卢天主教大学	河北大学	2010/10/20
南大河州联邦大学孔子学院	南大河州联邦大学	中国传媒大学	2011/04/12
FAAP 商务孔子学院	FAAP 高等教育中心	对外经济贸易大学	2012/07/19
米纳斯·吉拉斯联邦大学孔子学院	米纳斯·吉拉斯联邦大学	华中科技大学	2013/01/14
伯南布哥大学孔子学院	伯南布哥大学	中央财经大学	2013/06/15
坎皮纳斯州立大学孔子学院	坎皮纳斯州立大学	北京交通大学	2014/07/17
帕拉州立大学孔子学院	帕拉州立大学	山东师范大学	2014/07/17
塞阿拉联邦大学孔子学院	塞阿拉联邦大学	南开大学	2014/07/17
戈亚斯联邦大学中医孔子学院	戈亚斯联邦大学	河北中医学院、天津外国语大学	2019/10/25

* 张翔，澳门理工学院语言及翻译高等学校讲师，巴西圣保罗大学博士研究生。

二　巴西“孔子课堂”

名称	承办机构	合作机构	设立时间
圣保罗亚洲文化中心孔子课堂	圣保罗亚洲文化中心	国侨办	2008/06/03
华光语言文化中心孔子课堂	华光语言文化中心	—	2011/11/01
弗鲁米嫩塞联邦大学孔子课堂	弗鲁米嫩塞联邦大学	河北师范大学	2017/12/22

三　葡萄牙“孔子学院”

名称	承办机构	合作机构	设立时间
里斯本大学孔子学院	里斯本大学	天津外国语大学	2007/01/31
米尼奥大学孔子学院	米尼奥大学	南开大学	2005/12/09
阿威罗大学孔子学院	阿威罗大学	大连外国语大学	2014/09/21
科英布拉大学孔子学院	科英布拉大学	浙江中医药大学、北京第二外国语学院	2015/07/06
波尔图大学孔子学院	波尔图大学	广东外语外贸大学	2018/12/05

四　安哥拉“孔子学院”

名称	承办机构	合作机构	设立时间
安哥拉内图大学孔子学院	安哥拉内图大学	哈尔滨师范大学、中信建设有限责任公司	2014/03/01

五　莫桑比克“孔子学院”

名称	承办机构	合作机构	设立时间
蒙德拉内大学孔子学院	蒙德拉内大学	浙江师范大学	2011/04/22

六　圣多美和普林西比“孔子学院”

名称	承办机构	合作机构	设立时间
圣多美和普林西比大学孔子学院	圣多美和普林西比大学	湖北大学	2018/09/05

七　佛得角“孔子学院”

名称	承办机构	合作机构	设立时间
佛得角大学孔子学院	佛得角大学	广东外语外贸大学	2015/02/09

八　东帝汶“孔子课堂”

名称	承办机构	合作机构	设立时间
东帝汶商学院孔子课堂	东帝汶商学院	—	2019/12/10

后　记

《中国与葡语国家合作发展报告（2020）》是由广东外语外贸大学葡语国家研究所策划编撰的第二部年度研究报告，旨在对2019年中国与葡语国家的合作发展进行系统分析研究，并对2020年双方的合作进行展望。广东外语外贸大学葡语国家研究所以中国—葡语国家研究创新团队为主体，凝聚境内外高校和科研机构的知名学者力量，就中国与葡语国家在经济贸易、社会文化和国际关系方面的合作发展问题开展研究，以期在学术研究、智库建设和社会服务方面为中国与葡语国家的合作提供智力参考。

2019年是新中国成立70周年和澳门回归祖国20周年的重要年份，也恰逢中国与巴西建交45周年、与葡萄牙建交40周年、与几内亚比绍建交45周年。中国与葡萄牙和巴西实现最高领导人互访，《粤港澳大湾区发展规划纲要》发布等一个个载入史册的重要事件和文件，使得2019年成为中国与葡语国家合作发展中，既是庆祝与成就的“高光夺目”之年，又是总结与展望的“继往开来”之年。本报告即在此背景下组织编撰而成。

本报告分为总报告、经济贸易篇、社会文化篇、国际关系篇和附录等5个部分，共有14篇报告和3个附录。葡萄牙里斯本大学学院、巴西麦肯锡教会大学、澳门大学、澳门理工学院、澳门科技大学、澳门城市大学、北京师范大学、浙江外国语学院和广东外语外贸大学等高校的近三十位学者参与本报告的编撰。

感谢广东外语外贸大学党委书记隋广军教授对报告的悉心指导，副校长刘海春教授、焦方太教授对团队的诸多鼓励，科研处陈平处长对出版的持续支持。广东外语外贸大学杨可教授审阅了全书，澳门理工学院张翔老师翻译了葡文摘要等，北京大学巴西文化中心特邀研究员张宝宇老先生审订了全书葡文内容。广东外语外贸大学葡萄牙语专业学生吴楠、张靖莹参与了资料整理。社会科学文献出版社国别区域分社张晓莉社长对本报告的策划给予支持，宋浩敏编辑做了大量细致专业的工作，在此一并表示感谢！

Abstract

The growth rate of global economy and trade in 2019 both hit the lowest level in the last decade due to adverse international factor, like Sino-American trade disputes, geopolitics and Brexit. Yet China maintained a steady economic growth despite all the above mentioned negative influence and cooperation between China and Portuguese-speaking countries has achieved great success. The year of 2019 marked the 70th anniversary of the founding of PRC and the 20th anniversary of Macao's return to China, and it is also the 45th anniversary of the establishment of diplomatic ties between China and Brazil, 40th between China and Portugal and 45th between China and Guinea-Bissau. From the perspective of the cooperation between China and Portuguese-speaking countries, Report on the Development of Cooperation between China and Portuguese-speaking Countries (2020) elaborates China's trade and economic relations with Angola, Brazil, Cape Verde, Guinea-Bissau, Mozambique, Portugal, Sao Tome and Principe and East Timor from the following three realms: economy and trade, society and culture and international relationship.

Since the beginning of 2019, the political situation of Portuguese-speaking countries were basically steady. The political situation of Angola, Cape Verde and Portugal enjoys the long-lasting stability, economic development is still the key and economic reform is stably pushed forward. The Brazilian President swore in, new government of Sao Tome and Principe successfully formed a cabinet, presidential and congress election were completed in Mozambique and Guinea-Bissau, yet there were still conflicts between different political factions in Guinea-Bissau. There were still political turbulence in East Timor and government policies were difficult to be implemented due to the political struggle among the President, Prime Minister and the parliament. In 2019, the economy of the above countries enjoyed growth to various degrees except for Angola which suffered a consecutive economic downturn due to flagging international oil prices. The economic growth of Cape Verde, Guinea-Bissau and East Timor surpassed the average global economic growth. The UN approved the establishment of World Portuguese Language Day which expanded the international influence of Portuguese and Portuguese-speaking countries.

In the field of political cooperation, China exchanged presidential visits with Brazil and Portugal. In 2019, the Second Belt and Road Forum for International Cooperation, the Second China International Import Expo and the First China-Africa Trade and Economic Expo were held in China, in which Portuguese-speaking countries boasted high status. There were different platforms for leaders from China and Portuguese-speaking countries to communicate with each other.

In economic and trade cooperation, the total volume of export and import between China and Portuguese-speaking countries amounted to 149.6 billion USD, a fourth consecutive year of growth. It accounted for 3.27% of China's total trade volume, a historical record. Service trade which boasted fast growth in 2019, broke through the geographical barriers, becoming the main trade service between China & Portugal and China & Brazil. Against the background of dropping global direct investment, China's direct investment to Portugal mildly increased, China's directed investment to Angola dropped, while that to Mozambique was sharply improved. China's direct investment to Portuguese-speaking countries became more balanced. Contracting projects were carried out in broader industries and cooperation of labor services slightly dropped off.

In economic and trade communication, China and Portuguese-speaking countries also vigorously promoted their bilateral trade and cooperation through China International Import Expo, the Canton Fair, China International Fair for Trade in Services (CIFTIS), China-Africa Trade and Economic Expo, Entrepreneurs Meeting for Commercial and Economic Cooperation between China and Portuguese-speaking Countries, Portuguese-speaking Countries Products and Services Exhibition (Macao) and other high-level expos and exhibitions in infrastructure, environmental protection, international brands, international tourism, traditional medicine and other featured products. Macao's role as a platform for the economic and trade cooperation between China and Portuguese-speaking countries was quickly promoted in the aspects of national strategic planning, policy implementation of Macao SAR government, construction of Forum Macao and the operation of China and Portuguese-speaking Countries Cooperation and Development Fund. The economic and trade and communication activities of "Chinese Mainland-Macao-Portuguese-speaking countries" is gradually coming into being.

In the aspects of promoting and enriching cultural communications with Portuguese-speaking countries, China held many kinds of festivals and activities, like Culture Week, Art Festivals and Culture Forums. With the establishment of 20 Confucius Institutes and 4 Confucius Classes, China steadily advanced the cooperation in education with Portuguese-speaking countries in fields like student exchanges, faculty visits, cooperatively-run schools, academic cooperation and think tanks building.

In 2019, the cooperation and development between China and Portuguese-speaking countries reached achievement of "splendor", yet there were still work to do in the following fields: new routes for the cooperation between China and Portuguese-speaking countries, ways to strengthen multilateral cooperation, discovering financial cooperation, strengthening cultural communications with Asian-African Portuguese-speaking countries and cultivating Portuguese-speaking talents needed for the Belt and Road Initiative construction. The year of 2020 will be a year for China and Portuguese-speaking countries to overcome difficulties and face challenges due to the Coronavirue (COVID-19). However, the cooperation between China and Portuguese-speaking countries will continue to contribute to the reshaping of a win-win and cooperative international relationship and construction of community with a shared future for mankind.

Keywords: Portuguese-speaking Countries; Cooperation and Development; the "Belt and Road" Initiative; Guangdong-Hong Kong-Macao Greater Bay Area; Forum Macao

Contents

Ⅰ General Report

A. 1 Carry on the Momentum, Forge into a Dazzling Future: Cooperation and Development between China and Portuguese-Speaking Countries in 2019

Ding Hao, Shang Xuejiao / 001

Ⅱ Economic Reports

A. 2 Bilateral Direct Investment between China and Portuguese-speaking Countries: Analysis of the Status quo and Prospect (2018 -2019)

Liu Chengkun, Liu Yan and Deng Manyao / 060

A. 3 Analysis on the Product Mix and Product Complementarity: Case Study of China's Equipment Manufacturing Products Export to African Portuguese-speaking Countries

Li Haixian, Li Shaohui and Ding Hao / 076

A. 4 Risk Sharing and Compliance Policies in PPP Projects between China and Portuguese-speaking Countries

Qu Yingying, Wang Lili / 095

A. 5 Analysis of the Strategies of Trade Clearance Efficiency Improvement between China and Portuguese-speaking Countries under Guangdong-Hong Kong-Macao Greater Bay Area Strategy
Ding Laitao / 115

A. 6 Analysis on the Construction of Macau as a Service Platform for Business Cooperation between China and Portuguese-speaking Countries in the Past Two Decades
Ip Kuai Peng, *Shen Lixia* / 128

Ⅲ Cultures Reports

A. 7 Research on Higher Education Cooperation between China and Portuguese-speaking Countries and Regions under the "Belt and Road" Initiative *Shang Xuejiao*, *Chen Yihui* / 143

A. 8 Images of African Portuguese-speaking Countries in Chinese Social Media: A Case Study of Those Images on Sina Weibo *Jiang Xi*, *Fan Xiangling* / 159

A. 9 The Image of China in Brazil: Image Construction Based on Internet Economic News
Roberval Teixeira e Silva, *Fred Utsunomiya*, *Mariza de Fátima Reis* / 174

A. 10 The Status Quo, Problems and Countermeasures of Chinese Language and Culture Education in Brazil
Zhang Xiang / 186

Ⅳ International Relations Reports

A. 11 Belt and Road Initiative (BRI) in Portugal: Progress, Implementation and Impacts
Ma Shaozhuang, Zhang Jinming / 200

A. 12 Development of Sino-Brazilian Relations under Bosonaro's Foreign Policy José Medeiros da Silva
José Medeiros da Silva / 214

A. 13 A Study on the Status Quo of Portuguese-speaking Countries Taking Part in the "Belt and Road" Initiative
Wan Dongfang / 230

A. 14 Analysis of the Development of Sino-Angolan Relations from the Perspective of the "Belt and Road" Initiative
Luís Filipe Pestana / 244

Ⅴ Appendices

A. 15 Data on Cooperation between China and Portuguese-Speaking Countries (2016 -2019) *Ding Hao* / 254

A. 16 Memorabilia of Cooperation between China and Portuguese-Speaking Countries (2019) *Wu Nan, Zhang Jingying* / 262

A. 17 List of Confucius Institutes and Confucius Classroom in Portuguese-Speaking Countries *Zhang Xiang* / 280

Postscript / 283

Resumo

Devido a fatores adversos internacionais, como disputas comerciais entre a China e os Estados Unidos da América, geopolítica e Brexit (a saída do Reino Unido da União Europeia), a taxa de crescimento econômico e do comércio no global atingiu o nível mais baixo da última década em 2019. Neste contexto, a China, no entanto, manteve seu crescimento econômico estável, apesar de toda a influência negativa acima mencionada, e a cooperação entre a China e os Países de Língua Portuguesa alcançou ainda grande sucesso. O ano de 2019 marcou o 70° aniversário da fundação da República Popular da China (RPC) e o 20° aniversário do retorno de Macau à China, e também o 45° aniversário do estabelecimento de laços diplomáticos entre a China e o Brasil, o 40° aniversário do estabelecimento de relações diplomáticas entre a China e Portugal e o 45° aniversário do estabelecimento de laços diplomáticos entre a China e a Guiné-Bissau. Partindo do ponto de vista da cooperação entre a China e os Países de Língua Portuguesa, o Relatório sobre o Desenvolvimento da Cooperação entre a China e os Países de Língua Portuguesa (2020) elabora as relações econômicas e comerciais entre a China e os oito Países de Língua Portuguesa, nomeadamente Angola, o Brasil, Cabo Verde, a Guiné-Bissau, Moçambique, Portugal, São Tomé e Príncipe e Timor-Leste, dos três domínios seguintes: o econômico e comercial, o sociocultural e o das relações internacionais. Em 2019, a situação política dos Países de Língua Portuguesa era basicamente estável. Em Angola, Cabo Verde e Portugal se mantém uma estabilidade duradoura, com o desenvolvimento econômico no planejamento central e a reforma econômica levada adiante de forma estável. No Brasil, o novo presidente, Jair Bolsonaro, tomou posse oficialmente e, em São Tomé e Príncipe, o governo formou seu Conselho de Ministros. As eleições presidenciais e do congresso foram concluídas em Moçambique e na Guiné-Bissau, mas havia ainda conflitos entre diferentes facções políticas na Guiné-Bissau. Em Timor-Leste, as políticas do governo eram difíceis de serem implementadas devido à disputa entre o Presidente, o Primeiro Ministro e o parlamento e, por isso, a turbulência política é ainda muito forte. Em 2019, a economia dos Países de Língua Portuguesa se desenvolveu de forma estável e cresceu em vários graus, exceto a de Angola, que sofreu uma desaceleração constante devido à queda do preço do petróleo nos mercados internacionais. Além disso, o crescimento econômico de Cabo Verde, Guiné-Bissau e Timor-Leste superou a média global. Nesse ano, também, a ONU aprovou o estabelecimento do Dia Mundial da Língua Portuguesa, o que pode expandir a influência internacional da Língua Portuguesa e dos Países de Língua Portuguesa no mundo.

No campo da cooperação política, em 2019, a China trocou visitas presidenciais com o Brasil e Portugal. Foram realizados vários fóruns e exposições em alto padrão na China, como o segundo Fórum do Cinturão e Rota para Cooperação Internacional, a segunda Exposição Internacional de Importação da China e a primeira Exposição Comercial e Econômica China-África, nos quais os países de Língua Portuguesa ocupavam posições fundamentais. Em geral, a China e os países de Língua Portuguesa expressaram-se juntos em plataformas políticas multilaterais, e as visitas de alto nível foram frequentes e produtivas.

No campo da cooperação econômica e comercial, o volume total de exportaçãoe importação entre a China e os Países de Língua Portuguesa chegou US $ 149.6 bilhões em 2019, um quarto ano consecutivo de crescimento, representando 3.27% do volume total de exportações da China, o que bateu recorde histórico. O comércio de serviços, que rompe as barreiras geográficas, continuou sendo uma área importante na cooperação entre a China e os Países da Língua Portuguesa, sendo que, entre China, Portugal e Brasil, este se tornou o principal tipo de comércio e se mantém crescendo velozmente. No contexto da queda no Investimento Direto Estrangeiro (IDE) global, o investimento direto chinês nos Países de Língua Portuguesa aumentou levemente, sendo que o investimento em Angola caiu, enquanto que o mesmo em Moçambique subiu bastante. Assim, o investimento direto da China nos Países de Língua Portuguesa ficou mais equilibrado. Os projetos de contratação foram realizados em indústrias mais amplas nos Países de Língua Portuguesa, o que constituiu uma mudança positiva, enquanto a cooperação laboral se enfraqueceu ligeiramente.

Nos termos do intercâmbio econômico e comercial, a China e os Países de Língua Portuguesa continuaram promovendo a cooperação bilateral, por meio de várias exposições comerciais em alto padrão, como a Exposição Internacional de Importação da China, a Feira de Cantão, a Feira Internacional do Comércio de Serviços da China, a Exposição Econômica e Comercial China-África, o Encontro de Empresários para a Cooperação Econômica e Comercial entre a China e os Países de Língua Portuguesa, a Exposição de Produtos e Serviços dos Países de Língua Portuguesa (Macau), além de outras exposições de alto nível nas áreas de infraestrutura, cooperação em proteção ambiental, marcas internacionais, turismo internacional, medicina tradicional e produtos especiais. O papel de Macau como plataforma para a cooperação econômica e comercial entre a China e os Países de Língua Portuguesa foi rapidamente promovido nos aspectos do planeamento estratégico nacional, da implementação de políticas do governo da RAEM, da construção de mecanismo multilateral do Fórum para a Cooperação Econômica e Comercial entre a China e os Países de Língua Portuguesa (Fórum de Macau) e do funcionamento do Fundo da China e de Países de Língua Portuguesa. As atividades de intercâmbio econômicas e comerciais sob modelo de "A parte continental da China-Macau-os Países de Língua Portuguesa" estão sendo desenvolvidas gradualmente de modo sistemático.

No campo da cooperação educacional e cultural, com 20 Institutos Confúcio e 4 Salas de Aula Confúcio como plataforma principal, a China avançou constantemente a cooperação com os Países de Língua Portuguesa, em áreas como intercâmbio de estudantes, visita de professores, educação cooperativa, entre outras, além de ter formado muitos talentos bilíngues em chinês e português. O grande progresso na cooperação em pesquisa científica e na construção de think tanks forneceu também apoio intelectual para promover o desenvolvimento da cooperação entre a China e os Países de Língua Portuguesa. Através de diversos tipos de festivais e atividades culturais, como Semana da Cultura, Festivais de Arte e Fóruns de Cultura, promoveu-se também o intercâmbio cultural e o vínculo pessoal e social entre a China e os Países de Língua Portuguesa.

Em 2019, a cooperação e odesenvolvimento entre a China e os Países de Língua Portuguesa alcançaram esplendorosas conquistas, mas há ainda trabalhos a ser serem feitos nos seguintes aspectos: a exploração das novas formas de cooperação entre a China e os Países de Língua Portuguesa; o aperfeiçoamento do organismo da cooperação multilateral; a pesquisa na cooperação financeira; o reforço nas comunicações culturais com os Países de Língua Portuguesa na Ásia e na África e o cultivo dos talentos de Língua Portuguesa enquadrados na construção da Iniciativa do Cinturão e Rota. Em particular, as mudanças no padrão mundial provocadas pelo 2019-nCov, trazem um grande desafio para o desenvolvimento da cooperação entre a China e os Países de Língua Portuguesa. Portanto, o ano de 2020 será um ano relevante para que a China e os Países de Língua Portuguesa superem as dificuldades e enfrentem desafios juntos. No entanto, no âmbito de conectar o passado e o futuro, a China e os Países de Língua Portuguesa continuarão definitivamente a aprofundar relações amistosas e a cooperação de benefício mútuo, de modo a continuar a remodelar a nova relação internacional cooperativa e ganha-ganha, e contribuir mais positivamente para a construção de uma comunidade com um futuro compartilhado para humanidade.

Palavras-chave: Países de Língua Portuguesa; desenvolvimento e cooperação; Iniciativa do Cinturão e Rota; Grande Baía de Guangdong-Hong Kong-Macau; Fórum de Macau

Conteúdo

I Relatório Geral

A. 1 Conectando o Passado e o Futuro, Brilhando com Esplendor Desenvolvimento da Cooperação entre a China e os Países da Língua Portuguesa em 2019 *Ding Hao*, *Shang Xuejiao* / 001

II Relatórios Econômicos

A. 2 Investimento Direto Bilateral entre a China e os Países de Língua Portuguesa: *Status Quo* e Análise de Prospectos (2018 –2019)
Liu Chengkun, *Liu Yan*, *Deng Manyao* / 060

A. 3 Análise sobre o Mix de Produtos e a Complementaridade de Produtos: Estudo de Caso de Exportação de Produtos de Fabricação de Equipamentos da China para os Países Africanos de Língua Portuguesa
Li Haixian, *Li Shaohui*, *Ding Hao* / 076

A. 4 Análise do Modo de Compartilhamento de Risco e Políticas de Conformidade para a Cooperação em Projetos de PPP entre a China e os Países de Língua Portuguesa
Qu Yingying, *Wang Lili* / 095

A. 5 Análise das estratégias de melhoria da eficiência da liberação comercial entre a China e os Países de Língua Portuguesa no âmbito da estratégia da Área da Grande Baía de Guangdong-Hong Kong-Macau *Ding Laitao* / 115

A. 6 Análise sobre a construção de Macau como plataforma de serviços de cooperação comercial entre a China e os países de Língua Portuguesa nas duas últimas décadas *Ip Kuai Peng*, *Shen Lixia* / 128

Ⅲ Relatórios Culturais

A. 7 Pesquisa sobre Cooperação no Ensino Superior entre a China Continental e os Países de Língua Portuguesa no âmbito da Iniciativa do Cinturão e Rota *Shang Xuejiao*, *Chen Yihui* / 143

A. 8 Imagens dos Países Africanos de Língua Portuguesa nas mídias sociais chinesas: um estudo de caso do Sina Weibo *Jiang Xi*, *Fan Xiangling* / 159

A. 9 A imagem econômica da China no Brasil: construção de imagens baseada em notícias econômicas na Internet *Roberval Teixeira e Silva*, *Fred Utsunomiya*, *Mariza de Fátima Reis* / 174

A. 10 O *status quo*, problemas e contramedidas da educação da língua e cultura chinesa no Brasil *Zhang Xiang* / 186

Ⅳ Relatórios da Diplomacia

A. 11 Iniciativa do Cinturão e Rota (ICR) em Portugal: Progresso, Implementação e Impactos
Ma Shaozhuang, Zhang Jinming / 200

A. 12 Desenvolvimento das relações sino-brasileiras sob a política externa de Bolsonaro *José Medeiros da Silva* / 214

A. 13 Estudo sobre o *Status Quo* dos Países de Língua Portuguesa que participam da Iniciativa do Cinturão e Rota
Wan Dongfang / 230

A. 14 Análise do desenvolvimento das relações sino-angolanas na perspectiva da iniciativa do Cinturão e Rota
Luís Filipe Pestana / 244

Ⅴ Apêndice

A. 15 Dados sobre Cooperação entre a China e os Países de Língua Portuguesa (2016 -2019) *Ding Hao* / 254

A. 16 Crônica de Grandes Feitos de Cooperação entre a China e os Países de Língua Portuguesa (2019)
Wu Nan, Zhang Jingying / 262

A. 17 Lista de Institutos/ Sala de Aula Confúcio nos Países de Língua Portuguesa *Zhang Xiang* / 280

Pós-escrito / 283

图书在版编目（CIP）数据

中国与葡语国家合作发展报告．2020／尚雪娇，丁浩主编．-- 北京：社会科学文献出版社，2020.12
ISBN 978-7-5201-7631-6

Ⅰ．①中…　Ⅱ．①尚…　②丁…　Ⅲ．①中外关系－葡萄牙语－国家－研究报告－2019　Ⅳ．①D822.31

中国版本图书馆 CIP 数据核字（2020）第 229216 号

中国与葡语国家合作发展报告（2020）

顾　　问／隋广军
主　　编／尚雪娇　丁　浩

出 版 人／王利民
组稿编辑／张晓莉
责任编辑／宋浩敏

出　　版／社会科学文献出版社・国别区域分社（010）59367078
　　　　　地址：北京市北三环中路甲 29 号院华龙大厦　邮编：100029
　　　　　网址：www.ssap.com.cn
发　　行／市场营销中心（010）59367081　59367083
印　　装／三河市龙林印务有限公司

规　　格／开 本：787mm × 1092mm　1/16
　　　　　印 张：19.5　字 数：295 千字
版　　次／2020 年 12 月第 1 版　2020 年 12 月第 1 次印刷
书　　号／ISBN 978-7-5201-7631-6
定　　价／128.00 元